LE MAROC

ET

SES CARAVANES.

PARIS. — IMPRIMERIE DE FIRMIN DIDOT FRÈRES, RUE JACOB, 56.

LE MAROC

ET

SES CARAVANES,

OU

RELATIONS DE LA FRANCE

AVEC CET EMPIRE,

PAR R. THOMASSY,

ANCIEN ÉLÈVE DE L'ÉCOLE ROYALE DES CHARTES, MEMBRE DU COMITÉ CENTRAL
DE LA SOCIÉTÉ DE GÉOGRAPHIE DE PARIS, ETC.

Deuxième édition.

PARIS,

LIBRAIRIE DE FIRMIN DIDOT FRÈRES,

IMPRIMEURS DE L'INSTITUT DE FRANCE,

RUE JACOB, n° 56.

—

1845.

INTRODUCTION.

I.

Des caravanes en général. — Du droit des gens qui les régit. — Application de ce droit à nos relations avec le Maroc.

Les populations de l'Afrique et de l'Asie n'ont pas comme nous les libres voies de la civilisation, les grandes routes navigables ni les chemins de fer, qui suppléent à l'absence des fleuves ou à l'impossibilité des canaux; mais à défaut de roulage et de diligences, de locomotives et de bateaux à vapeur, elles emploient la caravane; et pour la conduire à travers les océans de sables, elles ont le chameau, ce *vaisseau du désert*, sur lequel le nomade aime à se glorifier de n'avoir jamais fait naufrage.

Ce poétique surnom nous indique déjà que le chameau est l'élément primitif, essentiel, de l'association voyageuse qu'il s'agit pour nous d'étudier. Nulle bête de bât ou de selle ne résout, en effet, aussi bien que le chameau le problème de l'économie et de la facilité des transports; et pour le fardeau comme pour la longue course, il défie également tous les animaux dont on lui fait des auxiliaires. Sa nourriture n'entraîne presque aucune dépense; car il vit de quelques biscuits d'orge salés, ou de plantes arides et coriaces dont le sol le plus ingrat est toujours abondamment couvert. Il peut enfin braver l'affreux tourment de la soif jusqu'à rester plus d'une semaine entière sans s'abreuver; et c'est dans ces conditions qu'il porte de 600 à 1,000 livres, c'est-à-dire de quoi nourrir et désaltérer des familles entières de voyageurs. Ainsi destiné aux traversées du désert, il franchit les espaces uniformes, les solitudes immenses, où l'on ne voit que ciel et sable, et il s'oriente parmi leurs dunes flottantes, dont les changements gigantesques, rapides, continuels, troublent la vue et rappellent les vagues et les lames les plus terribles de l'Océan. Ajoutons que le dromadaire ou chameau coureur joint à tous ces avantages la faculté de parcourir jusqu'à 500 milles en quatre jours.

Dès lors plus d'obstacle insurmontable aux communications des peuplades disséminées dans les oasis et sur les divers plateaux de l'Afrique; plus d'impossibilité d'y rapprocher les habitants des régions fertiles, d'entretenir chez eux un certain état social, et même d'y introduire une certaine civilisation.

Mais ce qui n'est pas moins remarquable, c'est que l'homme de ces régions sauvages a été formé lui-même pour n'être dans son état normal qu'en les habitant. L'Arabe surtout vit dans le désert comme dans son élément essentiel. *Il y est*, dit Léon l'Africain, *comme un poisson dans l'eau;* et de là son aversion profonde, instinctive, pour la vie des cités, dont les murs lui semblent une prison, et les populations des races d'hommes dégénérés. Lui, au contraire, maître du désert et régnant dans l'espace, croit y avoir conservé la pureté primitive du noble sang de ses aïeux. Cependant, comme la vie pastorale ne peut toujours suffire à ses besoins, il se met souvent en rapport avec les villes pour échanger les produits de sa solitude contre ceux de la cité. C'est alors que le commerce devient l'occupation de tous ses loisirs, le complément nécessaire de ses travaux de pâturage et d'agriculture, en un mot, la satisfaction de cette patiente et courageuse ambition d'acquérir, que la pauvreté du désert a toujours suggérée à ses habitants. Le commerce assure d'ailleurs le profit des courses lointaines et aventureuses; et il sourit d'autant plus aux populations solitaires, que loin de contrarier leur amour pour une liberté sans frein, il en est en quelque sorte l'appât et la récompense : aussi le nomade ne manque-t-il jamais d'aller demander aux villes qu'il méprise, leurs produits manufacturés et tous les fruits du travail sédentaire. Il en prend d'abord sa part, et puis s'en va échanger le reste de tribus en tribus, d'oasis en oasis, jusqu'au terme où l'empire des traditions, non moins fort que celui de la nature, lui a dit qu'il s'arrêtera. C'est alors que la caravane, formée et accrue successivement de tous les marchands que réunissent des intérêts semblables, devient le grand lien des relations commerciales entre les populations les plus éloignées, et supplée aux puissants moyens de transport et de communication dont notre Europe moderne a été dotée par l'industrie.

Mais la caravane n'est pas seulement la locomotive intelligente du commerce ; elle est encore celle de la religion et de tous les intérêts moraux des populations qu'elle traverse. Elle seule, par exemple, permet d'accomplir l'obligation du pèlerinage à la Mecque, qui met en mouvement les sectateurs de l'islamisme, et les réunit périodiquement au foyer de leur civilisation. Chacun d'eux, d'après le Coran, doit, en effet, s'y rendre personnellement au moins une fois dans sa vie, et en cas d'empêchement légitime, comme celui de maladie ou de pauvreté, il doit s'y faire représenter par un pèlerin qu'il délègue à cet effet. Grâce donc à ce précepte de Mahomet, la pensée des musulmans, constamment tournée vers leur ville sainte, les y conduit encore des extrémités de l'Afrique; et comme sans la caravane ils ne pourraient accomplir ce devoir, comme ces pieux voyageurs la créeraient au besoin pour eux-mêmes, il en résulte que la religion, aussi bien que le négoce, la maintient en activité, et l'empêche de déchoir en la rendant doublement nécessaire. De là cet autre surnom d'*Hadji-Baba* donné au chameau, qui n'est pas seulement le *vaisseau du désert*, mais aussi pour les Arabes *le père des pèlerins.*

Ajoutons que dans la langue des Indous et des musulmans d'Asie, l'idée de pèlerinage et celle de marché s'expriment par le mot *méla* (1), tant le

---

(1) « Le *méla* est le nom que l'on donne aux réunions de pèlerins et de marchands qui, les uns par dévotion, les autres

commerce et la religion, en associant leurs intérêts, s'identifient naturellement dans l'esprit des races orientales! C'est ainsi que la caravane a toujours fait marcher de concert l'instinct du négoce et le prosélytisme religieux, l'amour du gain et la robuste foi des musulmans.

Instrument nécessaire des communications de l'Afrique et de l'Asie, elle a d'ailleurs constamment préoccupé les successeurs du prophète, et par elle seule il a été donné aux kalifes de maintenir si longtemps l'unité de religion parmi leurs innombrables sujets. Les routes et les caravansérails, que ces souverains avaient établis pour la sécurité et la commodité du pèlerinage, étaient en même temps pour eux comme les bras de l'administration intérieure. C'étaient les plus fortes garanties de l'unité de leur empire, et c'est pourquoi la surveillance en fut toujours confiée à un prince de la dynastie, ou au personnage le plus important de l'État. C'est par le même motif que les anciennes familles d'Arabie se sont toujours honorées de descendre des chefs qui avaient été conducteurs des pèlerins ou chargés de les abreuver sur la route; car elles reconnaissent en eux les fonctionnaires de la civilisation primitive des Arabes, les grands promoteurs du commerce et de la religion.

pour gagner de l'argent, et quelques-uns pour l'un et l'autre objet, se rendent dans les lieux considérés comme sacrés, aux fêtes de certains dieux indiens et des personnages réputés saints parmi les musulmans. » (*Mémoire sur la religion musulmane dans l'Inde*, par M. Garcin de Tassy. Nouveau journal asiatique, n° d'août 1831.)

Les voies de pèlerinage étaient en outre des itinéraires pour les armées et des véhicules pour la guerre sainte. Aaron-el-Reschid avait jadis pris pour devise et fait graver sur son casque : « Le pèlerinage est une source de gloire. » Il avait lui-même fait huit fois le pèlerinage de la Mecque, et il attribuait à ces pieux voyages d'avoir huit fois vaincu ses ennemis en bataille rangée : c'est que les caravanes qui l'avaient transporté à la ville sainte, étaient aussi des instruments de puissance contre les infidèles et contre les schismatiques, et que nul ennemi du Coran ne pouvait échapper, en Asie et en Afrique, à ces machines de guerre et de domination.

N'est-ce pas enfin la caravane qui a aussi fécondé le prosélytisme pacifique des musulmans? Avec elle les missionnaires de l'islamisme se sont élancés dans les brûlants espaces qui séparent le pays des blancs de la Nigritie; avec elle ils ont traversé des déserts sans bornes, et sont allés porter la parole de Dieu et du prophète aux peuplades nègres de l'intérieur, dont ils ont renversé les fétiches, aboli les sacrifices humains, restreint la polygamie, relevé la famille et l'état social sur des bases supérieures, et sur les notions de la morale chrétienne adoptée par Mahomet.

C'est ainsi que ces missionnaires reprirent, au profit de la religion nouvelle, l'œuvre des anciens solitaires de la Thébaïde, et s'approprièrent en Afrique les travaux des premiers missionnaires chrétiens.

Mais, qui le croirait? c'est par le même moyen

qu'ils vont encore de nos jours porter l'islamisme chez les noirs du Soudan, en partant des bords de la mer Rouge ou de la Méditerranée. Quelquefois même ils partent de la Turquie, d'où ils se rendent par mer dans les régences barbaresques, et de là jusqu'à la Sénégambie et à la côte de Guinée.

Ce qu'il faut enfin rappeler au christianisme, pour qu'il apprenne à se servir des hommes et des instruments propres à la civilisation de l'Afrique, c'est que ces missionnaires musulmans, quelque grossiers et incultes qu'ils soient eux-mêmes, convertissent par milliers les sauvages habitants de l'intérieur. Or ces derniers, une fois saisis par l'islamisme et imbus de son esprit, sont arrachés pour jamais à l'influence chrétienne, à moins d'efforts extraordinaires et de moyens tout nouveaux pour nous, dont le succès dépendra de l'emploi que nous ferons de l'association voyageuse.

Quoi qu'il en soit de cet avenir, la caravane, en s'adressant à l'esprit et au corps des races africaines, en satisfaisant à la fois leurs intérêts religieux et commerciaux, est vraiment la seule condition de la vie large et complète et de mouvement général dans un continent où les populations sont encore si divisées d'origine, de traditions et d'intérêt. D'un autre côté, quoi de plus remarquable dans ces régions que nous appelons stationnaires et immobiles, mais dans lesquelles il serait bien plus juste de reconnaitre la persistance de la nature, que de voir la caravane se renouveler comme un phénomène naturel, aussi périodiquement, par exemple, que la crue du Nil? Constante et salutaire comme ce fleuve nourricier de l'Égypte, elle alimente les oasis qu'elle traverse, en y déposant son trop-plein de marchandises, ou bien elle complète ses provisions de voyage jusqu'à ce que, arrivant au but de son cours, elle décharge sa cargaison au centre d'un commerce supérieur. C'est ainsi qu'elle apparait régulièrement à des époques déterminées; et puis tout rentre dans le repos habituel, où l'esprit des populations se reporte sur la variété des caravanes antérieures, et les compare à celles dont il attend le retour.

Il serait ici trop long d'entrer dans les détails du matériel et du personnel de la caravane; contentons-nous d'indiquer dans quelles conditions morales elle se met en marche, et à quel droit des gens elle demande ses premières garanties de sécurité et de succès. Commençons à cet effet par les entreprises les plus aventureuses, c'est-à-dire par celles où marchands et pèlerins stationnent dans de rares oasis, et ont à franchir d'immenses espaces pour se mettre en rapport avec les populations nomades.

Nous avons déjà remarqué l'analogie que ces traversées du désert avaient avec la navigation. Pour la caravane, comme pour la flotte marchande, ces voyages ne sont qu'un même sillage à travers les sables ou à travers les eaux. Dans l'un et l'autre cas, les conditions d'isolement, de protection ou d'hostilité sont donc parfaitement semblables. Cette analogie a d'ailleurs été nécessaire en Afrique, par suite des rapports intimes du commerce de terre avec celui de mer.

Transportons-nous, par exemple, avant la découverte du cap de Bonne-Espérance, à cette époque dont nous signalerons plus bas les différences avec la nôtre, mais dont les antécédents s'offrent à nous pleins d'à-propos, puisque la navigation avec l'Inde tend de plus en plus à reprendre comme alors le passage de l'Égypte à la place de celui du Cap. A cette époque donc où l'Orient inondait l'Occident de ses produits, où l'Afrique, comme l'Asie, enrichissait l'Europe, qui venait s'alimenter aux échelles du Levant, c'était par des caravanes que se faisait l'immense commerce des continents asiatique et africain; et comme le commerce de mer, surtout dans la Méditerranée, n'était alors que la continuation de celui de terre, il en prenait aussi le nom, de même que l'accessoire prend le nom du principal. Ainsi les vaisseaux génois et marseillais accomplissaient leurs caravanes en allant commercer dans le Levant. Les campagnes maritimes des chevaliers de Malte s'appelaient aussi caravanes; enfin les pèlerinages des musulmans à la Mecque, par voie de mer, ont toujours conservé ce nom, et prouve l'analogie et les rapports intimes qui existaient alors entre les deux manières de commercer.

Mais qu'en résulte-t-il maintenant? C'est qu'en échangeant les marchandises avec les associations voyageuses, les flottes échangeaient aussi leurs idées, leurs coutumes et leur législation; de sorte que par ces échanges comme par suite des circonstances semblables, où soit au long cours, soit au prochain terme, la caravane de terre et celle de mer poursuivaient leur but, l'une et l'autre étaient nécessairement soumises à certains principes communs. Or, ces principes, modifiés ou plutôt développés par les progrès de la navigation chrétienne, survivent encore, chez les nomades, aux transformations qu'ils ont dû éprouver dans le droit public de l'Europe. On est donc sûr de les trouver dans leur état primitif sur le continent africain; d'où l'on pourrait conclure, *à priori*, que la traversée des mers de sable y est subordonnée au même droit des gens qui, du xie au xve siècle, par exemple, protégeait chez nous l'intercourse maritime de la chrétienté.

Eh bien, si, malgré le progrès des idées chrétiennes, cette protection avait alors besoin de s'appuyer sur la force, il ne faudra pas nous étonner s'il en est encore de même pour le commerce de l'Afrique. La force est en effet pour celui-ci la meilleure garantie de sécurité; mais cette force n'exclut pas d'autres garanties morales qui lui servent de sanction. Or, c'est grâce à ces dernières que la caravane peut négocier l'épée à la main avec les tribus dont elle traverse le territoire. Elle marche donc constamment armée; et à l'exemple des sociétés sédentaires, même des plus civilisées, elle aussi a pour devise : *Si vis pacem, para bellum.* C'est ainsi que de son point de départ jusqu'à son point d'arrivée elle conclut des traités de paix ou de trêve, ou bien transige en payant tribut. Mais pour que ces transactions ou ces traités aient lieu, il faut évidemment qu'ils s'appuient sur un respect traditionnel et sur quelque notion de droit. Cela est d'autant plus vrai, qu'il est inouï de voir les nomades violer leurs engagements. Bien plus, ces peuples barbares sont si accoutumés à conclure et à respecter de temps immémorial leurs traités avec la caravane, qu'ils les font avec elle sans pourparler et avec de simples signaux. La caravane sait aussitôt si elle a affaire à des ennemis, à des neutres ou à des alliés, et se gouverne en conséquence. Or, si ce n'est pas là une preuve évidente qu'un certain droit des gens, différent sans doute du nôtre, mais non moins réel, existe chez les nomades, je ne sais où la conscience des diplomates pourra jamais le reconnaître.

Telles sont donc les garanties morales où l'on peut entrevoir en germe le principe qui tend à protéger la marchandise sur le dos de la caravane, comme il la protége déjà à l'ombre du pavillon. Ce qu'il y a de sûr, c'est que, dans l'un et l'autre cas, le commerce des neutres en Afrique conserve assez généralemennt sa liberté. Il n'est pas libre sans doute en vertu d'une notion parfaite du droit; mais c'est du moins à l'abri de certains faits également protecteurs, résultant de nécessités et d'intérêts semblables à ceux qui ont fait régulariser peu à peu le code maritime des nations civilisées. Ainsi partout où un certain ordre social et le respect du droit d'autrui peuvent se maintenir, c'est-à-dire, le plus souvent, loin des nations européennes qui se sont appliquées à tout diviser pour mieux dominer, la caravane africaine jouit d'un caractère sacré qui la rend inviolable. Le droit d'asile existe pour elle; et même au milieu des luttes nationales et des guerres civiles, une sorte de trêve et une paix de Dieu la protége contre toute agression. En Abyssinie, par exemple, nos voyageurs ont vu des caravanes traverser paisiblement l'espace qui séparait deux partis prêts à en venir aux mains (1).

Nous reviendrons plus bas sur les causes et sur les conséquences pratiques du respect instinctif que, dans certaines limites et à certaines conditions, les populations naturellement commerçantes et religieuses de l'Afrique conservent pour la caravane. Qu'il nous suffise de le signaler maintenant comme un des caractères de la vie morale de cette association. Qu'on ne suppose pas d'ailleurs que ce respect soit général : il ne saurait l'être là où tout est divisé, morcelé par la nature du sol et par les hostilités des tribus; mais, bien qu'à l'état incomplet et toujours précaire parmi des races incultes, un fait aussi permanent n'en est pas moins destiné à être érigé pour elles en principe, si nous savons nous en servir un jour pour les civiliser.

L'application de ce principe pourrait être même beaucoup plus prochaine qu'on ne pense. Il suffit de voir, en effet, comment, dans le Maroc, ce sanctuaire de puritanisme musulman, les déclarations de guerre contre les chrétiens n'ont jamais interrompu avec eux les relations commerciales. Ainsi depuis le fameux Muley-Ismaël, contemporain de Louis XIV, jusqu'à la cessation de la pi-

---

(1) C'est M. Antoine d'Abbadie, voyageur aussi exact qu'intrépide et intelligent, qui nous a dit avoir été témoin de ce fait.

raterie barbaresque, notre commerce direct avec cet empire a pu continuer pendant la guerre aussi bien que pendant la paix, et y trouver dans l'un et l'autre cas les mêmes avantages et la même protection. Les Maures, il est vrai, puisant leurs principales ressources dans le commerce extérieur, et par conséquent dans l'arrivée des vaisseaux chrétiens, avaient besoin de l'exportation de leurs produits indigènes comme de l'importation de ceux de l'Europe; et il était naturel que le Maroc laissât arriver nos marchandises pour nous vendre les siennes. Mais il en est de même pour beaucoup de tribus de l'intérieur ou du littoral africain, par exemple, des kabiles de Bougie et de Constantine, qui ont toujours commercé avec l'ancienne Régence d'Alger, malgré leurs hostilités si fréquentes avec le Divan.

Il y a donc là un fait curieux à constater, et peut-être aussi un principe susceptible d'application immédiate : c'est de voir consacrer au sein de la barbarie ce besoin moral si peu respecté de nos jours, que la guerre entre deux puissances ne doit interrompre ni troubler le cours des transactions privées entre leurs citoyens. Ainsi les peuples rapprochés de la nature, et qu'il nous coûte si peu d'appeler barbares, peuvent encore donner des leçons aux peuples civilisés; et les mêmes questions que ceux-ci débattent sur la mer s'agitent d'oasis en oasis à travers les océans de sables, comme si Dieu voulait montrer partout l'identité de la conscience humaine.

Au surplus, tout ce qui précède ne s'applique

bien qu'aux traversées du désert, que les Arabes nomment *voyages de course*.

Quant aux *voyages de terre* et aux stations que la caravane fait de ville en ville à travers des populations plus compactes et plus sédentaires, elle suit entièrement les lois de police et de sûreté qui gouvernent ces populations. Et d'abord elle y trouve un repos assuré dans les hôtelleries, où des magistrats veillent à ce que les greniers soient toujours pleins des approvisionnements nécessaires. Dans l'empire ottoman et en Perse, c'est le gouvernement ou les Pachas des provinces qui se chargent d'établir ces retraites publiques. Fort mal bâties sans doute, et fort incommodes pour nous Européens du xix° siècle, elles sont bien loin de répondre à ce que nous en disent les *Mille et une Nuits*, ou à aucun de nos rêves dorés sur l'Orient; mais elles n'en sont pas moins une des institutions les plus utiles, et celle qui nous importe le plus d'échelonner nous-mêmes sur les routes où nous voulons rappeler les caravanes.

Or, parmi ces caravansérails, les uns sont dotés comme fondations religieuses pour faciliter le pèlerinage à la Mecque, et dans ceux-là l'hospitalité est sans réserve. Leur établissement était jadis le privilége des sultans ou des chefs musulmans qui s'étaient rencontrés trois fois en bataille rangée contre les chrétiens. Il est aussi des caravansérails où l'on ne trouve que le simple logement, et d'autres enfin construits comme nos auberges dans un but intéressé, et où l'on n'obtient rien sans payer.

Tous ces caravansérails sont de forme carrée,

à peu près comme les cloîtres de nos abbayes, et comme eux présentent à l'intérieur des galeries voûtées supportées par des pilastres. Bien que les plus magnifiques, surtout parmi ceux qui existent encore, ne soient guère que des monstres d'architecture, ils suffisent toutefois à l'abri des voyageurs, et servent en même temps d'entrepôt et de marché dans le voisinage des villes, où ils sont toujours construits. L'arrivée de la caravane y est toujours proclamée à l'avance, après avoir été annoncée par des coureurs ou par des pigeons destinés à ce genre de message. C'est alors que son passage et ses diverses haltes appellent sur toute la route la vie commerciale et le mouvement des affaires. Chaque cité, en lui accordant protection, y trouve l'occasion de remplir son trésor par la perception des droits d'entrée ; et la contrée tout entière participe aux échanges consommés dans le caravansérail.

Ainsi la caravane devient une foire ambulante qui vend et achète sans cesse, exploitant et fécondant l'une après l'autre toutes les ressources locales jusqu'au terme de sa course, qui a duré souvent plusieurs années. Alors le marchand, qui a commencé avec peu, se trouve infailliblement enrichi, s'il a bien calculé son itinéraire et prévu l'accroissement de valeur que certains produits acquièrent d'une station à l'autre. Mais ce qui devient plus curieux peut-être à remarquer, c'est que, assurée des mouvements du commerce général et des retours périodiques de la caravane, l'industrie locale et privée ne va jamais au-devant des voyageurs. Au lieu de se déranger, elle attend qu'on vienne lui demander ses produits; et de là sans doute le caractère stationnaire de cette industrie, qui forme le plus singulier contraste avec les destinées mobiles de l'association voyageuse dont elle n'est pourtant que le résultat. Ce fait général n'explique-t-il pas encore la conduite des marchands musulmans de nos jours, toujours impassibles et flegmatiques, et qu'à notre grand étonnement l'avidité du gain la moins douteuse ne peut jamais déterminer à provoquer les acheteurs? A ce trait particulier, nous reconnaissons comment la caravane a laissé son empreinte sur les mœurs orientales, et en a fondé l'immobilité sur son propre mouvement.

C'est en partant de ces considérations comme de la théorie de nos recherches, que nous pourrons en poursuivre le but, immédiatement applicable à nos possessions africaines et à nos relations avec le Maroc. Répétons d'ailleurs que, des faits que nous avons signalés, la plupart sont à présent réduits aux plus minimes proportions, par suite de la décadence de l'islamisme. On dirait les rejetons rabougris d'une riche végétation; mais ils n'en restent pas moins comme des germes toujours prêts à renaître au profit d'une civilisation nouvelle, et comme les données essentielles de toutes les questions commerciales et religieuses que nous aurons à résoudre avec les races orientales et africaines. Les pèlerinages, par exemple, sont bien déchus de leur ancienne splendeur. Dans les temps de ferveur de l'islamisme, les kalifes et les grands personnages accomplissaient eux-mêmes ce devoir sacré. Mais depuis longtemps la plupart des chefs musulmans, surtout en Turquie, croiraient s'abaisser s'ils s'en acquittaient en personne. Ils se contentent de le faire remplir par d'autres, et, se considérant comme ayant part à leur mérite, ils prennent aussitôt le titre d'*hadji*. Aussi, qu'en est-il résulté? Cette indifférence religieuse des Ottomans a consommé la ruine de leur commerce, surtout dans les provinces de l'Asie Mineure et de la Syrie, où jadis la foule innombrable des pèlerins communiquait partout le mouvement à la richesse publique. Réciproquement, les révolutions qui ont abaissé la puissance maritime et continentale des musulmans, ont du même coup refroidi leurs croyances, et, en amoindrissant leurs richesses et le bénéfice des grandes caravanes, elles ont de jour en jour diminué le nombre des pèlerins.

Ainsi, depuis que la découverte du passage de Bonne-Espérance a détourné le commerce de l'Inde de la route de l'Arabie et de l'Égypte, l'islamisme, attaqué sur ses derrières et dans ses richesses jusqu'alors inexpugnables, vaincu par la croisade commerciale de Vasco de Gama bien plus que par toutes les croisades du moyen âge, a successivement perdu autant de pèlerins que de marchands. Cette religion, toutefois, n'est pas encore près de mourir; on peut même prévoir qu'elle se réveillera en partie avec le goût des pèlerinages, lorsque le commerce aura repris la route qui fit jadis la puissance commerciale des musulmans. A cet événement, qui ne peut tarder, certaines caravanes reprendront aussitôt leur cours, et recouvrant leur ancienne prospérité, elles convieront nécessairement les pèlerins à se rendre une dernière fois à la Mecque. C'est alors que notre civilisation, si elle veut s'ouvrir à son tour les grands itinéraires de l'Afrique, aura à respecter tous ces pieux voyageurs. Remarquons bien, au surplus, que dans le seul intérieur de ce continent, de nouvelles destinées attendent et appellent l'association voyageuse; car là seulement les caravanes, échappant à la concurrence de la navigation chrétienne, peuvent renaître comme par le passé, et doivent même à jamais se maintenir.

Quant aux associations qui jadis longeaient l'Afrique septentrionale, n'oublions pas la cause qui leur a si longtemps fait surmonter cette concurrence : le fanatisme les animait, et elles allaient toujours, bien que depuis le xviie siècle elles ne se composassent guère que de pieux voyageurs. Ce qui explique aussi leur constance, c'est qu'au retour d'une caravane de la Mecque, la dynastie aujourd'hui régnante dans le Maroc y fut portée sur le trône par des pèlerins. Le chef de cette dynastie est, en effet, Ali Schérif, descendant du Prophète, qui, sur la fin du xvie siècle, naquit à Jambo, près Médine, fut amené de l'Arabie par des pèlerins maures, et ensuite élu empereur au Tafilelt, où il mourut en 1664 (1075 de l'hégire). Ses deux fils, Muley Arxid (Er-Rachid) et le fameux Muley Ismaël, étendirent de là leurs conquêtes, dominèrent également à Fez et à Maroc, constituèrent l'empire actuel sur les deux versants de l'Atlas, et y relevèrent la fierté musulmane, si longtemps courbée devant l'Espagne et le Portugal. C'est à la faveur de leur règne que les pèlerinages reprirent faveur, et ranimèrent parmi les Maures l'antique austérité de l'islamisme. Remarquons, enfin, qu'en régénérant cette religion, le despotisme religieux de ces princes la rendit aussi plus unitaire; c'est par cette raison qu'elle est restée dans le Maroc plus étroitement orthodoxe et plus exaltée que partout ailleurs (1). La secte malékite, qui régit cet empire, y prescrit, par exemple, le pèlerinage à la Mecque à quiconque peut se pourvoir des choses nécessaires durant ce voyage; tandis que la secte hanéfite de Turquie est beaucoup plus indulgente. Cette dernière ne fait un devoir strict du pèlerinage qu'à ceux qui joignent aux provisions nécessaires une bonne santé, la commodité d'une voiture et la sûreté de la route : conditions qui affranchissent de l'accomplissement du précepte un nombre de fidèles toujours croissant chez les Turcs. Les Maures, au contraire, ne s'arrêtent ni devant les fatigues, ni devant les dangers du désert, et se distinguent entre tous les pèlerins par leur fanatisme et leur intrépidité : aussi, la guerre de l'Algérie, bien qu'interceptant leur grande voie à la Mecque, n'a-t-elle jamais pu les empêcher de communiquer avec cette ville sainte. Tout ce qui en est résulté, c'est qu'à notre grand détriment,

---

(1) « Ainsi, dans le royaume de Fez et de Maroc, dit Saint-Olon, le muphti et le cadi ne sont qu'une seule personne administrant la mosquée et la justice. En Turquie, au contraire, ces deux fonctions sont distinctes. »

ces communications ont été détournées de nos possessions nouvelles, et que nous avons perdu, avec les voyageurs, le commerce et les moyens d'influence que leur passage devait nous assurer.

Maintenant donc, c'est par le versant méridional de l'Atlas, et à travers les déserts dont il est semé, que les caravanes conduisent chaque année à la Mecque les pèlerins les plus fervents de Fez et de Maroc. Leur nombre est sans doute fort diminué, mais leur fanatisme s'exalte en raison des obstacles de la route. Nos voyageurs ont récemment rencontré ces aventureux Magrebis sur les bords de la mer Rouge. Ils les ont vus aller aussi dans l'Arabie Heureuse, cherchant, pour la guérison des maladies, les simples dont leurs livres de médecine leur avaient appris la vertu salutaire. Ajoutons qu'en s'aventurant parfois dans les sables de l'intérieur, et s'échelonnant par les oasis du Sahara, par les stations du Soudan et du Darfour, ces pèlerins marchands atteignent l'extrémité sud de l'Abyssinie, et là se divisent, tantôt pour suivre la route de Gondar vers l'île de Moussawa, le meilleur port du golfe Arabique, tantôt pour traverser les hautes terres et les déserts affreux qui séparent l'Éthiopie de l'Égypte, joindre alors le cours navigable du Nil qui les voiture au Caire avec ce qu'ils ont apporté de plus utile et de plus précieux, et arriver enfin, après des milliers de lieues, jusqu'à la terre sacrée de l'islamisme.

Rien, au reste, n'est plus commun que ces voyages d'une extrémité à l'autre de l'Afrique; et c'est même ce qui permit à l'intrépide Caillé de tenter la découverte de Ten-boktou en partant du Sénégal. Il se fit passer pour un Arabe d'Alexandrie qui retournait dans son pays natal, et, au milieu des périls de tout genre qui l'environnaient, cette réponse parut si naturelle, que, loin de le soupçonner de mensonge, la charité musulmane s'empressa de lui venir en aide, et lui assura d'étape en étape son pain quotidien.

Le pèlerinage dure ordinairement plusieurs années, pendant lesquelles la cinquième partie ou le quart des pieux voyageurs succombent souvent aux fatigues et aux dangers de la route; mais ceux qui en échappent s'en retournent chez eux avec le titre honorable de hadji, et ont seuls droit de porter le turban. Reçus avec les plus grands honneurs, ils deviennent les experts et les sages de leur patrie, et jouissent de toute la considération de leurs compatriotes, qui leur accordent, comme aux marabouts, le privilége de sainteté.

Ainsi, par les caravanes, les impénétrables sentiers du désert relient la Mecque et le Caire à l'autre extrémité de l'Afrique septentrionale, et, mystérieux véhicules de la barbarie, conduisent encore la séve musulmane de son tronc épuisé à son rameau le plus lointain.

Quant au Maghreb en particulier, où la conquête d'Alger nous a déjà fait une si belle place, une solidarité d'intérêts commerciaux et religieux unit également par les caravanes les diverses populations qui l'habitent. Mais ce qu'il faut d'abord remarquer, c'est que la connexité de leurs territoires fait de ce plateau un système géographique tout spécial. Les géographes arabes, le voyant sans liaison apparente avec les autres montagnes de l'Afrique, l'avaient jadis appelé l'*île du Maghreb* ou d'Occident, représentant par cette expression aussi exacte que poétique l'océan de sable et d'eau qui la sépare du reste de l'Afrique.

Cette position est en effet tellement insulaire, qu'Ali-Bey, au commencement du xixe siècle, a voulu y voir la véritable Atlantide de Platon, entourée maintenant du côté des terres par le lit sablonneux d'une mer desséchée (1). L'Atlas, dans tous les cas, mérite de donner son nom au système qu'il occupe tout entier et dont il caractérise la nature géologique. En le traversant dans toute sa longueur, il en forme l'épine dorsale et le couvre de ses ramifications; il en détermine ainsi les bassins, et partage tous les cours d'eau qu'il verse, soit au sud, dans les sables du grand Sahara, soit au nord et à l'ouest, dans l'Océan et la Méditerranée. Tel est le plateau général de l'Atlas : sorte d'*Afrique Mineure* circonscrite par les deux mers et par les sables de l'intérieur. Ces derniers touchent l'Océan près des caps Nun et Boyador, et rejoignent la Méditerranée vis-à-vis le golfe de

(1) Ali-Bey ajoute en cette occasion : « Ces considérations, comparées avec le grand nombre de coquillages trouvés dans les déserts à l'E. des monts Atlas, avec la quantité considérable de sel existant dans le Sahara, et d'autres faits que j'ai pu observer, me font croire que le Sahara a été une mer jusqu'à des temps très-rapprochés de nous, si on les compare aux grandes époques de la nature; et alors on voit la chaîne des monts Atlas former une île. »

(*Voyage dans le Maroc*, p. 368).

Gabès sur le rivage de Tripoli : de sorte que la régence de Tunis, l'Algérie et le Maroc, avec les régions plus méridionales qui correspondent à ces trois États barbaresques et forment la lisière cultivée du grand Sahara, composent cette portion nord-ouest du continent africain.

L'Atlas, dont les lignes supérieures et les inclinaisons déterminent graduellement et la nature générale et les accidents particuliers de cette région insulaire, domine d'abord toute la Mauritanie, en face de l'Océan auquel il a donné son nom. C'est de là que la chaîne commence à s'élever vis-à-vis l'archipel des Canaries qu'on ne peut séparer de son système ; puis elle s'étend entre la province du Tafilelt et celle de Maroc en se dirigeant vers le nord, jusqu'en vue de la ville de Fez, formant dans cet espace une cordillère couverte de neiges éternelles, et atteignant près de la capitale de l'empire à une hauteur de 4,000 mètres au-dessus du niveau de la mer. Dans cette région, qu'on peut appeler celle du haut Atlas, la cordillère, après s'être avancée légèrement oblique à la ligne de l'Océan, se replie tout à coup parallèlement à la Méditerranée. C'est là que se dessine le long des rivages de la mer la chaîne du *petit Atlas;* tandis que plus au sud l'*Atlas moyen* abaisse ses terrasses, en maintenant ses crêtes à travers l'Algérie à une hauteur de 2,400 mètres, et s'étendant jusqu'aux monts Fossato, sur les confins de la régence de Tunis, et aux monts Gharian, dans la province de Tripoli.

C'est à ces derniers rameaux atlantiques qu'apparaissent d'évidentes solutions de continuité avec tout autre système de montagnes; en face du golfe de Gabès, mais surtout de la Grande Syrte, l'œil n'aperçoit que des plages basses, uniformes et sablonneuses, et il cherche en vain quelque hauteur à l'horizon. Là s'arrête donc le plateau ou l'*île du Maghreb*, au passage de l'ancienne province de Carthage à la fameuse et mythologique Cyrénaïque.

C'est de cette limite à celle du Maroc que le sol, compliqué de plus en plus de montagnes et de vallées, s'élève d'est en ouest, en conservant une hauteur moyenne de 500 mètres au-dessus des sables brûlants du désert et du niveau de la Méditerranée. De là son climat, généralement tempéré jusqu'auprès des limites du Sahara, tandis que les terrasses successives du plateau réunissent une infinie variété de pressions atmosphériques et d'expositions végétales, et présentent le spectacle d'une fertilité étonnante jusqu'aux îles Canaries, dernier anneau de leur système et modèle de leur admirable végétation. C'est ainsi qu'on y trouve à la fois les productions les plus riches et les plus diverses : le chêne, le pin, le cyprès, le myrte, le laurier, l'arbousier, la bruyère arborescente, l'oranger, le jujubier, le dattier, la vigne et tous nos arbres fruitiers de l'Europe; le melon, l'orge, le maïs, le froment, le riz, le tabac, le coton, l'indigo, la canne à sucre, et surtout l'olivier qui s'y développe dans sa zone naturelle, tandis qu'il est dépaysé et partant peu productif sur nos rivages du Midi. Toutes ces plantes sont également propres au sol africain ; et c'est vers leur culture que pourra se diriger sûrement l'agronomie pratique de nos possessions.

Le tableau de ces richesses ne convient, il est vrai, qu'à la lisière septentrionale de l'Atlas ; mais le versant méridional, qu'il nous importe aussi d'utiliser à cause de ses rapports avec les contrées de l'intérieur, est beaucoup plus fertile que nous ne le supposons. Le dattier y croît en abondance ; on y trouve aussi des buissons de gommiers, l'agoul ou herbe du pèlerin, enfin du blé et de l'orge partout où il y a des cours d'eau. Or, jusqu'à une forte distance vers le sud, la fécondité du sol est entretenue par les rivières et les ruisseaux qui découlent des montagnes. Ces eaux disparaissent ensuite dans les sables des petits déserts qui précèdent le grand Sahara ; mais là elles sont encore beaucoup plus cachées que perdues, car tantôt elles y reparaissent sous forme de lacs d'une étendue considérable, et tantôt elles y sont retenues par un fond de roche et une marne argileuse où il n'y a qu'à creuser pour y trouver des sources abondantes. Cette constitution intérieure du sol a souvent permis aux nomades d'établir des puits artésiens pour alimenter les oasis. A Ouerguelah, au sud de l'Algérie, on atteint, par exemple, l'eau douce à une profondeur de 170 coudées. Quand les indigènes arrivent à la couche de pierre, ils l'amincissent et la réduisent à une simple écorce, puis remontant au-dessus du puits, ils y jettent un rocher qui en crève le fond et le remplit précipitamment d'une source qui devient un ruisseau (1). Ces puits, du reste, n'ont jamais été que des travaux fort imparfaits; mais nous pourrions les remplacer nous-mêmes par des sondages, et créer ainsi sur la voie des caravanes des stations nouvelles, propres à faciliter leur marche, et à retenir des tribus errantes qui, tôt ou tard, viendraient s'y fixer.

Tel est, avec ses diverses régions, le plateau de l'Atlas, auquel nous devons apporter maintenant tous les germes de la civilisation chrétienne, et qui, en échange de ce bienfait, peut et doit nous fournir les productions les plus riches et les plus variées, objets de consommation directe ou avec d'innombrables matières premières pour notre industrie.

Pour comprendre donc quel rôle est réservé aux caravanes dans cette immense carrière, il suffit d'appliquer à la France ce que l'Américain Shaler, avant la conquête d'Alger, disait d'une faible partie de ces régions, par rapport à l'Angleterre.

« Il n'est pas donné à la prévision de l'homme de calculer les avantages immenses que retirerait le genre humain de l'établissement d'une colonie anglaise dans la Numidie, si cette colonie recevait les institutions de sa métropole et une organisation qui lui laissât le privilége d'une certaine in-

---

(1) Voir l'*Itinéraire de l'hadji Ebn-el-Dyn* dans les Études de Géographie critique de M. d'Avezac (pag. 7, Paris, 1836), et les renseignements que donne à ce sujet *Ibn-Kaldoun*, traduit par M. de Slane.

dépendance, sans autres obligations à remplir que celles résultant d'une affection naturelle, du souvenir des anciens bienfaits et d'une communauté d'intérêts. Telles étaient Syracuse et Carthage à l'égard de leur métropole; tels de nos jours sont les nouveaux États de la confédération américaine, et telle deviendrait l'Irlande, si le gouvernement adoptait un système de politique mieux entendu à son égard. »

C'est en présence de cet avenir, que le Maroc, point de départ des principales caravanes, appelle enfin notre attention. Extrême occident de l'Afrique septentrionale, l'*occidens extremus* des Latins, ou, comme disent les Arabes, le *Maghreb-el-Aqsa*, le Maroc nous représente une sorte de trapèze dont les cimes du haut Atlas forment la plus longue diagonale. Deux grandes divisions sont ainsi formées par cette antique cordillère, dont le massif principal se trouve englobé dans la région qui nous occupe. Une de ces divisions regarde l'Océan et la Méditerranée, et correspond à la Mauritanie Tingitane; l'autre fait face au grand désert et au petit Sahara algérien, et comprend une portion de l'ancienne Numidie, dont la plus grande portion est incorporée au territoire de l'Algérie. Cette seconde moitié du Maroc, qui comprend les royaumes du Tafilelt, de Darah et de Sous, n'est séparée de nos possessions par aucune frontière naturelle, et elle ne s'en distingue sur la carte que par la méridienne de Tlemcen et du cours de la Tafna. Elle est au contraire essentiellement distincte du Maroc proprement dit, qui est sur l'autre versant de l'Atlas, et a pour villes principales Maroc, Fez et Méquinez.

On comprend dès lors que la région ultra-atlantique, n'étant qu'un appendice accidentel de la Mauritanie, pourrait redevenir ce qu'elle a été jadis et jusqu'à la fin du xvi⁰ siècle, c'est-à-dire un territoire indépendant et souverain, dont les populations, essentiellement commerçantes, devront se donner ou du moins s'allier à qui protégera le mieux leur commerce. Or, ce commerce qu'est-il ? c'est celui même de Ten-boktou et de l'intérieur de l'Afrique, dont le Tafilelt a toujours été un des entrepôts les plus importants. Bien plus, les populations du Tafilelt et des oasis de ce côté de l'Atlas n'ont jamais été soumises que nominativement et par l'unique ascendant religieux au sultan de Maroc et de Fez. D'où il résulte, qu'en respectant leur religion autant que leurs intérêts temporels, on achèvera de leur faire prendre goût et à l'indépendance politique et à l'alliance commerciale que nous devrons établir avec eux. L'avantage de ces rapports nouveaux sera d'être propre à la France, et nous n'aurons point à y craindre la concurrence d'aucune autre nation.

On voit également de quel poids cette alliance pèsera dans nos relations avec le Maroc proprement dit. Les relations maritimes avec cet empire se restreignant de plus en plus par l'ensablement ou le mauvais entretien des ports, il sera tôt ou tard facile de faire comprendre au Sultan combien il est intéressé à favoriser particulièrement le commerce de terre; celui-ci, en effet, peut être exploité par ses caravanes aussi bien que par celles de l'Algérie, au lieu que sur mer, où la navigation maure est impuissante, les meilleurs bénéfices du négoce appartiendront toujours à l'intercourse des Anglais.

Le Maroc a donc, comme nous, toutes sortes d'intérêts à favoriser, par des relations continentales, les communications entre les diverses contrées du Maghreb. C'est ce qui doit rendre notre diplomatie pleine de modération à son égard. En attendant, la victoire d'Isly a préparé le rétablissement des caravanes sur les frontières de cet empire; et c'est à nous d'en profiter pour créer de nouveaux moyens d'échange et faire accepter aux indigènes les bienfaits de notre industrie. Les caravanes destinées à devenir les agents de ces relations, ont deux points de départ bien distincts. Celles qui partent des vallées du Tafilelt, peuvent à leur gré traverser le Sahara pour se rendre dans le Soudan, ou bien, longeant le grand désert et traversant le petit Sahara algérien, se rendre à Tunis ou à Tripoli. Quant à celles qui partent des villes de Maroc et de Fez, elles suivent la lisière plus fertile de la Méditerranée; de sorte que les unes et les autres sont soumises à des conditions géographiques bien différentes. Un avenir également différent, pour ne pas dire tout opposé, est également réservé à ces diverses caravanes; et c'est pour nous en faire une idée, que nous allons étudier à part chacune de ces associations.

II.

De la grande caravane de Fez à la Mecque. — De son ancien commerce et de sa décadence par suite des progrès de la navigation.

La caravane de la lisière du nord, jadis la plus importante par le nombre des pèlerins et la richesse des marchandises, est aujourd'hui complétement désorganisée ; toutefois, dans sa décadence même, elle n'en est pas moins utile à connaître ; et, par les vestiges de son état présent, elle peut encore nous apprendre bien des choses perdues de son passé. Elle partait, comme on sait, de Maroc et de Fez. En longeant les bords de la Méditerranée, elle correspondait successivement avec Alger et Constantine, Tunis et Caïrwan, et, par Tripoli et Barqâh, elle allait aboutir au Caire et à la Mecque. Mais d'abord il faut dire un mot de ceux qui s'affranchissaient des lenteurs et des dangers de cette route en prenant la voie de mer.

Les Maures qui préféraient cette dernière voie, étaient et sont tous encore soumis à un examen sévère de la part du gouverneur du port où ils s'embarquent. L'empereur de Maroc exige en effet qu'ils aient payé le fret de leur vaisseau, qu'ils soient munis de ressources suffisantes pour remplir l'objet de leur dévotion, et il veille religieusement à ce que ces pèlerins ne se trouvent pas dans la nécessité d'emprunter ou de faire quelque acte de bassesse pour vivre à bord des vaisseaux chrétiens, où ils sont reçus comme passagers. Tel est l'ordre qui préside encore aux caravanes maritimes, qui, grâce à la supériorité croissante de la navigation, sont les seules capables d'hériter de tout ce qui a été perdu sans retour par la grande caravane de Fez.

Quant à cette association continentale dont nous allons parler comme si elle existait encore sous nos yeux, en voici en peu de mots l'organisation. L'autorité y est abandonnée au *Saïck*, qui dirige la caravane et a le droit absolu d'y punir quiconque n'aurait pas rempli les conditions exigées. On y distingue ensuite, sous la dénomination commune de pèlerins, trois classes de personnes : les Berbères des montagnes; les négociants maures; enfin, les dignitaires de la cour ou fonctionnaires publics, auxquels leur charge, sous un gouvernement théocratique, impose toujours l'obligation d'édifier les fidèles par leur piété. Or, comme il s'agit d'un voyage cher, pénible et dangereux, qui intéresse et la dignité du culte, et la prospérité de l'État, il faut que les fonctionnaires publics obtiennent le consentement exprès de l'empereur. Les négociants, de leur côté, sont obligés de se présenter au gouverneur de leur province, auquel ils donnent caution. Dans ce dernier cas, l'action juridique des créanciers contre les débiteurs absents est suspendue pendant toute la durée du pèlerinage. Enfin, le chef unique ou les divers armateurs de la caravane sont obligés de constituer des otages parmi les notables des tribus auxquelles ils ont pris à loyer des guides, des montures ou des bêtes de somme. Quant aux Berbères, qui ne renoncent pas volontiers à l'indépendance, il n'est jamais question pour eux de passe-port; mais une fois enrôlés dans la caravane, ils sont obligés d'en subir tous les usages.

Toutes ces précautions tendent à écarter du pèlerinage les vagabonds de la dernière classe du peuple, qui, réunis en petit nombre d'hommes déterminés et sous l'apparence d'un pieux devoir, vont chercher les hasards d'une vie errante et parasite. Ceux-ci en effet prennent partout l'hospitalité avant qu'on la leur accorde, et sur la route accostent les voyageurs trop faibles pour se défendre, les invitant, au nom de Mahomet, à partager leurs provisions de bouche, quelquefois même leurs vêtements, infestant ainsi toutes les contrées qu'ils parcourent, et y trouvant l'impunité de tous leurs désordres, grâce au respect qu'inspire leur prétendue qualité de pèlerin.

Ces caravanes irrégulières, dont les excès, pendant notre moyen âge, firent tomber en déconsidération et en désuétude les pèlerinages chrétiens du saint sépulcre, n'ont pu faire interrompre aux musulmans la perpétuité de leurs pieux voyages. Chez eux, l'abus du principe n'a point empêché l'usage de se maintenir, mais il y a déterminé les gouvernants à une plus grande surveillance. Il faut donc se garder de confondre avec les fanatiques vagabonds que surveille la police religieuse du Maroc, les caravanes officielles de cet empire, qui, avant notre conquête d'Alger, s'élevaient encore, en y comprenant souvent plusieurs femmes, à trois ou quatre cents personnes, et n'étaient jamais composées que des marchands ou des pèlerins les plus honnêtes et les plus considérés dans leur pays.

Dans le cours du dernier siècle, la caravane commandée ordinairement par un prince de la famille impériale, ne se renouvelait périodiquement que chaque deux ou trois années. Quand l'époque du départ approchait, les divers groupes destinés à former l'association générale, s'organisaient d'abord isolément dans chaque ville ou tribu; ceux des provinces méridionales se réunissaient à Maroc d'où ils se rendaient ensuite à Fez, rendez-vous des voyageurs du nord et capitale religieuse de l'empire. Cette dernière ville est, comme Constantinople et le Caire, un des foyers scientifiques de l'islamisme. C'est un centre d'enseignement où, près des mosquées importantes, sont établis des colléges jaloux de réunir les professeurs les plus renommés. Les matières de leurs leçons y sont plus variées que partout ailleurs; mais la théologie et le droit canonique, c'est-à-dire, le Coran, en sont toujours l'unique base.

Fez est aussi la ville la plus industrieuse du Maroc, précisément parce que le commerce n'y prospère jamais mieux qu'à l'ombre de la religion. Ainsi, dans cette ville jadis célèbre par les sciences et les arts, les manufactures sont encore nombreuses. Elles fournissent des baïcks en laine, des ceintures, des mouchoirs de soie, des pantoufles ou babouches en cuir qu'on tanne supérieurement bien, des bonnets rouges en feutre connus sous le nom de fez, de la mauvaise toile de lin, d'excellents tapis, bien préférables à ceux de Turquie par la mollesse, quoiqu'ils leur soient inférieurs quant au dessin; de la mauvaise faïence, des armes, des objets de sellerie et des ustensiles en cuivre. Il y a plusieurs orfévres; mais, l'humilité religieuse des empereurs de Maroc interdisant comme un péché l'emploi de l'or ou de l'argent dans les habits d'homme, chacun craint d'y faire paraître trop de luxe : il en résulte que les arts manquent d'encouragement et restent infiniment au-dessous de ceux d'Europe, excepté dans la préparation des cuirs, des tapis et des haïcks dont les ouvriers savent faire le tissu aussi fin et aussi transparent qu'une gaze (1).

C'est la supériorité relative de tous ces produits qui assure aux marchands du Maroc un bénéfice considérable sur les divers marchés qu'ils vont parcourir en caravane. Ils y joignent encore des plumes d'autruche, de la cochenille et de l'indigo; et comme Fez est la ville la plus commerçante de tout l'empire et abonde en provisions de toute espèce, marchands et pèlerins, chacun, suivant son rang et sa fortune, peut s'y pourvoir des choses nécessaires à son voyage ou à son négoce.

Quand la religion et l'intérêt ont ainsi réuni tous les éléments de la caravane, le départ est réglé selon le cours de l'année lunaire de l'hégire, et il a lieu six ou sept mois avant la fête d'*Aydalmylad*, qui doit être, à l'arrivée au Caire, célébrée par les pèlerins, en commémoration de la

---

(1) Voyage d'Ali-Bey dans le Maroc en 1803 et 1804, p. 138.

naissance de Mahomet. La marche s'ouvre ordinairement sous les yeux de l'empereur ou bien du grand prêtre qui le remplace, et toujours après des prières et des sacrifices publics, pour demander le pardon des péchés et les bénédictions du ciel. La caravane s'avance aussitôt de Fez sur Téza, ville prochaine, où elle achève de se reconnaître et d'où elle repart complète et plus rapide, en invoquant Dieu et Mahomet. Chaque journée s'ouvre ainsi par la prière qui se fait dans la tente du chef de conduite, au son des tambours et des hautbois, escorte indispensable du chameau sacré qui porte le Coran, aux feuillets d'or, et les présents destinés à la maison de Dieu. Les pèlerins ont encore soin d'aller prier partout où sur la route se rencontrent des marabouts, nom donné aux tombeaux des scheiks et des santons morts en odeur de sainteté. C'est là qu'armés de pied en cap, comme nos anciens croisés, ils récitent leur chapelet ou quelques versets du Coran, en renouvelant les mêmes scènes à chaque rencontre semblable de leur pérégrination.

L'ordre de la marche étant définitivement réglé, les chameaux et les mulets de charge s'avancent en tête de colonne, précédés par les courriers et les éclaireurs, et organisés par files de huit ou dix. Attachés dans chaque file à la queue les uns des autres, ils sont conduits par des guides particuliers qui, montés sur un chameau de selle, ont le soin matériel de chaque série, et la gouvernent avec un pouvoir absolu, sous la responsabilité du chef de la caravane. Après ces premiers groupes viennent ceux qui se destinent à faire le pèlerinage à pied, soit par pauvreté ou par mortification, et que suivent des bêtes de bât; enfin, à l'arrière-garde, les voyageurs à cheval ou en chameau de selle. On part au point du jour, on s'arrête quelque temps à midi, et on campe à quatre heures du soir jusqu'au lendemain. Quand les chaleurs deviennent excessives, et au passage des sables brûlants qui les rendent intolérables, les marches ont parfois lieu de nuit, comme dans les voyages de Tenboktou.

C'est ainsi que la caravane de Fez, en quittant le Maroc pour atteindre l'Algérie, traversait encore, il y a peu d'années, le désert d'Angad. Les nomades n'osaient alors lui en disputer le passage. Mais l'anarchie la plus complète règne aujourd'hui chez leurs tribus indépendantes; et, depuis que ces populations ne sont plus contenues par le respect des grandes associations de marchands, le commerce y est livré aux mains des juifs de Tétouan et de Tanger. Ceux-ci, d'accord avec quelques Maures gagnés par les Anglais, font toute la contrebande de Gibraltar, au grand détriment des douanes de l'empereur de Maroc; mais ils la font aussi à leurs risques et périls, car leurs trop faibles associations sont maintenant rançonnées ou pillées à chaque passage dangereux; tandis qu'autrefois la nombreuse et formidable caravane de Fez procurait à tout le pays, par sa seule présence, la sécurité qu'il s'agit aujourd'hui d'y faire renaître.

Cette caravane entrait ensuite dans l'Algérie par l'intérieur des terres, en se dirigeant sur Tlemcen,

Médéa, et de cette station vers Constantine ou vers Biscara, derrière le petit Atlas; bien entendu qu'elle se ramifiait également à gauche sur Oran et Alger, pour y vendre des draps et des sandales de maroquin, prendre des objets d'échange ou un supplément de provisions, et s'adjoindre de nouveaux voyageurs. Ceux-ci, bien moins commerçants que les premiers, apportaient néanmoins les tissus de laine de Blidah, et surtout les riches soieries d'Alger, préférées à toutes les autres pour les ceintures d'homme, la toilette des femmes et l'ameublement des harems. Ils y joignaient encore des armes et des ustensiles, dont le métal battu sans le secours du feu acquérait une extrême solidité, des cuirs travaillés avec la plus grande perfection et dont on fait de très-beaux tapis, de l'huile de rose blanche, bien supérieure à nos essences, des nattes, des corbeilles tressées avec des feuilles de palmier, dont beaucoup paraissent au toucher aussi douces que la soie, tout autant de produits où l'extrême patience de l'homme remplace souvent avec avantage la régularité mécanique du travail européen.

En avançant dans la Régence, la caravane avait déjà trouvé sur la route de riches marchés, par exemple celui d'Arbah-Djendel, dans la plaine du Chélif, à dix lieues de Méliana, où, de nos jours encore, on voit se réunir jusqu'à 10,000 Arabes, et mettre en vente des milliers de bœufs, une immense quantité de blé, d'orge, de sel, de laine, de tissus, etc.

En échange de ces produits indigènes, nos

mouchoirs de batiste, notre sucre et notre café y ont déjà été placés avantageusement par des marchands français vêtus en Arabes; et quand notre domination algérienne sera un peu plus consolidée, des entreprises du même genre pourront nous mettre en relations également avantageuses avec les nomades des lisières du Sahara. C'est alors que les denrées échangées avec les Maures du Sénégal, trouveront à se placer aussi facilement chez leurs coreligionnaires de l'intérieur et du nord. N'oublions pas, en attendant, que les Maures de Fez vendraient leurs produits les plus communs et les plus grossiers, armes, quincaillerie, sandales, haïcks et mauvais bonnets de feutre, aux nomades dont les tentes avoisinaient leur itinéraire à travers l'Algérie. Ils obtenaient en échange de la laine, de la cire jaune, des dattes, souvent aussi des plumes d'autruche, de loin en loin un peu de poudre d'or, et toujours des provisions de bouche, ou des bêtes de bât et des chameaux pour transporter l'accroissement de leurs marchandises; de sorte que les moindres de ces dévots spéculateurs, à l'instar des *Ben Mosabi*, du sud de l'Atlas, mais sur une carrière bien plus féconde, revendant leurs achats à des prix successivement supérieurs, et grossissant à chaque station leur petit pécule, arrivaient parfois au terme de leur voyage avec des profits assez considérables pour tenter les plus vastes entreprises et toucher au comble de la prospérité. Ce qu'il y a de sûr, c'est que ces jeux de la fortune commerciale, ou plutôt ces fruits du travail et du courage, de l'expérience et de la moralité réunies, n'ont jamais été plus fréquents que dans les caravanes. Le fidèle croyant ne manquait jamais d'y voir la récompense de sa piété; et, retournant dans son pays, allait stimuler par son exemple le génie mercantile et religieux de ses concitoyens.

Mais continuons à suivre la marche générale de la caravane. Comme un fleuve enrichi de mille affluents, l'association voyageuse s'accroît de toutes les denrées et de tous les pèlerins des villes qu'elle traverse, ou des tribus avec qui elle peut se mettre en relation.

En quittant la plaine de Chèlif, la caravane se dirige, suivant les circonstances commerciales ou politiques, tantôt sur Médéa, Hamza et les Portes de Fer, ou bien plus au sud pour atteindre Constantine, tantôt sur Alger en passant par Blidah, la ville la plus industrieuse de la Régence. Dans ce dernier cas, tous les pèlerins et marchands maures qu'aucun intérêt ne retenait plus sur la route continentale, se rendaient, avec leurs coreligionnaires malékites, ou même avec les janissaires du rit Hanefy résolu, au voyage de la Mecque, et tous ensemble s'embarquaient directement d'Alger pour Alexandrie.

Quant au corps de la caravane, il poursuit sa route, en recueillant les marchands qui s'étaient détachés, pour commercer dans la régence d'Alger, et qui viennent le rejoindre à la hâte. C'est ainsi qu'il pénètre par Constantine ou Biscara dans la régence de Tunis, où il apporte en passant quelques produits de ces dernières stations. Les échanges recommencent à Tunis; et les voyageurs maures s'approvisionnent encore de belles soieries, surtout de bonnets rouges en feutre, qu'ils y trouvent préférables, pour la couleur, la finesse et la durée, à ceux de leur propre industrie. Ces bonnets, dont l'usage est devenu général dans l'empire du Maroc, se fabriquent aussi pour les Ottomans, les Grecs, les Arméniens et les juifs, et se livrent à divers prix à ces différents acheteurs qui portent le costume oriental et se rasent conséquemment la tête. Ces produits sont d'ailleurs si bien confectionnés, que Marseille ni Livourne n'ont jamais pu en égaler le travail, malgré les procédés les plus ingénieux.

La supériorité de cette main-d'œuvre est due à l'excellente organisation des corps d'arts et métiers de la Régence : corporations analogues à celles de notre moyen âge, et conservées des Maures d'Espagne, qui les portèrent avec eux en Afrique. Plus complètes toutefois et plus libres que les associations semblables réfugiées dans le Maroc ou l'Algérie, celles de Tunis sont toujours restées soumises à une juridiction semblable à celle de nos prud'hommes; et il en est de même parmi la population si laborieuse de l'île de Djerbi. Chaque branche de commerce y est dirigée par un certain nombre de commissaires pris dans la profession même, et appliqués à concilier les avantages de la libre concurrence avec ceux de l'association. Le chef de ces hommes d'élite juge tous les différends qui peuvent s'élever entre les marchands du corps qu'il préside, et ses décisions sont en dernier ressort, à moins que les parties n'en appellent directement au bey lui-même. L'Anglais Maggil cite à ce propos l'organisation des fabriques de bonnets, « dont la sagesse, dit-il, étonne en pareil pays, et dont pourrait s'honorer en Europe toute nation manufacturière. » Bien d'autres produits en laine, les couvertures, les tuniques blanches, les châles teints de vives couleurs, ne présentent pas un travail moins parfait.

C'est ce qui fait de Tunis une puissance industrielle qui n'est point à dédaigner; et il faudra en tenir compte, en cherchant à le supplanter, particulièrement dans la province de Constantine, où s'écoulaient autrefois grand nombre de ses produits. Cette dernière ville lui renvoyait en échange, par ses caravanes mensuelles, des matières premières et des provisions de bouche, de la cire vierge, des peaux sèches de bœufs et d'animaux sauvages, ou bien d'immenses troupeaux de bœufs et de moutons. Ces valeurs s'élevaient quelquefois à 100,000 piastres fortes d'Espagne ou 500,000 fr., et payaient largement les draps, mousselines, toiles, soies écrues ou travaillées, essence de roses et autres denrées de Tunis, auxquels se mêlaient souvent plusieurs de nos productions coloniales, et toujours notre café de la Martinique pour une assez forte part. Les avantages réciproques qui naissaient de ces relations enrichissaient les beys de Constantine, leur assuraient l'assistance de ceux de Tunis, et les rendaient à peu près indépendants de la régence d'Alger. D'un autre côté, l'interruption de ces rapports ne manquait jamais d'avoir un contre-coup fâcheux sur le marché de l'autre régence. De sorte que cette expérience du passé nous montre le parti qu'à notre tour nous pouvons tirer des mêmes relations, et comment il sera possible de les renouer dans ce qu'elles peuvent offrir de favorable à nos intérêts. Inutile d'insister d'ailleurs sur le besoin de nous unir avec une contrée qui a jadis porté Carthage, dont le climat est toujours un des plus beaux comme le sol un des plus fertiles du monde, et dont la capitale compte encore 200,000 habitants.

Grossie par de nombreux voyageurs, la caravane poursuit sa marche. Après avoir honoré dans les mosquées de Kairwan les souvenirs de la première colonie musulmane dans l'ancienne province d'Afrique, elle atteint un désert, qui présente une sorte de débouché aux sables du grand Sahara, et elle le traverse en côtoyant les bords de la mer, jusqu'au territoire extraordinairement fertile et non moins restreint de Tripoli. En arrivant à cette station, elle campe à la *Tour des Salines*, située à une demi-journée de cette ville. C'est là qu'elle attend ou rencontre, après deux mois et demi de marche, les pèlerins qui, partis du Tafilelt, ont pu suivre, à travers les ben-Mosabi et par Ouerquelah et Tuggart, le versant méridional de l'Atlas.

Indépendamment de l'époque des pèlerinages, cette dernière route d'ouest à l'est des États barbaresques, a été constamment pratiquée par les caravanes. C'est en effet par cette voie à travers l'intérieur, que la portion orientale du Maroc s'unit intimement aux oasis du plateau algérien, et aux territoires de Tunis et de Tripoli. Nous verrons plus bas quelles ressources l'ancien royaume du Tafilelt, et nous-mêmes, à son exemple, pourrions retirer de ces communications. Qu'il nous suffise de rappeler ici que, des grandes lignes de caravanes parallèles à la Méditerranée, celles de la lisière du grand désert sont le mieux situées pour se maintenir contre la concurrence de la navigation.

Quant à la caravane de Fez, après s'être arrêtée pendant dix jours à Tripoli, soit pour se remettre de ses premières fatigues, soit pour faire de nouveaux échanges avec les marchands de l'intérieur, et en particulier du Fezzan, qui commercent en grand nombre avec cette régence, elle complète ses provisions de voyage, et lève ses tentes pour atteindre Alexandrie, où elle ne doit arriver que dans quarante ou cinquante jours.

Cette dernière portion de la route est celle qui présente le passage le plus dangereux de tout l'itinéraire, et, comme les marchands et les pèlerins ont besoin, pour l'aborder, de toute l'énergie que donne l'exaltation religieuse ou l'avidité des bénéfices assurés sur les marchés de l'Égypte, nous allons rappeler les incidents principaux de cette aventureuse traversée.

Après avoir quitté le voisinage de Tripoli, la caravane, longeant toujours le bord de la mer, traverse les vastes ruines de Lebida (l'ancienne Leptis magna) et suit, jusqu'à Mesurate, une côte sans habitations fixes, si ce n'est sur quelque point très-rare du littoral. Elle aborde ensuite le contour du golfe de la Grande Syrte ; et là, rien que d'immenses déserts, où les tentes des Bédouins errants oublient trop souvent l'hospitalité si familière à tous les nomades. Après Mesurate, se présentent les lagunes et les marais formés par les eaux torrentielles du Cinifo, venu des monts Garrhian, et en même temps la solution de continuité la moins douteuse entre le plateau de l'Atlas et celui de l'antique Cyrène. Pour mieux communiquer avec ce dernier, jadis les Carthaginois avaient jeté des ponts sur ces marécages et y avaient bâti une longue chaussée. Au delà des premières dunes, la plaine à l'est du Cinifo est d'une fertilité extraordinaire, et des débris de vieilles murailles témoignent encore aujourd'hui de l'ancienne civilisation de la contrée. Cette terre rendait trois cents pour un au temps d'Hérodote, qui en comparait la fertilité à celle de Babylone, et donnait au territoire baigné par le *Cinips* la préférence sur toutes les régions de la Libye. Quel contraste entre de tels souvenirs et l'aspect actuel de ces côtes! Mais n'y a-t-il pas aussi quelque espérance pour la civilisation future de cette partie de l'Afrique?

C'est encore à la ville de Mesurate, dont le nom a passé au cap, que la route du nord se bifurque dans l'intérieur, où elle aboutit d'abord au Fezzan, et de là au Caire, par l'oasis de Sywah, l'ancien temple de Jupiter Ammon. L'inépuisable commerce de l'intérieur a souvent fait préférer ce nouvel itinéraire.

Suivons, quant à nous, le bord de la mer, autour du golfe de la Grande Syrte, si fameux dans l'antiquité par ses naufrages, et aujourd'hui redoutable seulement par ses bas-fonds. L'eau, chassée par les vents du nord sur une côte basse et uniforme, s'y étend bien avant dans les terres; le rivage inondé se change en marais salants et méphitiques, alternant avec des plaines de sable désertes et brûlantes, et avec des dunes effrayantes par leur mobilité; çà et là quelques ruines des stations antiques, une végétation appauvrie et les tentes des tribus nomades. Ainsi se présente aux caravanes l'aspect d'une des plus tristes contrées du monde. La traversée en est aussi périlleuse que pénible : on ne peut l'effectuer qu'à l'aide des puits d'eau saumâtre qu'on trouve en creusant le sol; et il ne faut pas moins de quinze ou vingt jours pour atteindre de Mesurate à la côte escarpée de la Cyrénaïque.

C'est durant cette traversée que les tempêtes de sable sont souvent plus épouvantables que celles de la mer. Quand souffle le *simoun* ou vent du sud, des colonnes d'une poussière suffocante s'élèvent à l'horizon; les oiseaux, étouffés dans une atmosphère de feu, marquent la direction du terrible phénomène, et les dunes, disparaissant et se renouvelant sous les vagues du désert, menacent d'engloutir tout ce qui se rencontre dans leur tourbillon. Puis, quand ces collines mobiles ont complétement changé de forme et de place et se sont momentanément fixées, la traversée en est aussi difficile que celle d'un labyrinthe, et les caravanes ont la plus grande peine à y guider leurs pas. C'est pour s'orienter dans ces affreuses solitudes que les pèlerins de la Mecque ont soin de dresser des pierres de distance en distance, et tous les voyageurs qui viennent après eux en ajoutent de nouvelles pour marquer la direction de la route. Cette traversée est encore d'autant plus menaçante qu'elle s'avance plus vers le sud, où les dunes, en se multipliant, barrent les chemins et forment l'avant-garde septentrionale du Sahara. C'est là qu'Hérodote place la légende antique des Psylles, qui, habitant à l'extrémité de l'angle intérieur de la Syrte, et voyant leurs bassins desséchés, se mirent en campagne contre leur ennemi mortel, le vent du sud, émigrèrent sans doute dans le pays des Garamantes, aujourd'hui le Fezzan, et furent ensevelis sous les sables. Il suffirait également de nos jours qu'un ouragan s'élevât de ce désert, et c'en serait fait de la caravane ou de l'armée que le vent du midi aurait surprise sur le sol aride et mouvant de ces parages. La Providence a toutefois pourvu à ce danger trop fréquent, en faisant souffler le vent du nord les trois quarts de l'année, et jetant ainsi la tempête sur les eaux du golfe pour laisser le calme sur les sables du continent.

Ajoutons que ces orages sont ordinairement accompagnés ou précédés par des nuées de sauterelles qui ne manquent jamais de s'abattre sur la première végétation venue, et la dévorent en un instant. Elles reprennent alors leur vol avec un bruit d'ailes qui simule une charge de cavalerie. Les nomades qui ont des cultures à conserver, ont grand soin d'effrayer ces sauterelles par des cris et en allumant des feux de tous côtés; ils sont aussi très-friands d'en faire leur nourriture, et les apprécient parfaitement comme mets de qualité, quand ils n'ont pas à redouter leurs nuées innombrables. Les sauterelles sont enfin l'unique aliment qui souvent leur reste en temps de disette, et leur principale occupation est alors de leur donner la chasse.

Les dangers de cette marche diminuent et disparaissent bientôt, quand on a tourné la pointe du golfe et qu'on se dirige vers le nord. Ainsi *Murate* est une station précieuse pour les caravanes, qui y trouvent pour la première fois de l'eau potable conservée dans des puits taillés dans le roc. Ces roches semblent la première marche du plateau de Barqâh, sur lequel commence une riche et magnifique végétation digne de celle des monts Garrhians, et à l'opposite de cette dernière ramification de l'Atlas.

Mais avant de suivre la route du nouveau plateau jusqu'à Benghazi, qui en est la première station importante, arrêtons-nous au détour de la pointe du golfe. La côte y forme une vaste plaine que les Sarrasins, du temps des Ommiades et des Fatimites d'Égypte, semblent avoir préférée aux régions des montagnes, comme plus favorable sans doute à leurs mœurs encore nomades et à leurs habitudes primitives. Ce canton devint le siége de l'empire de Barqâh au vi^e siècle de l'hégire. Les villes de *Labjedabiah* et de Sort prospéraient même aux bords de la Syrte, où le commerce les avaient rendues plus florissantes que toutes celles de la Pentapole. Les caravanes pouvaient, en effet, correspondre du littoral des Syrtes à la station de *Rassam* vers le sud-est, à trente lieues de distance, dans un désert affreux, mais d'où, par une chaîne d'oasis, on atteignait au temple d'Ammon, et ensuite à la vallée du Nil.

Ainsi la caravane qui, de nos jours encore, veut suivre cette route, peut, de la Grande Syrte ou bien de Benghazi, se rendre directement à l'oasis d'*Aujilah*, où elle fait provision d'excellentes dattes ; de là, trois jours de marche la conduisent à *Maradeh*, oasis cachée dans un labyrinthe de monticules de sables mouvants, et couvert d'une forêt de palmiers, comme Aujilah, dont il forme une dépendance. La moitié de tous ces palmiers appartient aux mosquées et à leurs desservants; les autres sont taxés par le pacha de Tripoli à environ huit sous de France par pied, et ils étaient affermés, lorsque Pacho les visita en 1824, à dix mille piastres d'Espagne. Le bey de cette oasis, Abou-Zeith-Abdalla, était alors un ancien tambour de notre expédition d'Égypte, qui, fait prisonnier par les Bédouins à l'âge de douze ans et vendu au pacha de Tripoli, avait été nommé à ce poste en récompense du courage qu'il avait montré dans la conquête du Fezzan. Le Fezzan, ayant été soumis en entier par l'armée de Mohammed le Circassien, avait donné une grande importance à la régence de Tripoli. Cette acquisition comprenait en effet la population peut-être la plus commerçante du nord de l'Afrique, celle qui de temps immémorial a exploité les grands déserts du sud, la spacieuse vallée du Soudan et tous les entrepôts de l'Afrique centrale, particulièrement celui de Ten-boktou.

Néanmoins, les habitants d'Aujilah sont peut-être encore plus voyageurs, privés qu'ils sont des ressources qu'offrent les autres oasis, et réduits, dès leur enfance, à aller échanger leurs dattes d'une exquise qualité, contre les céréales, le beurre et les bestiaux de Tripoli ou de Benghazi. Le noviciat de leur vie nomade consiste encore plus souvent à se rendre à Sywah, et de là dans la vallée du Nil, où ils apportent les peaux de chèvres et le miel des montagnes de Barqâh, avec les plumes de quelques autruches qu'ils ont pu chasser sur leur territoire. Quant aux hommes dans la force de l'âge, ils vont avec les Fezzanais tenter les voyages les plus lointains et les plus productifs, qui souvent durent plusieurs années, et dont le commerce des esclaves est malheureusement le but principal.

La caravane de Benghazi et de Barqâh, composée souvent de 300 chameaux, arrive enfin à Sywah après quinze jours de marche. Elle y apporte, outre une grande provision de viande de mouton salée et séchée au soleil, des burnous, des tarbouchs (bonnets rouges), des châles en laine grossière, des bracelets, des colliers et des boucles d'oreilles en argent (1), et se dirige aussitôt sur le Caire ou sur Alexandrie.

C'est ainsi que les oasis d'Anjilah et de Sywah permettent la traversée directe du golfe de la Syrte à la vallée du Nil. Mais la route la plus fréquentée est celle qu'offre le contour maritime du riche plateau cyrénéen. Les stations de ces parages

(1) Voir M. Jomard, *Voyage à l'oasis d'Ammon*, p. 4.

jadis si fortunés, y offrent les mêmes avantages naturels que le plateau atlantique; et les caravanes y commercent encore avec profit au port de Benghazi (l'ancienne Bérénice), à Barqâh, à Cyrène et à Derne, non loin de laquelle une tribu d'Arabes passe dans le pays pour des descendants de chrétiens, et porte encore le nom d'*Heit-Mariam*, Maison de Marie. C'est là que, par une conquête éphémère, les États-Unis essayèrent, en 1816, de prendre une position sur les bords de la Méditerranée, et d'établir une colonie dans une des contrées les plus séduisantes pour une puissance européenne. La ville fut fondée par les Maures d'Andalousie après leur expulsion d'Espagne; et les cinq villages ou tribus sédentaires qui composent Derne, présentent encore une industrie assez active, au milieu d'une population composée d'Alexandrins, de Barbaresques, de Fezzanais, et, comme par toute l'Afrique, de quelques misérables juifs. La caravane se rend ensuite au golfe de Bomba où s'arrêtent les monts Cyrénéens, et où commence la Marmarique, dont Méhémet-Ali est parvenu à attirer et fixer les chefs nomades dans ses villes d'Égypte.

Le littoral de cette région n'offre jusqu'à Alexandrie de remarquable station que le port de Berek, où les caravanes de Sywah et d'Anjilah viennent apporter aussi leurs dattes, et où les populations les plus éloignées du pays se rendent pour échanger leurs laines et leurs grains contre les ihrams et les bonnets de drap rouge de Derne et de Tripoli, ou bien contre les toiles, les armes et la poudre d'Alexandrie et du Caire. Enfin les voyageurs saluent Alexandrie, campent en dehors de ses murs, et se réunissent à ceux de leurs coreligionnaires qui, partis beaucoup plus tard, sont arrivés néanmoins plutôt ou en même temps qu'eux par la voie de mer. Ainsi complétée, la grande caravane va bientôt se refaire des fatigues, des misères et des souffrances dont la plupart de ses membres sont atteints. Partout sur la route, les villes leur ont offert l'hospitalité; mais l'Égypte en particulier traite à merveille les pèlerins, et le peuple dévot et superstitieux leur donne de nouveaux rafraîchissements en beurre, en œufs, en farine et en viande. Ce n'est toutefois qu'en arrivant au Caire, but principal de leurs pensées mercantiles, que commence pour eux la récompense de tant de peines, à la suite des échanges avec les caravanes venues de la haute Égypte par la voie du Nil. La richesse de celles-ci consiste ordinairement en poudre d'or, dents d'éléphant, ébène, musc, gomme, plumes d'autruche, et surtout en esclaves noirs.

Ainsi le Caire était jadis le grand caravansérail de toutes les races africaines, alors que les caravanes de Syrie, et celles qui revenaient plus tard de la Mecque, y conduisaient de leur côté les populations et les marchandises de l'Asie. Telle est encore à beaucoup d'égards l'activité de ce foyer commercial, dont l'avantage particulier est d'être assez près du sanctuaire de l'islamisme, pour que la religion vienne en aide au négoce, mais pas assez pour que le bruit des intérêts matériels trouble l'accomplissement des devoirs religieux. Aussi quand les pèlerins les plus exaltés par le fanatisme franchissent le dernier passage du désert, s'embarquent sur la mer Rouge, et, chantant sur leurs chapelets les perfections d'*Allah*, se tiennent souvent à moitié nus par vénération pour la terre sacrée qui va les recevoir, beaucoup de marchands, purs spéculateurs ou étrangers à l'islamisme, s'arrêtent-ils au Caire, se contentent pour leur prière des quatre cents mosquées qu'ils y trouvent, et s'occupent à y reconnaître leurs affaires au milieu des intérêts les plus divers d'une innombrable population.

Quel étrange spectacle pour l'Européen ! « Tout est vie et mouvement dans ces rues étroites qui serpentent sans règle et souvent sans issue, et forment ainsi les premiers traits d'une cité composée des éléments les plus hétérogènes. Là se croisent, sans se confondre, le soldat régulier du Pacha et l'Arnaoute qui n'a jamais su se plier à la discipline militaire ; à côté de lui on reconnaît, à ses longues robes, à son turban droit, à son chapelet de 99 grains, le musulman citoyen du Caire ; on reconnait le juif à ses traits ineffaçables, à son turban noir, aux cheveux qu'il laisse croître près de ses tempes. Ce dernier signe manque au catholique indigène, qui affectionne d'ailleurs un turban blanc, obliquement plié, et dont l'encrier à la ceinture justifie le titre de *Matim* ou savant qu'on lui donne ordinairement, ainsi qu'à l'Arménien dont le costume est identique. Le Copte, dernier reste des temps antiques, présente encore ce nez arrondi par le bout, et ces lèvres épaisses que donne la physionomie du sphinx. A son nez aquilin, à sa tête ronde, à son air de supériorité et de gravité, on reconnaît l'Osmanli (1). » C'est ce dernier qui, sous le nom de Méhémet-Ali, gouverne maintenant les populations de l'Égypte : populations rappelées enfin à des destinées meilleures, et que les flottes chrétiennes de la mer Rouge et de la Méditerranée, bien mieux que jadis les caravanes de l'Asie et de l'Afrique, convient à un nouvel avenir commercial et aux bienfaits de la civilisation.

Mais ne perdons pas de vue le corps de notre association voyageuse au milieu d'une cité si différente de nos villes d'Europe.

La caravane de Fez est venue débarquer ses marchandises au marché des Moghrebins (Souq-el-Mogharbeh), ou dans des bazars qui sont des foires perpétuelles, et dans les *okels*, grandes cours rectangulaires, entourées, comme la plupart des caravansérails, de galeries couvertes et de magasins à plusieurs étages. Ces derniers entrepôts, destinés aux échanges de l'intérieur comme à ceux du dehors, sont au nombre de 12 à 1,300; et c'est là qu'on trouve réunis tous les objets d'un commerce bien déchu sans doute depuis le passage aux Indes par le cap de Bonne-Espérance, mais encore fort étendu, et infailliblement destiné à redevenir aussi riche, aussi important, que par le passé (2).

(1) Lettre de M. Antoine d'Abbadie.
(2) Voir le mémoire de M. Jomard sur le *Caire*, dans la *Description de l'Égypte*, état moderne, t. II, p. 579.

Parmi les productions alimentaires, les légumes et les fruits secs constituent la portion essentielle de la nourriture du peuple. En matière première d'étoffes et de tissus, on compte le coton, la laine, le chanvre, le lin et la soie ; en substances tinctoriales, la noix de galle, l'indigo, le henneh ; en substances médicales, le séné, l'opium, le tamarin, etc. ; en substances aromatiques, les essences et eau de roses, l'ambre, l'encens, l'aloès, la myrrhe ; en épiceries et drogueries, le girofle, l'anis, la gomme, le safran ; puis toutes espèces d'ouvrages en cuirs, des peaux de chèvre pour faire le maroquin, des outres de chameau, et l'innombrable quantité d'objets de sellerie, nécessaires à des populations qui ne voyagent qu'en monture.

Les étoffes et les tissus y viennent en grand nombre par les caravanes de l'Orient. Ce sont les châles de Cachemire, les toiles et les soieries de l'Inde, de la Mecque, de Syrie et de Perse ; de la soie en écheveaux pour les manufacturiers de Tunis et de Fez, qui les prennent en échange des draps écarlate et autres tissus de laine de Barbarie. Ensuite les produits les plus riches et les plus variés, plumes d'autruche, dents d'éléphant, ébène, corail, perles, pierres fines, et l'or en poudre ou en grains, dont l'Egypte, à la fin du xviie siècle, recevait encore mille à douze cents quintaux par la seule caravane de l'Abyssinie. Enfin, et malheureusement c'est toujours l'un des objets les plus considérables du commerce africain, les esclaves des deux sexes enlevés dans l'intérieur et conduits de tous côtés au Caire, où ils se vendent dans l'okel des *Gellabeh*.

Le nombre de toutes ces matières d'échange, parmi lesquelles nous omettons de mentionner celles d'Europe, s'accroît en outre par les ressources de l'industrie propre aux habitants du Caire. Or, ces habitants, bien que découragés par le régime fiscal qui les a toujours gouvernés, sont encore habiles dans les arts appliqués à leurs usages, brodant sur le cuir et fabriquant de jolies nattes, tournant assez bien le bois, l'ivoire, l'ambre, faisant des passementeries très-variées, et produisant assez pour fournir à l'exportation de la caravane de Fez.

Quant à l'orfévrerie et à la fabrication d'eau-de-vie de dattes, elles sont aux mains des chrétiens. D'autres professions sont encore exercées par eux; et s'ils pouvaient se déterminer à en augmenter peu à peu le nombre, ils s'affranchiraient eux-mêmes par le travail, en attendant une émancipation plus générale, que l'Europe seule peut leur donner. D'un autre côté, si nous savions bien nous mettre en rapport avec les diverses sectes chrétiennes réunies au Caire, catholiques, coptes, grecs, arméniens, syriens, peut-être les ferions-nous concourir à l'introduction d'une industrie nouvelle que préparent nos relations de plus en plus fréquentes avec l'Égypte. L'avénement, comme la nature de cette industrie, est en effet marqué par l'infériorité croissante de la production indigène. Ainsi les moyens de cette dernière sont si imparfaits, par exemple, dans la raffinerie du sucre, que le prix de cette denrée en est décuplé. C'est pourtant par l'Égypte que la canne à sucre a jadis passé dans notre Occident. La poterie commune, l'un des arts les plus cultivés par les anciens Égyptiens, et d'autres productions d'objets usuels, sont aussi retombées dans l'enfance. De sorte que des produits analogues, acceptés d'abord par les sectes chrétiennes, pourraient être appelés à supplanter divers produits indigènes, et ouvrir par les habitudes du négoce une voie plus large à la civilisation. Découragée enfin par l'arbitraire dont elle est la proie, au centre même de toutes les consommations du pays, et sous les yeux de tous les grands propriétaires, qui semblent réunis pour la faire prospérer, l'industrie du Caire prouve par son impuissance, que l'avenir de l'Égypte est ailleurs, c'est-à-dire, dans l'agriculture et le commerce, dans la production des matières premières et dans leur placement avantageux sur les marchés de l'Occident. Toutefois, les manufacturiers de Fez et de Tunis trouvent encore à placer assez bien leurs marchandises dans les bazars égyptiens. Ils y achètent en échange les tissus de l'Inde que nous-mêmes avons tant de peine à égaler, et les soieries non moins riches d'Alep, de Beïrouth et de Damas, qu'y apportent les caravanes de Syrie. Ils préparent enfin leur retour pour Tripoli et Tunis en argent monnayé, piastres d'Espagne et sequins de Venise, ou bien en riz, baume de la Mecque, parfums de toute espèce, gomme de Giddah et d'Iambo, sucre raffiné, et en café d'Yémen, qui jouit d'une faveur constante dans le commerce oriental, et auquel on mêle souvent avec succès le café de notre île Bourbon.

C'est ainsi que l'Égypte, au centre de la civilisation commerciale de l'ancien monde, voit son avenir intimement lié à la prospérité générale des caravanes. Quant à celle du nord de l'Afrique, son importance sur la voie de terre est constatée par un souvenir digne de notre attention.

C'est, en effet, par la sécurité garantie à cette caravane, que Méhémet-Ali, en 1811, acquit tant de titres à la gratitude de ses sujets et des régences barbaresques, lorsqu'il chassa de la Mecque les Wahabites, ces protestants de l'islamisme, qui avaient interrompu la liberté des pèlerinages. Il fut en outre secondé dans cette œuvre par les populations des villes saintes et de tout leur territoire; car la plus grande partie de ces habitants ne tiraient leur subsistance que de la pratique des pieux voyages et des revenus dépendants des lieux vénérés que visitaient les pèlerins.

C'est à cette même époque qu'on vit arriver de Barbarie une nombreuse caravane commandée par Muley-Ibrahim, fils du sultan Soliman, prédécesseur de l'empereur actuel de Maroc (1). Méhémet-Ali lui fit une réception digne de son rang, et lui offrit des présents en armes et munitions pour servir à la sûreté de son voyage. Cette caravane de pèlerins, la plus considérable qu'on eût vue depuis longtemps, avait été annoncée à l'avance par les avis du commerce; et c'est au milieu des inquiétudes que donnaient la guerre des Wahabites et la destruction des Mameluks, que l'imagination populaire, exaltée par d'anciennes prophéties,

---

(1) Voir Histoire d'Égypte, par M. Mengin, t. I, p. 376.

s'était figuré une armée de Moghrebins qui venait faire la conquête de l'Égypte. Les pèlerins du Maroc arrivaient, au contraire, comme auxiliaires de Méhémet-Ali, avec lequel s'accordait si bien leur intérêt mercantile et religieux ; et c'est depuis lors que la grande caravane de Fez, interrompue ou compromise à travers l'Égypte depuis la retraite des Français, qui l'avaient mise auparavant sous leur protection, commença à reprendre son ancien cours avec quelque sécurité.

Complétons enfin la route avec ces pieux voyageurs.

Arrivés en Égypte vers le mois de Ramadan, ils en ont célébré la fête au Caire, en s'occupant de quelques affaires de négoce et en remerciant Dieu de l'heureux accomplissement des temps du jeûne. On sait combien ce carême musulman est effrayant de pénitences et de mortifications. De là parfois l'aspect profondément misérable et hideux de ces pèlerins, qu'il ne faut pas toujours juger sur l'apparence, bien que, par suite des fatigues inouïes d'une route sans caravansérails, ils soient maintenant réduits à un état qui n'est vraiment comparable qu'à la décadence politique de l'islamisme. Ils partent ainsi pour la Mecque, et s'y rendent, soit en s'embarquant sur la mer Rouge pour aborder en Arabie par groupes isolés, soit en franchissant le désert de Suez sous la conduite générale d'un nouvel *Émir-Hadji*. Celui-ci est toujours un des premiers fonctionnaires du gouvernement égyptien, qui lui réserve les bénéfices et les honneurs de cette dernière traversée. Chargé du tapis destiné à couvrir chaque année le tombeau du prophète à Médine, ce personnage se fait l'entrepreneur du transport et de la nourriture de la plupart des pèlerins ; et il tire de gros profits des chameaux qu'il leur loue et des provisions de bouche qu'il leur vend. Il perçoit en outre le dixième des biens des voyageurs qui succombent pendant les mois consacrés à l'allée et au retour de la Mecque, et si les morts ne laissent point d'héritiers, c'est lui qui acquiert tout ce qu'ils possédaient. Or ces acquisitions par droit de déshérence peuvent ne pas avoir de bornes, si l'on songe à la confusion d'une traversée presque aussi périlleuse et bien plus longue que celle du désert de la Grande Syrte.

N'oublions pas non plus qu'aux tempêtes et à toutes les fatigues de cette autre mer de sables, viennent se joindre parfois les attaques des Bédouins : témoin le pillage de la caravane marchande de Suez, avec laquelle fut anéanti, en 1799, tout le commerce anglais dans ce port de la mer Rouge. Ce qu'il faut encore remarquer, c'est la précaution du gouvernement égyptien de faire un campement particulier pour la caravane des pèlerins barbaresques, et de ne la laisser sortir du Caire qu'un jour après celle des pèlerins de Constantinople et des autres provinces de l'empire ottoman. Par suite de la même prudence, la caravane des Égyptiens et des Osmanlis, qui entre la première à la Mecque, en sort aussi la dernière, de crainte que les pèlerins du *Maghreb* ou du couchant ne réalisent d'anciennes prédictions en s'emparant de la ville sainte. C'est pendant ce séjour à la Mecque, que des milliers de voyageurs de toutes les sectes et de tous les pays de la société musulmane, visitent la *Caaba*, et célèbrent la grande fête de leur culte, le *Courban Beyran*, en commémoration du sacrifice d'abraham. A l'exemple de ce patriarche, ils immolent sur la montagne des animaux domestiques, et multiplient les sacrifices, comme sous la loi mosaïque, chacun selon ses facultés pécuniaires.

Et en même temps le commerce se continue dans l'Arabie comme en Égypte; car les marchands s'empressent partout au-devant des pèlerins, et se montrent avec eux aux nombreuses stations que les souvenirs bibliques ont consacrées. Après la Mecque, Médine en est la plus importante, et les pèlerins viennent y visiter le tombeau de leur prophète. Toutefois, qui le croirait? après avoir contemplé les reliques de Mahomet, il y avait jadis des fanatiques musulmans qui se mutilaient la figure pour attester ce grand événement de leur vie, ou même se faisaient crever les yeux, parce que dès lors le monde ne pouvait plus rien offrir qui méritât leurs regards. Souvent encore, au moyen âge, les voyageurs les plus instruits terminaient leur pèlerinage par une visite à Jérusalem; car cette ville était la cité de la seconde révélation, où Jésus, le fils d'une vierge, *Aïssa ben Mariam*, le fils de Marie, avait, d'après la foi musulmane, complété la révélation de Moïse, comme Mahomet celle de Jésus. Depuis lors, la barbarie et l'orgueil de l'ignorance croissant toujours chez les musulmans, en même temps que chez les chrétiens l'oubli ou l'inintelligence des anciennes relations avec l'islamisme, il s'est établi entre les deux religions rivales comme un abîme infranchissable; et tout a empêché que Jérusalem redevînt comme par le passé un anneau, sinon d'alliance intime, au moins de rapprochement pacifique entre les populations chrétiennes et musulmanes.

Mais les conséquences d'un fait aussi grave pourraient nous faire perdre de vue la caravane, qui est revenue au Caire par Médine et l'isthme de Suez. Maintenant son but religieux est atteint, elle n'a plus qu'à s'occuper des intérêts temporels. Que devient-elle donc après sa nouvelle station sur le vaste marché de l'Égypte?

Comme le commerce se compose nécessairement de l'aller et du retour, les caravanes, pas plus que nos vaisseaux marchands, ne veulent revenir sur lest. Or, en revenant sur leurs pas, elles se trouvaient ordinairement fort diminuées. En effet, les marchands de Maroc, d'Alger, de Tunis et de Tripoli, qui avaient pris la voie de terre pour accroître successivement leur fortune par des échanges, n'arrivaient en général au Caire qu'avec des marchandises de peu de volume, ou avec de l'argent pour leurs achats définitifs; puis, après s'être approvisionnés et après avoir vendu leurs bêtes de bât ou de selle, incapables la plupart de recommencer un long voyage, ils trouvaient plus commode de s'embarquer à Alexandrie pour revenir au plus tôt à leur point de départ, où la valeur de leurs achats devait être immédiatement accrue d'une moitié ou au moins d'un tiers. D'un autre côté, les transports par eau, où il n'y avait guère d'autres dépenses que celles du transbordement, leur offraient, sur tous les transports de terre, une évidente supériorité ; et comme cet avantage se faisait d'autant mieux sentir que les marchandises étaient plus encombrantes, la navigation s'est ainsi trouvée chaque jour mieux appréciée par les voyageurs musulmans. De là, la route de mer choisie de préférence par un nombre toujours croissant de marchands, et surtout de pèlerins dont la pensée était étrangère au commerce.

Telle a été depuis deux ou trois siècles la cause incessamment active de l'affaiblissement progressif de la caravane du nord de l'Afrique.

Enfin, deux autres causes ont contribué à cette décadence : la première est le despotisme fiscal des empereurs de Maroc qui, lassant l'industrieuse activité de leurs sujets, ont forcé les Maures les plus indépendants à s'exiler chez les nomades dans les provinces orientales de leur empire, ou chez les montagnards de l'Atlas que les mécontents ont excités à la révolte. Dès lors, les caravanes de l'intérieur ayant été plusieurs fois pillées et toujours rançonnées aux divers passages des montagnes, la grande association des marchands de Fez s'est trouvée en quelque sorte tarie dans ses premières sources : et c'est quand elle avait déjà tant de difficultés à se former, qu'un dernier obstacle est venu arrêter sa marche. Je veux parler de la mésintelligence des janissaires algériens avec les Maures, que l'Angleterre ne cessa d'envenimer à la fin du dernier siècle; car c'est alors que la caravane de Fez, réduite à s'ouvrir un passage par les défilés de l'Atlas, et souvent ne l'obtenant qu'en payant tribut, perdit la meilleure part de ses bénéfices sur la voie pénible et inaccoutumée du versant méridional. Ce n'est pas tout : arrivée en Égypte, la caravane y rencontrait les Mameluks alors alliés des Anglais, et ces barbares dominateurs, après l'avoir rançonnée, la livraient le plus souvent sans protection aux nomades pillards, maîtres de l'isthme de Suez. Coïncidence digne de remarque; car cette anarchie, en rendant impossible le transport par terre des marchandises de l'Inde, les faisait affluer sur la route du cap de Bonne-Espérance, et les livrait sans partage à l'Angleterre.

Quoi qu'il en soit de la part que cette puissance pourrait revendiquer dans l'appauvrissement de la caravane du Maroc, c'est alors que quinze ou dix-huit vaisseaux de Raguse partaient chaque année de Mogador, Salé, Tanger ou Tétouan, chargés de passagers maures pour Alexandrie. La plupart des pèlerins maures accomplissaient ainsi leur pieuse mission par l'intermédiaire de la navigation chrétienne, dont la marche intelligente et rapide laissait si loin derrière elle la navigation des régences barbaresques. C'est ainsi que les progrès de la marine, concourant avec la décadence du commerce africain, ont fait négliger la route de terre pour celle de la Méditerranée. Dès lors les plus pressés d'arriver au Caire ou à la Mecque se sont séparés des traînards, les gros spéculateurs des petits, et en général les pèlerins des marchands. Par contre-coup, ces derniers, qui spéculaient sur le transport et la nourriture des autres, privés de ces ressources, n'ont pu former des caravanes aussi considérables. Ils n'y trouvaient pas non plus la même sécurité; car les pèlerins étant tous guerriers et les plus intrépides, les plus audacieux des musulmans, leur servaient jadis d'escorte et de défenseurs. Ainsi a été brisée l'unité de l'association voyageuse, et avec l'unité qui faisait sa force, la régularité de sa marche qui la rendait si féconde pour les régences barbaresques.

Telles sont les principales causes qui ont fait déchoir la grande caravane du Nord.

La voie septentrionale est donc maintenant devenue à peu près stérile pour le commerce; mais il n'en est point de même des itinéraires de l'intérieur, qui, par des lignes méridiennes, formaient les divers affluents de la première voie. Ceux-ci, en effet, restent toujours ouverts aux associations voyageuses; et plusieurs d'entre eux viennent même déboucher sur nos possessions, où ils se ramifient jusqu'à la côte, et se prêtent à une exploitation facile par les postes maritimes auxquels ils aboutissent. C'est donc de ces dernières routes qu'il s'agit maintenant de nous occuper.

III.

Des tribus nomades et des caravanes qui se partagent le commerce du versant méridional de l'Atlas. — Itinéraire de Tlemcen au Tafilelt. — Rapports géographiques de l'Algérie et du Maroc.

L'histoire de la grande caravane de Fez à la

Mecque a mis le Maroc en rapport avec l'Orient, et nous a montré toute la lisière de l'Afrique septentrionale comme une immense carrière ouverte aux associations voyageuses. Nous pourrions suivre maintenant les caravanes du Tafilelt, qui nous feraient également connaître les relations du Maroc avec le Sud, avec Ten-Boktou et le Soudan, carrière commerciale non moins féconde en richesses, et que nous pourrions nous-mêmes exploiter un jour à l'aide des populations nomades qui parcourent le versant méridional de l'Atlas. Qu'il nous suffise toutefois de bien caractériser ces tribus errantes, ainsi que les conditions géographiques qui déterminent leur état social ; et nous comprendrons aussitôt comment elles se font les voituriers du commerce à travers le grand Sahara.

Et d'abord ne confondons pas ces tribus avec les caravanes proprement dites qui parcourent les mêmes régions de l'Atlas. Celles-ci voyagent ordinairement d'est en ouest, par exemple, du Tafilelt à Tunis ou Tripoli, et elles se distinguent des premières en ce que, ne formant que des agrégations fortuites d'individus, elles se renouvellent successivement à chaque station : c'est comme nos *omnibus* qui se vident et se remplissent tour à tour, de manière à n'avoir souvent au point d'arrivée aucun des voyageurs qu'ils avaient au point de départ. Les tribus, au contraire, sont des associations formées, non-seulement par la communauté d'un intérêt passager, mais encore et surtout par le lien du sang et des traditions : ce sont des caravanes voyageant en famille, et l'on comprend qu'il importe surtout d'être en bonne intelligence avec ces dernières. Ce qui les caractérise enfin, c'est qu'elles transportent les marchandises du sud au nord et du nord au sud, par des pérégrinations régulières qui suivent le cours des saisons.

Pendant l'hiver et le printemps, ces tribus paissent leurs chameaux dans les lisières du Sahara, où elles trouvent de l'eau et de la végétation durant cette période de l'année. Vers la fin du printemps, elles vont charger des marchandises dans les oasis limitrophes au grand désert, où la culture permanente du palmier a, de tout temps, fait établir des demeures fixes et amené la fondation de petites cités. Les tribus s'acheminent ensuite vers le nord avec des dattes et des étoffes grossières, et arrivent dans le Tell, c'est-à-dire, dans la zone cultivée de l'Atlas, au moment de la moisson. C'est alors qu'elles échangent les produits du Sahara contre les céréales, la laine brute, les moutons et le beurre de cette région plus tempérée. Quand vient la fin de l'été, les tribus retournent vers le sud, et se mettent en marche à petites journées, pour atteindre les oasis à l'époque de la maturité des dattes, c'est-à-dire, vers le milieu d'octobre. Après la récolte, de nouveaux échanges s'opèrent; le blé, l'orge, la laine brute du nord, se donnent pour des dattes et pour les tissus de laine ou de poil de chameau, produit annuel du travail des femmes, qui est fort recherché des nomades. Ces opérations une fois terminées et les marchandises déposées dans les magasins, les tribus s'éloignent encore des villes, et vont conduire leurs troupeaux de pâturages en pâturages, dans les landes voisines du grand désert, jusqu'au moment où le retour de l'été nécessitera les mêmes voyages et les mêmes travaux (1).

Tel est le mouvement périodique et général, qui établit d'intimes relations entre la chaîne d'oasis qui borde le grand Sahara et les terres moins arides qui forment le versant méridional des États barbaresques. Quant aux populations nomades de cette zone intermédiaire, elles ont, à leur tour, besoin de commercer avec l'autre versant de l'Atlas, pour en tirer bien des produits qui leur manquent : aussi se montrent-elles toujours disposées à favoriser l'entrée et la sortie de leur région. De sorte qu'une connexité d'intérêts unit de proche en proche la lisière des sables à celle de la Méditerranée, et qu'il suffira de rétablir les caravanes sur le plateau de l'Atlas, pour y échanger un jour les produits de l'Europe avec les richesses du Soudan.

Les mêmes tribus, en effet, qui des oasis du grand désert remontent vers le nord, descendent aussi plus avant vers le sud, et font l'intercourse des États barbaresques avec Ten-boktou : témoin les ben Mosabi ou les Chaâmba, qui, par Metlili, el-Goléa et l'oasis des Touariks, c'est-à-dire, en suivant toujours la même méridienne, correspondent d'Al-

(1) Voir l'opuscule de M. E. Carette, membre et secrétaire de la commission scientifique de l'Algérie : *Du commerce de l'Algérie avec l'Afrique centrale et les États barbaresques*. Paris, 1844 ; et la carte du Maroc de M. E. Renou, membre de la même commission.

ger aux marchés du Soudan. Tels seront les négociateurs de nos relations commerciales avec l'intérieur de l'Afrique. Voituriers du versant méridional de l'Atlas, et courtiers privilégiés du Sahara, ces nomades continuent à pousser leurs entreprises de négoce jusqu'au cœur de la Nigritie. Ils partent ordinairement avec une modique cargaison, et vont rôder d'oasis en oasis, de marché en marché, doublant, triplant, quadruplant peu à peu et avec une persévérance infinie, leur capital originairement très-faible ; ils emploient souvent de la sorte à la suite des caravanes la plus belle part de leurs années, et retournent enfin dans leur patrie pour y jouir d'une fortune acquise avec autant de probité que de fatigues et de périls. Tels sont les agents que la Providence semble avoir placés au sud des États barbaresques, pour devenir bientôt, sans doute, les auxiliaires de notre commerce et les rouliers de toutes les marchandises que nous voudrons faire pénétrer dans le sud. Grâce aux mêmes intermédiaires, nous pourrons ramener vers l'Algérie les produits qui se perdent maintenant dans les oasis de l'intérieur, et ceux qui, faute de sécurité sur la route de nos possessions, s'exportent à notre grand préjudice en Europe, en passant par Tunis ou par le Maroc. Il ne s'agit plus à cet effet que de nous mettre en rapport avec les tribus voyageuses, et à profiter du mouvement régulier de leurs pérégrinations, qui rend les routes méridiennes les plus propices au développement de notre commerce et à notre marche pacifique vers le sud.

Quant aux itinéraires des caravanes qui vont d'est en ouest sur les mêmes zones commerciales, bien qu'ils soient destinés à un rôle très-secondaire, nous devons toutefois en tenir compte. Sous le rapport commercial, ils servent maintenant au transit méridional du Maroc avec Tunis. C'est ainsi qu'on y voit transporter des cuirs préparés au Tafilelt, des tissus de laine et de coton, du safran et du henné, des armes, de la terre à foulon et des articles divers de mercerie et de quincaillerie; mais l'importance de ces transports déchoira inévitablement quand nous approvisionnerons nous-mêmes les tribus du Sahara. Dès lors il ne restera guère d'autre utilité aux caravanes en question que celle de faciliter la traversée des pèlerins; car les pieux voyageurs du Tafilet, et ceux qui, des autres parties du Maroc, se joignent à eux pour aller ensemble à la Mecque, suivront longtemps encore cette voie, qui n'a pas à soutenir directement la concurrence de la navigation.

C'est donc au point de vue religieux que nous aurons surtout à nous préoccuper de ces derniers itinéraires. Et à ce propos nous ne saurions trop remarquer la position intermédiaire que nous occuperons sur les deux versants de l'Atlas, entre les deux grandes sectes de l'islamisme africain, entre celle qui reconnaît pour véritable successeur de Mahomet le sultan de Maroc, et l'autre dominante à Tunis, à Tripoli et en Égypte, où elle n'admet que la légitimité du sultan de Constantinople. Une semblable position nous donne des avantages naturels auprès de l'une et l'autre secte;

nous ne saurions mieux en tirer parti qu'en protégeant tous leurs pèlerinages, pour nous faire aussi les médiateurs de leurs intérêts matériels.

On voit enfin comment les questions de notre politique africaine viennent toutes se résoudre dans le rétablissement des caravanes et dans les encouragements à donner aux pérégrinations régulières des tribus.

Après avoir montré ce qui distingue le mouvement religieux et commercial sur chaque versant de l'Atlas, il nous reste à voir par quels moyens de communication ces divers mouvements se réunissent dans le Maroc qui en est tour à tour le point de départ et d'arrivée.

Transportons-nous à cet effet à l'extrémité nord-ouest de la haute cordillère, là où des neiges éternelles apparaissent à quelques lieues de Fez, et où la direction des contre-forts détermine le défilé qui semble séparer le grand et le moyen Atlas : c'est de là que nous pouvons entrevoir l'itinéraire qui sert à la jonction des deux moitiés du Maroc, et aux communications de leurs marchands et pèlerins. Ce qu'il faut encore remarquer, c'est la cordillère inférieure qui, partant de la province d'el Rifs, et contournant le désert d'Angad qu'elle laisse au nord, pénètre dans l'Algérie sous le nom de petit Atlas, et, tour à tour oblique ou parallèle à la chaîne principale, se développe comme une nervure secondaire du plateau. C'est encore là qu'un itinéraire partant d'Oran et de Tlemcen en remontant le bassin de la Tafna, ouvre à travers les deux cordillères, une porte d'entrée sur les régions sahariennes du Maroc. Cette voie, jadis très-fréquentée, conduisait par une ligne oblique au Tafilelt, dans le Darah, et à Taroudan, dans la province du Sous, d'où l'on se rendait à Ten-boktou par le désert, ou bien à Mogador et à l'Oued-Nun vers l'Océan. L'alliance commerciale que nous avons conclue avec le cheik de l'Oued-Nun, le brillant fait d'armes de notre marine à Mogador, enfin la victoire de l'Isly, dont le plus beau fruit sera de hâter le retour de la bonne intelligence entre Fez et Tlemcen, établissent déjà notre influence morale aux deux extrémités de cet itinéraire. C'est un beau début pour nos relations à venir, et il ne dépend plus que du temps et de notre sagesse de le développer dans le double intérêt du Maroc et de l'Algérie.

Cet itinéraire de Tlemcen au Tafilelt, et de là à l'Oued-Nun ou à Mogador, étant en ce moment un des plus difficiles et en même temps un des plus importants à aplanir pour nos relations commerciales avec le Maroc et l'intérieur de l'Afrique, c'est par un coup d'œil général sur les contrées et les populations qu'il traverse, que nous terminerons ce que nous avons à dire des caravanes. La portion de route la plus utile à connaître est précisément celle qui marque les grandes séparations naturelles des montagnes de l'Algérie avec la région du haut Atlas. Entre les ramifications et dès l'entrée de ces deux chaînes, se trouvent à la fois les plaines les plus riches et les déserts les plus affreux, souvent des forêts immenses, et partout à l'horizon des sommets tantôt taillés à pic, entourés d'affreux précipices, arides et pierreux, tantôt arrondis, verdoyants et coupés de vallons frais d'où les eaux tombent en cascades.

Ajoutons à cette nature pleine d'accidents si divers, la distribution des populations arabes, maures, berbères et juives, dont la variété égale celle du sol, et nous aurons une idée de l'itinéraire que suivent les caravanes en traversant la haute cordillère et se dirigeant sur le Tafilelt par le bassin du Zyz ou celui du Ghyr. Une fois les monts franchis, les voyageurs se trouvent dans les provinces orientales du Maroc, où la plupart des habitants jouissent de leur indépendance politique. C'est dans cette région ultra-atlantique que les tribus nomades ou montagnardes sont non-seulement disposées à la révolte contre le régime fiscal des sultans, mais se montrent toujours prêtes à donner asile à leurs sujets mécontents.

Toutefois, au point de vue religieux et commercial, et partant sous le double rapport qui intéresse les caravanes, ces tribus s'entendent assez bien avec le sultan du Maroc, et peuvent être considérées comme un développement de son empire. Aussi est-ce sur leur territoire que les pèlerins du nord, détournés de l'Algérie par la guerre d'Abd-el-Kader, ont pu reprendre leur marche accoutumée vers Tunis, Tripoli, l'Égypte et la Mecque. De là l'importance de la route qui peut conduire dans cette région.

Comme nous l'avons dit, deux embranchements viennent y aboutir, celui qui part d'Oran et de Tlemcen, et celui de Fez et Méquinez dont le

commerce embrasse tout le nord du Maroc. Ces dernières villes en effet reçoivent de Salé, Tanger et Tétouan toutes les marchandises européennes destinées à l'intérieur de l'Afrique, et en y joignant les produits de leur sol ou de leur industrie, elles les font parvenir jusqu'au Tafilelt, rendez-vous de tous les marchands du sud de l'Atlas. Tafilelt est aussi, par excellence, la résidence aristocratique du Maroc ; car elle comprend plusieurs milliers de chérifs ou descendants présumés de Mahomet, qui tous se regardent comme ayant des droits au trône, reçoivent des gratifications du sultan, et, en attendant les interrègnes pour faire valoir leurs prétentions, exercent leur activité par le commerce et les pèlerinages. De là les riches et nombreuses caravanes qui n'ont jamais cessé de se rendre à cette capitale, d'où elles se dirigent ensuite tantôt vers l'est, sur la route de Tunis, tantôt vers le sud et dans les régions du Soudan. Tafilelt d'ailleurs et les montagnes de Zayane, qui en occupent tout le territoire, comptent une population de près de 100,000 habitants. Aussi ne faut-il pas s'étonner si la population de cette ville a plus d'industrie qu'on n'en rencontre dans les différentes parties de l'Afrique occidentale. « Le commerce et l'agri-
« culture, dit Caillié, y florissent également. Dans
« les villages voisins, tous les habitants sont pro-
« priétaires et marchands. Ils ne font pas les longs
« voyages des pays nègres, mais ils font un grand
« commerce avec le Soudan, soit des produits in-
« digènes, soit des marchandises d'Europe. Ils reçoi-
« vent en échange beaucoup de chameaux, de l'or,

« de l'ivoire, de la gomme, des plumes d'autruche,
« des effets confectionnés et des esclaves; car ce
« commerce de chair humaine dans cette partie de
« l'Afrique est dans toute sa vigueur. » Telle est la
nature des échanges qui se font encore de nos
jours.

Quant à l'itinéraire du Tafilelt à Ten-boktou,
qu'il nous suffise de rappeler, sans en marquer les
stations particulières, qu'il peut s'accomplir en 25
jours. Ainsi la ville des chérifs devient le lieu des
relations de l'intérieur et du littoral de l'Afrique;
et elle semble d'ailleurs nous convier à y prendre
part par le cours de la Malouia, si voisin de l'Algérie, comme par l'ancien itinéraire du royaume de
Tlemcen. La Malouia, en effet, quoique non comprise dans la carte de nos possessions d'Afrique,
forme néanmoins sur la lisière septentrionale la
séparation la plus naturelle du Maroc et de l'Algérie. Or, des îles Zaffarines situées non loin de son
embouchure, et où nous avons droit de nous établir, son cours est navigable, pour des bateaux à
voile, jusqu'au pied des contre-forts de l'Atlas,
tout près du défilé où passent les caravanes : nos
marchandises pourraient donc y arriver par eau
en même temps que celles-ci, et leur être confiées
pour être transportées sur le versant méridional (1).

Quant à la caravane qui suivait l'itinéraire de
Tlemcen, elle partait d'Oran et de Mers-el-Kébir,
et la quantité comme la qualité de ses marchan-

(1) Voyez encore à ce sujet l'itinéraire d'Ouchda au Tafilelt,
dans les *Études de Géographie critique* de M. d'Avezac,
p. 165.

dises avaient fait de sa route à travers l'Atlas une des plus riches portes d'entrée et de sortie de l'Afrique septentrionale. Aux xive et xve siècles, quand le royaume de Tlemcen conservait encore son ancienne importance commerciale, la poudre d'or, l'ivoire, les plumes d'autruche, les cuirs préparés, etc., y formaient de grandes branches de négoce et alimentaient le vaste commerce du pays. Tous ces produits, transportés à Oran, y étaient achetés à grands frais par les marchands vénitiens, espagnols ou portugais, et de là transportés en Europe par les galéasses chrétiennes qui remplissaient le port de Mers-el-Kébir.

En échange de ces exportations l'Europe donnait à l'Afrique des armes, des verroteries de Venise, des étoffes de toute espèce. « Et Oran, disait-on alors, était supérieure à toutes les villes par son commerce; c'était le paradis des malheureux; celui qui entrait pauvre dans ses murs en sortait toujours riche. » C'est dire en un mot quelle était l'ancienne puissance du royaume de Tlemcen dont aujourd'hui nous possédons le port et le territoire.

Ajoutons qu'Oran, plus favorisé que Fez et Méquinez, avait plusieurs routes pour correspondre avec le versant méridional de l'Atlas. Ses marchands, par exemple, pour commercer avec la tribu d'Aïn-Madi, située à deux cents lieues vers le sud, et maintenant gouvernée par des marabouts originaires du Maroc, pouvaient choisir à volonté la route de Mascara, de Tagdempt et de Frendah. La plupart d'entre eux se rendaient à

Lôha, près de Tiaret, où nous avons établi un camp pour surveiller les échanges qui se perpétuent de nos jours avec les tribus nomades de la lisière du Sahara.

Oran se trouvait ainsi la tête de plusieurs itinéraires de l'intérieur, dont le commerce correspondait également avec toutes les stations de l'Algérie; et c'est dire assez quel parti la France en doit retirer dans l'avenir, lorsqu'elle aura consolidé ses relations pacifiques avec le Maroc, et que la sécurité, encourageant de nouveau les entreprises des caravanes, leur rendra facile et lucratif l'accès de nos possessions.

En terminant ces considérations préliminaires sur nos relations avec le Maroc, nous ne saurions trop rappeler l'importance à donner aux rapports religieux avec cet empire. Ces rapports peuvent tous se résumer dans la protection des pèlerins qui attireraient après eux les marchands. Dès aujourd'hui donc il faudrait tout disposer pour que le retour de la paix rendît aux Maures l'entière confiance qu'ils trouveraient liberté et sécurité à travers nos possessions.

Mais d'abord il faudrait y attirer les pèlerins qui ont toujours ouvert la voie et composé la partie la plus nombreuse des caravanes. On pourrait d'abord les déterminer à pénétrer sur notre territoire en les embarquant gratuitement à Oran et Mers-el-Kébir pour la Mecque; et on les attirerait ensuite jusqu'au port d'Alger où s'embarquaient beaucoup d'entre eux sous l'ancienne Régence. C'est par là qu'il faudrait, ce nous semble, commencer à les attirer dans nos possessions. Coreligionnaires de nos tribus arabes, qui la plupart font la prière au nom de leur empereur Muley-Abd-el-Rhaman, ces Maures seraient ainsi traités comme amis de nos auxiliaires et disposés peu à peu à devenir eux-mêmes nos alliés. Or, cette alliance ne peut être douteuse si l'on songe jusqu'où les musulmans portent leur reconnaissance quand on leur facilite l'accomplissement d'un pèlerinage toujours dangereux et dont ils ne peuvent en conscience se dispenser. Nous pourrions citer une infinité d'exemples décisifs dans cette question; mais contentons-nous de rappeler ceux que nous a fournis, il y a près d'un demi-siècle, l'occupation de l'Égypte par l'armée française. Notre position intermédiaire sur la route de la Mecque était analogue à celle d'aujourd'hui, avec cette seule différence qu'alors les pèlerins maures étaient forcément obligés de passer sous notre protection, qu'ils évitent maintenant en s'embarquant à Tanger ou passant derrière l'Atlas.

D'un autre côté, la conquête de l'Égypte avait jeté dans le Maroc une inquiétude aussi vive que celle produite par notre descente en Algérie; mais le général Bonaparte comprit aussitôt qu'il était responsable de la sécurité des pèlerinages, et fit respecter partout les fondations religieuses servant d'asile aux pieux voyageurs. C'est alors qu'instruit par notre consul général de ces bonnes dispositions, l'empereur Muley-Soliman encouragea lui-même au départ les pèlerins réunis à Méquinez au nombre de plusieurs milliers; et, comme ils étaient tous effrayés par les faux bruits que les agents de l'Angleterre semaient dans leurs rangs, il les accompagna une partie de la route, et ne se sépara d'eux qu'en leur assurant un bon accueil de la part des Français, « avec lesquels il était ami (1). »

Toutes les régences barbaresques connurent ainsi la grandeur de la France qui venait d'aplanir généreusement la route des villes saintes à leurs caravanes si souvent rançonnées par les Mameluks. Le Maroc surtout nous en conserva une reconnaissance bien sincère, puisque ni la défaite d'Aboukir ni même celle de Trafalgar n'ôtèrent rien à la supériorité d'influence que nous y conservâmes toujours sur l'Angleterre.

Guidés par ces antécédents, nous devrions donc considérer les pèlerins du Maroc comme des frères de ces mêmes Arabes à qui l'administration d'Alger facilite depuis quelques années l'accomplissement du pèlerinage. Mais ce n'est qu'après leur avoir fait traverser une partie de nos possessions qu'il faudrait les faire participer aux faveurs accordées à nos auxiliaires; car tout porte à croire qu'ils reviendraient sans peine là où ils s'embarquaient encore il y a quatorze années, et où la charité musulmane avait consacré aux pieux voyages les plus beaux et les plus riches établissements. Alger, en particulier, possédait plusieurs de ces fondations connues sous le nom de la Mecque et de Médine,

---

(1) Correspondance consulaire du Maroc. Archives du ministère des affaires étrangères.

et dont la maladroite suppression, après notre conquête, éloignant de nous les pèlerins, a aussi éloigné les marchands qui les accompagnaient. La nourriture et le gîte y étaient gratuitement fournis aux voyageurs qui pouvaient en avoir besoin pour eux et leurs bêtes de charge. C'étaient en un mot des caravansérails analogues à ceux de l'Orient, où l'hospitalité la plus généreuse est offerte indistinctement à quiconque se présente, chrétien, juif ou musulman, et qui pour la plupart ont été fondés pour venir en aide aux pèlerinages. Est-il étonnant que, privées de pareilles ressources, les caravanes se soient éloignées de nous? Il faudrait donc leur rendre sous formes équivalentes tout ce qui leur a été enlevé, et plus encore, si nous pouvons.

Toutefois ce n'est qu'en faisant d'abord appel à la dévotion des Maures, que nous pourrons la voir bientôt après suivie par le négoce dont elle a toujours été la cause ou le prétexte. Alors seraient renoués par notre intermédiaire les liens religieux et commerciaux qui rattachaient naguère à l'Égypte et à la Mecque tous les États du nord de l'Afrique. L'unité de ces nouvelles relations profiterait naturellement à la puissance qui l'aurait établie; nous ne serions plus séquestrés, comme nous l'avons été par nos fautes, des races musulmanes qu'il faut nous concilier peu à peu; et de l'extrémité du Maghreb, notre influence chrétienne irait, avec les produits de notre industrie, suivant les destinées qui l'appellent vers l'isthme de Suez; car ces destinées, aux yeux des Arabes, doivent être pour les Maghrebis, c'est-à-dire, les peuples du couchant, auxquels des prophéties musulmanes ont jadis promis l'empire de la mer Rouge. Or, à qui cette tradition s'appliquerait-elle maintenant, si ce n'est à nous, possesseurs du Maghreb? Et notre civilisation n'est-elle pas aussi le soleil nouveau qui se lève du côté de l'occident pour éclairer et envahir les contrées orientales? Si nous savions bien nous identifier à tous les secrets des traditions et de la théologie musulmane, nous y trouverions mille autres moyens d'assurer notre supériorité morale que nous sommes trop portés à ne faire consister que dans l'emploi des agents matériels. Que fit, par exemple, le général Bonaparte lorsqu'il voulut s'emparer de l'imagination des Arabes? « Il répétait qu'il était celui dont l'arrivée était annoncée dans les Écritures saintes, que nul autre ne viendrait après lui, et que c'était lui qui ferait régner la justice sur la terre. Beaucoup d'Égyptiens le regardaient en effet comme le *Meddi* (1); et ses habits à l'européenne étaient le seul obstacle à ce qu'ils ajoutassent foi à ses paroles; s'il s'était montré à leurs yeux revêtu du *feridje* (2), tout le peuple l'aurait suivi. » C'est un témoin oculaire et un musulman, Nakoula-

---

(1) L'un des successeurs de Mahomet, qui, dans les traditions orientales, doit reparaître sur la terre pour convertir toutes les nations à l'islamisme.

(2) Grande robe à manches que les Orientaux portent par-dessus leurs autres habits. (Voir l'*Histoire de l'expédition des Français en Égypte*, par Nakoula el-Turk, traduite par M. Desgranges aîné, interprète du roi.

el-Turk, qui rapporte ces faits, et nous indique par son témoignage comment nous ferions accepter notre domination, si nous savions la représenter tour à tour comme une prédiction du passé et comme une fatalité de l'avenir.

PRÉFACE.

La première édition de cet ouvrage, qui date de 1842, fut alors si rapidement épuisée, qu'il nous fut impossible de répondre à une demande de 30 exemplaires destinés aux bibliothèques de l'Algérie. Cette demande et les encouragements de vive voix que M. le maréchal Soult, président du conseil des ministres, voulut bien nous adresser, nous a depuis fait persévérer dans l'étude des relations de la France avec le Maroc, et il nous a été permis d'en compléter la partie historique. C'est cette partie que nous venons maintenant publier, en y ajoutant un essai sur les caravanes, auxquelles les musulmans rattachent la plupart de leurs intérêts commerciaux et religieux.

Quant à ce que nous pourrions dire de ce nouveau travail, nous rappelons ici, pour toute préface, le début de la première édition.

« L'empire de Maroc, où la géographie,

et en général toutes les sciences, ont tant de recherches à entreprendre et de découvertes à espérer, est surtout inconnu au point de vue de l'histoire diplomatique. Chénier, l'auteur de recherches bien incomplètes, mais les meilleures qu'on ait encore faites sur les Maures, nous a laissé ignorer nos anciennes relations avec ce peuple, au milieu duquel il résidait pourtant en qualité de chargé des affaires de France. D'un autre côté, les erreurs qui lui échappent dans ce qu'il nous a dit de ces rapports, prouvent qu'il n'en avait lui-même aucune connaissance exacte (1). Depuis cet historien, les notions dont il s'agit sont restées comme auparavant éparses et disséminées dans les livres, surtout dans les manuscrits et les pièces inédites, et personne n'a songé à les recueillir (2).

« Sous le rapport diplomatique, le terrain que nous abordons est donc entièrement

(1) C'est ainsi qu'il confond en une seule ambassade celle du baron de Saint-Amand et celle de Saint-Olon. Il oublie la première; et la seconde qui eut lieu en 1693, il la place en 1682. — Voy. *Recherches historiques sur les Maures*, t. 3, p. 401.

(2) Plusieurs de ces pièces d'une date reculée appartiennent au ministère des affaires étrangères; nous en devons la connaissance à M. Mignet, à qui nous nous empressons d'exprimer toute notre gratitude pour ses obligeantes communications.

neuf; mais ce terrain a été, à plusieurs reprises, traversé par nos ambassadeurs, et défriché en quelque sorte par leurs négociations. C'est ainsi qu'à l'époque de Louis XIV, des traités de paix et de commerce eurent des résultats pleins d'à-propos pour les circonstances présentes, et s'offrent à nous comme les antécédents des relations que nous serons bientôt appelés à établir et à développer nous-mêmes avec le Maroc. Quant à l'idée que nous avons à nous former de ces relations, elle est encore si incomplète et si fugitive, qu'on ne saurait trop la fixer et la compléter par l'étude des difficultés inhérentes à l'islamisme. Ces difficultés, qui ne manqueront pas de se présenter de nouveau, ont toujours rendu les négociations chrétiennes avec les princes musulmans extrêmement délicates à conduire. Il faudra donc tenir compte de cette pierre d'achoppement; or celle-ci consiste en ce que notre société repose sur la distinction de l'idée religieuse et de l'idée politique, sur la séparation des pouvoirs temporel et spirituel, tandis que la société musulmane unit, au contraire, et confond intimement en toute chose ces deux éléments pour nous essentiellement distincts.

« Cette invincible opposition des deux

sociétés est l'écueil qu'il faut tourner aujourd'hui, si nous ne voulons pas y voir échouer tous nos efforts, et si d'un autre côté nous savons mettre à profit l'expérience du passé qui est toujours la meilleure clef de l'avenir. Instruits des fautes commises par nos anciens ambassadeurs, nous éviterons la route où ils se sont égarés, et en élargissant celle qui les conduisit au but de leur mission, nous pourrons à notre tour y avancer avec plus de succès. Sous ce double rapport, les pièces diplomatiques de Pidou de Saint-Olon, ambassadeur de Louis XIV auprès de l'empereur de Maroc, en 1693 (1), s'offrent à notre examen avec des points de vue pratiques et des applications d'une incontestable utilité. Les négociations dont fut alors chargé cet envoyé français, étaient le développement de celles qui les avaient précédées ; et d'un autre côté, elles ont servi de base aux relations ultérieures que nous avons eues avec le Maroc. Nous y trouverons donc bien des renseignements désirés pour les questions politiques et com-

(1) Ces pièces diplomatiques comprennent trois vol. in-4°, manuscrits et inédits, dont nous devons la précieuse communication à M. Eyriès, membre de l'Institut; elles constituent le Journal de Saint-Olon, qu'il ne faut pas confondre avec la relation succincte que cet ambassadeur a publiée sur le Maroc, en 1695.

merciales qui peuvent désormais s'élever entre la France et cet empire.

« Outre ce point de vue pratique, il y aura peut-être aussi quelque intérêt historique, ou tout au moins un sujet de curiosité à suivre, dans le Journal de Saint-Olon, les relations du grand roi avec le fameux Muley-Ismaël : celui-ci réputé descendant du prophète, et s'appelant « prince de la haute tribu de Haschem, fils du chérif de la lignée de Hassam, et Miramolin, ou prince des vrais croyants, qui combat dans la voie du seigneur de ce monde et de l'autre; » et Louis XIV lui faisant répondre sur le même ton, « au nom du Très-Chrétien empereur de France et de Navarre, fils aîné de l'Église, défenseur de la foi, protecteur des rois, et l'arbitre et le grand conquérant de l'Europe. »

« Comme on voit, de part et d'autre, le langage était le même, et chacun déclinait surtout avec soin ses attributions religieuses; mais entre ces formules il y avait un abîme, puisque le pouvoir spirituel était aussi fictif dans la personne de Louis XIV, qu'il était réel dans celle de l'empereur de Maroc. Toutefois, le premier se serait bien gardé de ne pas employer des titres qui avaient l'air de le faire l'égal de Muley-Ismaël, au point de vue religieux, point si essentiel aux yeux des musulmans. Quant à Muley-Ismaël, pontife du culte musulman aussi bien que souverain politique, son langage comme ses actes émanaient d'une même source. Ils dérivaient tous du *Coran*, principe unique de la civilisation musulmane. Aussi ce prince écrivit-il au roi de France, *au nom du Dieu clément et miséricordieux*, et son cachet (1) portait en caractères arabes : « Dieu veut sur toutes choses vous nettoyer de toutes vos souillures, ô prince du sang du prophète, et vous purifier. »

« Telle était la devise pieuse du kalife, empereur de Maroc, roi de Fez et de Sus, qui prétendait avoir établi la religion musulmane dans les onze royaumes qu'il avait domptés, et dont le despotisme bizarre et sanguinaire avait dépassé tout ce que l'imagination peut concevoir d'atroces barbaries. Son intraitable fierté se courba cependant devant la puissance de Louis XIV; son admiration ne fut pas non plus douteuse pour *le plus grand des rois et princes chrétiens d'Europe;* et les circonstances où il tint ce langage seront pour nous un exemple des antécédents historiques, dont

(1) Cachet du passe-port donné à M. de Saint-Olon. (*Voir* son journal manuscrit.)

le souvenir devrait toujours être présent dans nos relations nouvelles avec le Maroc. »

Ce n'est point, d'ailleurs, la dernière rupture avec cet empire qui mérite le plus de nous préoccuper; grâce à la victoire de l'Isly et à l'occupation de l'île de Mogador, la réparation ne s'est pas fait attendre; mais, si nous voulons éviter de nouveaux torts et de plus graves encore, il importe dès à présent de bien apprécier la nature des rapports nécessaires que nous aurons avec une contrée dont nous sommes pour jamais devenus les voisins.

Et d'abord tout bon musulman désire naturellement notre expulsion de l'Afrique septentrionale; la race maure surtout, jalouse et perfide comme elle est, nous poursuivra longtemps à titre d'infidèles et d'étrangers, et sans aucun égard pour les bienfaits de notre civilisation; pour attendre une occasion favorable à sa haine, elle tiendra à peine compte du gain que son avarice pourra retirer de notre commerce. Il ne faut donc pas se le dissimuler, la paix que nous aurons avec le Maroc sera toujours précaire; et en ce moment ce serait bien mal calculer les chances de son retour et de sa durée, que de compter sur la prudence qu'on dit être particulière au sultan Muley-abd-Errahman. Ce prince, en effet, comme les despotes de l'Orient et tous les chefs de l'islamisme, n'est fort qu'en s'appuyant sur les préjugés du culte dont il est le pontife, et d'où émane toute sa puissance politique. Il ne commande efficacement qu'en obéissant d'abord à la foi des zélés musulmans, pour recevoir en retour et leur soumission et le pouvoir absolu que chacun d'eux attribue au chef de la religion. Or, dans ces conditions complexes d'autorité et d'obéissance, la conscience révoltée de ses sujets pourrait fort bien lui faire recommencer la guerre que notre diplomatie, et encore plus ses propres réflexions tendent à lui faire éviter.

Il en résulte donc que pour avoir une paix stable, il ne faudra pas seulement agir sur l'esprit du sultan, mais encore et peut-être davantage sur l'esprit des chefs de tribus maures, arabes ou berbères, en concluant avec les principaux d'entre eux des traités particuliers, en employant tour à tour la force et la justice, la crainte et l'intérêt, que toutes ces races passionnées et mercantiles comprennent aussi bien que le fanatisme religieux.

Quant à l'influence que Muley-abd-Errahman peut exercer de son côté dans nos possessions, chef spirituel de l'islamisme dans le

Maroc, il est reconnu comme tel par les populations de l'Algérie ; et il ne cessera jamais de s'intéresser secrètement à l'indépendance politique des tribus fidèles à son autorité religieuse. Or, comment pourrait-il encore à cet égard garder une stricte et parfaite neutralité? Il faudra donc, sous ce nouveau rapport, en nous contentant plus d'une fois des apparences, laisser à nos musulmans la plus grande liberté de relations avec le chef de l'islamisme dans le Maghreb. Les contrarier dans leurs devoirs de croyants et comprimer les instincts de leur foi, serait toucher à un ressort dont la réaction serait formidable, et dont encore nul Européen ne soupçonne la force ni la portée. Il importe donc avant tout de comprendre et de ménager au point de vue religieux tous nos sujets musulmans, pour mieux les façonner à la dépendance politique, et leur inspirer la plus complète sécurité sous le rapport temporel.

Peu importe, d'ailleurs, les Arabes ou Maures fanatiques qui s'enrôlent pour la guerre sainte, et vont se ranger librement sous les drapeaux d'Abd-el-Kader. Contre ces audacieux aventuriers qu'animent souvent au même titre et l'amour du butin et la foi du prophète, la diplomatie ne peut rien ; mais restent les populations moins entreprenantes, sur lesquelles nous devrons hautement nous prévaloir de toutes les apparences de neutralité gardées par le sultan de Maroc. C'est en prolongeant en effet le plus possible ces apparences de paix, que nous finirons tôt ou tard par en faire sortir une paix réelle; et en attendant, nous devrons être satisfaits qu'à la faveur des relations commerciales, elles nous permettent d'introduire peu à peu les mœurs chrétiennes dans un empire qui les a brutalement repoussées jusqu'à ce jour.

« Comme il ne faut pas trop croire non plus que l'islamisme se laisse à notre gré mourir d'inanition, sans faire un suprême effort, sans livrer son dernier combat; et d'un autre côté, comme le Maroc est son arrière-garde en Afrique, et l'une de ses armées de réserve, nous devons encore nous préparer aux luttes définitives dont cet empire sera peut-être un jour le théâtre. La France sera nécessairement appelée à y représenter le christianisme, et à y combattre en soldat de la civilisation. Elle doit donc se hâter de connaître le champ de bataille, où l'attendent d'ailleurs des destinées d'autant plus glorieuses qu'elles seront moins sanglantes, et un triomphe d'autant plus durable qu'il aura été remporté avec des armes plus pacifiques. Or, la science est une de ces armes, et la première à mettre à l'œuvre ; car c'est elle qui déblaye le terrain où il faut avancer, qui signale d'anciennes routes et en jalonne de nouvelles, qui ouvre la voie à tous les dévouements civilisateurs ; et c'est avec les lumières qu'elle nous a fournies que nous allons essayer de donner une idée historique du Maroc, et des relations de bonne intelligence que le contact du territoire nous engage à entretenir avec cet empire. »

LE MAROC

ET

SES CARAVANES.

CHAPITRE PREMIER.

Origine des relations modernes de la France avec le Maroc. — Expédition de Jean de Béthencourt aux Canaries, en 1402. — Les fruits qui en sont perdus pour la France, sont recueillis par les rois de Castille et par ceux de Portugal. — Ces derniers préludent à des croisades maritimes le long des côtes occidentales de l'Afrique. — Henri le Navigateur. — Anciennes possessions des Portugais ou des Espagnols sur les côtes du Maroc.

Pour bien comprendre les relations que la France a entretenues avec le Maroc, il convient de remonter jusqu'aux premiers rapports qu'elle a eus avec cet empire. Et d'abord, disons-le à la gloire de notre patrie, ce sont des marins français qui, les premiers, ont ouvert la voie aux entreprises suivies des peuples chrétiens vers cette partie de l'Afrique, et ont ainsi préludé à la découverte du cap de Bonne-Espérance et à celle du nouveau monde. Dès le début du XVe siècle, en 1402, au moment où la France allait se précipiter en aveugle dans les discordes civiles et dans un abîme de calamités, le baron normand Jean de Béthencourt, chambellan de Charles VI, et Gadifer de la Sale, après s'être signalés sur mer contre les Anglais, auxquels ils étaient sur le point d'être sacrifiés par le traité de Chartres, s'embarquèrent à la Rochelle avec plusieurs nobles compagnons d'armes; ils firent voile vers le sud de l'Atlantique, guidés par un zèle ardent pour la propagation du christianisme; et abordant aux îles Fortunées ou Canaries, ils s'y établirent en conquérants civilisateurs.

Ils s'emparèrent de trois îles de l'archipel Canarien, alors habité par des peuples idolâtres, et y fondèrent des fiefs qui rappelaient ceux de la Sicile et de la Calabre au xi° siècle : véritables colonies chrétiennes où les vainqueurs convertirent les vaincus, et consommèrent leur alliance avec eux en s'unissant par mariage aux familles indigènes. Les chapelains de l'expédition en écrivirent aussitôt l'histoire pour encourager à de semblables entreprises « ceux qui, par dévotion, disaient-« ils, ont courage et volonté d'employer leur « corps et chevance au soustainement et à l'exalta-« tion de la foi catholique (1). » Béthencourt, déjà maître de Lancerotte et de Fortaventure, avait

---

(1) Voir l'*Histoire de la conquête des Canaries*, Paris, 1630. Ces îles, bien antérieurement à Béthencourt, avaient été connues et explorées par des navigateurs génois et catalans; mais aucun d'eux n'en avait pris possession. (*Voir*, au sujet de ces derniers navigateurs, le précieux Atlas catalan de 1375, publié par MM. Tastu et Buchon. *Paris*, 1839.

formé le projet de conquérir et de *chrestienner* le reste des îles canariennes. Il poussa aussi ses excursions en Afrique, explorant la côte du Maroc, depuis le cap Cantin jusqu'au delà du cap Blanc. Dans une seconde expédition, les historiens de la découverte le font débarquer vers le cap Bajador, à la suite d'une tourmente, et pénétrer durant huit jours dans l'intérieur, d'où il revint, chargé de richesses et d'esclaves maures, aux îles de Fer et de Palma. La traite des esclaves, cet usage immémorial de l'Afrique, porté en Espagne par les musulmans, s'introduisit ainsi dans l'archipel canarien; mais il dut y être transformé en servage, et adouci dans tous les cas par l'autorité de la loi chrétienne. Quant à Béthencourt, après avoir lui-même réglé « le spirituel et le temporel » de son fief de l'île de Lancerotte, ne pouvant le mettre sous la protection de la cour de France, il le plaça sous la suzeraineté des rois de Castille. Il y laissa une partie des siens pour y propager la colonisation, et en confia le gouvernement à son neveu, en lui recommandant vivement de bien traiter les nouveaux chrétiens. Alors, et c'était la seconde fois, il revint en France pour y chercher de nouveaux auxiliaires. Mais d'abord il se rendit en Castille auprès de son prince suzerain, et de là à Rome, où le pape Innocent VII nomma évêque des Canaries l'Espagnol Albert de Las-Casas. Arrivé enfin dans ses terres de Normandie, il y mourut au milieu de l'indifférence des princes français pour sa magnanime entreprise, mais après avoir donné un admirable exemple à tous les fondateurs de colonies chrétiennes. Cet exemple, du reste, conserve encore pour nous sa valeur d'application ; car il fut réalisé sur les Guanches, populations primitives des Canaries, qui ne sont qu'un rameau détaché des Berbères Scheloubh du Maroc occidental (1), et par conséquent de la race berbère de nos possessions d'Afrique.

L'entreprise de Béthencourt fut le début de relations toutes nouvelles avec les côtes occidentales du Maroc. Religieuse autant que politique, ce fut encore une véritable croisade dirigée vers les plages sud-ouest de l'Afrique, et destinée à la conversion des peuples idolâtres, en lieu et place d'une nouvelle conquête du saint sépulcre, vainement essayée depuis plusieurs siècles. Cet exemple en effet, et des motifs analogues, engagèrent, treize ans après, une flotte anglaise de Henri V, composée de vingt-sept vaisseaux destinés à la terre sainte, à changer de but, et à se joindre aux Portugais pour conquérir avec eux, sur les musulmans, la ville de Ceuta. C'est alors que ce dernier peuple, pénétrant à son tour dans la carrière nouvellement ouverte, eut la gloire de se l'approprier. Toutefois, Jean de Béthencourt

(1) Les anciens désignaient, sous le nom de *Canarii*, les peuples qui habitent la partie occidentale de l'Atlas; et les nègres du Sénégal nomment encore *Canar*, ou *Ganar*, le pays situé entre leur fleuve et les montagnes de la Mauritanie. (Voir l'*Histoire naturelle des îles Canaries*, par M. Berthelot, secrétaire général de la Société de Géographie; t. II, 1re partie, p. 98, in-4°, *Paris*, 1839.)

avait déjà conduit la civilisation vers les côtes africaines; et son expédition constate le droit de priorité qui revient à la France, sinon dans les explorations savantes de l'Atlantique, du moins dans les conquêtes maritimes, qui furent les véritables croisades de l'Occident.

Ainsi, le même génie chevaleresque qui, dès le xie siècle, avait précipité l'Europe vers les grandes entreprises religieuses, politiques et commerciales de l'Orient, détourné de ce but primitif par l'incurie de nos rois, s'élança, toujours le premier, dans la carrière où devait se déployer encore la civilisation moderne. Sur les pas de l'intrépide Béthencourt, dont nous semblons avoir oublié la gloire, vinrent, d'abord Henri le Navigateur, qui éclipsa son devancier, et puis les Vasco de Gama, les Christophe Colomb, et tous ces pieux et fiers aventuriers qui, au milieu d'un enthousiasme universel, voyaient chaque année surgir, au-dessus des flots, ces îles et ces continents, antipodes et contre-poids du nôtre, qu'ils plaçaient à l'envi sous la protection de Dieu et des saints, ou sous l'invocation des plus magnifiques souvenirs. Et maintenant, à la vue de ce poétique épanouissement des nations chrétiennes sur le planisphère terrestre, comment ne pas honorer, dans la personne du premier conquérant des Canaries, le génie de notre vieille France, si digne d'être encore proposé pour modèle à notre prosélytisme civilisateur?

Après que la féodalité normande se fut établie aux Canaries et mise en rapport avec le Maroc, la

France oublia complétement et cet empire et la conquête de Béthencourt. Mais cette noble entreprise ne fut point perdue pour les rois de Castille, et moins encore pour ceux du Portugal. Les premiers restèrent suzerains des Canaries, et les seconds, sous la direction de Henri le Navigateur, préludèrent à des croisades maritimes qui signalaient un des plus beaux élans de l'humanité.

On était pourtant alors à l'une des époques les plus critiques pour la civilisation : l'orient de l'Europe tremblait déjà sous le cimeterre des Osmanlis; et on ne sait quel avenir nous eût été réservé, si une merveilleuse suite d'expéditions chrétiennes n'était venue tout à coup rétablir l'équilibre du côté de l'occident. Mais le génie des croisades reprit de ce côté son essor avec une audace sans exemple, et, par des conquêtes inespérées, fit bientôt oublier la perte de Constantinople et la chute de l'empire byzantin. Le 21 août 1415 marqua cette ère nouvelle. Ceuta, dont les richesses, les fortifications et la position maritime, encore sans rivale sur le détroit de Gibraltar, faisaient la force de l'Espagne musulmane, tomba, après une attaque audacieuse, au pouvoir des Portugais. Ces nouveaux croisés y étaient entrés pêle-mêle avec les Sarrasins; puis, grâce au concours d'une flotte anglaise et des marchands génois établis depuis longues années dans la ville, ils avaient couronné leur premier succès par l'occupation entière de la place et de ses forts.

L'infant de Portugal, don Henri, troisième fils de Jean Ier, se couvrit de gloire dans cette entreprise. Né en 1394, et à peine âgé de vingt et un ans, il y avait pris part à la tête des chevaliers du Christ, dont il était alors le huitième grand maître. Ces intrépides compagnons de l'infant n'étaient, comme on sait, que les anciens templiers, rajeunis sous un nouveau nom. A l'époque où Philippe le Bel, au lieu de réformer l'ordre du Temple, avait préféré le détruire pour s'emparer de ses biens, don Denis, roi de Portugal, d'accord avec les rois de Castille et d'Aragon, fit réintégrer chez lui les chevaliers dans tous leurs droits. La prévoyance de don Denis avait aussi préparé le matériel de la puissance maritime à laquelle le Portugal était désormais appelé; et c'est avec les forêts de pins qu'il avait fait semer, que furent en partie construites les flottes qui, portant la guerre chez les musulmans africains, leur montrèrent la supériorité de la navigation chrétienne, et les menacèrent d'une décadence sans retour. Telle était l'heureuse situation du Portugal, lorsque la prise de Ceuta lui donna d'un côté une des clefs du détroit, et de l'autre un point de départ pour longer les côtes occidentales d'Afrique, et aller par des mers inconnues à la découverte de la route des Indes.

Jean Ier venait de répartir entre ses fils les affaires de son royaume, et il avait confié à don Henri celles de l'Afrique. D'un autre côté, Martin V, élu pape unique et légitime dans l'immortel concile de Constance, venait d'exciter tous les chrétiens aux nouvelles croisades dont les Portugais avaient donné le signal. C'est alors que, pour se mieux consacrer à ces saintes entreprises, le jeune don Henri se plaça, comme au premier poste, sur la pointe du cap Saint-Vincent, l'ancien *promontoire sacré*, dont le nom allait reparaître dans celui de la ville de Sagre : de là, et sans sortir du royaume, l'infant pouvait embrasser d'un seul regard tous les objets de son ambition, la Méditerranée, l'Afrique, et cet Océan encore couvert de mystères, nommé par les Arabes la *Mer ténébreuse*, mais sur lequel il était résolu de porter les lumières de la civilisation chrétienne.

Chasser les infidèles du détroit, convertir à l'Évangile les tribus païennes de l'Afrique, et surtout doubler la pointe australe de ce continent pour rejoindre par mer les chrétiens d'Éthiopie et ceux des Indes, confondus sous le nom de sujets du Prêtre-Jean; porter alors secours à ces derniers débris de la chrétienté orientale, et avec l'alliance de ces vieilles populations attaquer l'islamisme, ou du moins puiser aux sources jusqu'alors inexpugnables de ses richesses; ressaisir, en un mot, l'Orient qui semblait échapper sans retour à l'Europe latine: telles étaient les grandes pensées qui enflammaient le cœur de don Henri. C'est dans ce but qu'après la conquête de Ceuta, il s'était mis en rapport avec les Maures, les Arabes et les Juifs trafiquant depuis longtemps dans cette ville, où les caravanes apportaient l'ivoire, l'or et les esclaves de l'intérieur, et d'un autre côté les richesses de la Mecque et de l'Orient. Les récits des indigènes expliquèrent à don Henri les positions du sud de l'Afrique, et en même temps les anciens périples d'Hannon, de Scylax, d'Eudoxe de Cyzique. Confirmées par ces traditions vivantes, les vagues notions de la géographie d'Hérodote, de Possidonius, de Pline, de Ptolémée, se précisèrent peu à peu ; et la relation moderne de Marco Polo, les écrits contemporains de Pierre d'Ailly, les changèrent en certitude.

De là cette foi scientifique qui se mêla à la foi religieuse dans les découvertes des Portugais, comme plus tard dans celle de Christophe Colomb et des Espagnols. D'ailleurs comment hésiter, quand les ambassadeurs du fameux Prêtre-Jean venaient solliciter les secours du roi d'Aragon en 1427 (1), et quand au concile de Florence, en 1439, l'envoyé du patriarche et du roi d'Éthiopie recevait et acceptait au nom de tous les jacobites le décret de l'union des Grecs et des Latins ?

C'est pour atteindre au but de tant de notions diverses où s'alimentait une immense espérance, et d'où devait sortir la découverte de la moitié du globe, que le palais de Sagre devint, quarante années durant, le rendez-vous des meilleurs cosmographes et des plus habiles marins. L'école hydrographique catalane lui fournit Jacques de Majorque, le Danemark lui recommanda le gentilhomme Ballarte, Venise se vit enlever par lui Cada-Mosto ; et Christophe Colomb, jeune encore, vint livrer un combat presque à sa vue, à la suite duquel, sauvé comme par miracle, il se fixa à Lis-

---

(1) Voir notre travail sur Guillaume Filastre, *Bulletin de la Société de Géographie*, février 1842.

bonne, et oublia Gênes pour se vouer à sa glorieuse destinée.

Grâce donc à l'infant Henri, tous les regards se fixèrent sur les profondeurs de cet Océan, dont il voulait, à tout prix et pour la gloire de Dieu, savoir le dernier mot. C'est ainsi qu'il devint le restaurateur des connaissances hydrographiques et nautiques, qui lui ont valu le surnom de navigateur, et ont si merveilleusement aidé aux progrès de la civilisation.

La première expédition de découverte eut lieu en 1418, et doubla le cap Nun, terme de la navigation ordinaire. Mais là n'étaient pas les véritables difficultés qui devaient se rencontrer au cap Bojador, à 60 lieues plus au sud. Ce cap était pour les marins superstitieux un objet de terreur fantastique; et les préjugés populaires, fortifiés d'ailleurs par des erreurs scientifiques, en avaient fait le sombre gardien des mystères de l'Océan. Comment doubler en effet ce promontoire qui, s'avançant près de 40 lieues vers l'ouest, formait à sa pointe des courants formidables pour les faibles navires de cette époque? Et puis l'opinion qu'au delà les bas-fonds rendraient la navigation impossible; que la zone torride changerait la race blanche en nègre; qu'enfin tout espoir de retour était perdu contre les vents qui se précipitent vers le Sahara, et y remplacent l'air échauffé et raréfié par les sables brûlants du désert : telles étaient les craintes des marins les plus intrépides, qui, pour sortir des courants qui règnent autour du cap Bojador, étaient encore dépourvus des moyens de gagner le large avec sécurité.

Mais la foi et la science de don Henri triomphèrent également de tous ces périls réels ou imaginaires. Il apprit à ses chevaliers l'art de se reconnaître en mer par l'usage du compas nautique et de l'astrolabe, et leur communiqua l'ardeur qui l'animait pour la propagation du christianisme. C'est alors que Gil Eanez, Alphonse Gonçalvez, Nuno Tristam, tous gentilshommes de l'infant, élevés à son école et dans son palais, allèrent chercher la gloire ou la mort «pour le service de Dieu.» De petites barques, sur lesquelles nos marins d'aujourd'hui craindraient eux-mêmes de s'aventurer loin des côtes, furent les instruments de leurs découvertes : c'étaient des *barinels*, espèce d'embarcations à rames, ou des caravelles surmontées de deux voiles latines.

C'est avec ces dernières que Gil Eanez le premier, muni d'une boussole, de cartes et d'instructions précises, parvint enfin à doubler le fameux cap en 1434. Aussitôt d'autres expéditions lui succédèrent, qui revinrent à Lisbonne chargées de nègres et de poudre d'or des côtes d'Afrique; et alors seulement l'opinion établie, vaincue par le succès, consentit à proclamer la gloire de don Henri. Les biens et la valeur de l'ordre du Christ avaient fourni aux frais des premières caravelles; mais l'espoir du gain appelant bientôt des compagnies de spéculateurs, ceux-ci se placèrent sous la bannière des chevaliers de l'infant, dont la croix ombragea de concert les intérêts du commerce, de la science et de la religion.

Ces premiers succès furent pourtant interrompus par un cruel revers. Jean Ier était mort en 1433; et, sous le règne de son fils Édouard, en 1436, fut livrée la malheureuse bataille de Tanger. Les Portugais faillirent y succomber au début de leur carrière de gloire, non loin du champ de bataille d'Alcasser-Kébir, où leur grandeur s'éclipsa un siècle et demi plus tard, avec leur roi don Sébastien. Un frère de don Henri, don Ferdinand, laissé en otage pour obtenir aux siens la liberté de la retraite, resta prisonnier chez les Maures, qui le condamnèrent à tourner la meule, parce que les Portugais n'avaient pas voulu rendre Ceuta en échange de sa liberté. Il mourut au royaume de Fez après six ans de captivité, et fut honoré comme un martyr dans sa patrie, qui lui dut la conservation de Ceuta, gage de l'avenir maritime du Portugal.

Don Henri et les chevaliers du Christ eurent alors presque tout le poids des nouvelles entreprises. Cependant, sous le règne d'Alphonse V, leurs caravelles pénétrèrent, à partir de 1440, jusqu'au cap Blanc, et fondèrent un établissement à Arguim pour le commerce de la poudre d'or.

En arrivant au *Rio-del-Oro*, les Portugais trouvèrent des nègres idolâtres, et crurent voir en eux les descendants des anciens Éthiopiens. La poudre d'or et la traite des nègres excitèrent de plus en plus l'avidité de la nation, tandis que don Henri, occupé à convertir les nouveaux esclaves, les renvoyait souvent dans leur patrie pour y propager la civilisation chrétienne. En 1446, Denis Fernandez passa l'embouchure de la rivière de Sénégal et découvrit le cap Vert. Après lui, Nuno Tristan pénétra dans le Rio Grande, et y mourut percé de flèches empoisonnées. D'autres caravelles pénétrèrent jusqu'en Guinée, et en ramenèrent des nègres sur les marchés de Lisbonne et d'Oporto. La compagnie que don Henri avait formée pour cette expédition avait obtenu le privilége du commerce des contrées découvertes, comme le Portugal lui-même devait bientôt obtenir du saint-siége la possession exclusive des contrées à découvrir le long des côtes d'Afrique jusqu'aux Indes inclusivement. Ces priviléges réprimèrent les abus de l'extrême concurrence qui se manifestait alors dans tous les intérêts généraux de la chrétienté. La bulle pontificale assurait, en outre, indulgence plénière à tous ceux qui succomberaient dans ces expéditions, et, en même temps, portait anathème contre quiconque troublerait les Portugais dans ces *conquêtes chrétiennes*. Habile juridiction, seule capable d'assurer le droit des gens de cette époque, et qui, à l'aide d'un arbitrage librement reconnu, valut à la civilisation les découvertes du cap de Bonne-Espérance et du nouveau monde! Assurés d'un tel appui, les Portugais poursuivirent leurs entreprises, alors regardées comme si téméraires. Ainsi dès 1448, époque où s'arrête la chronique d'Azurara (1), historio-

(1) Ce manuscrit unique de Azurara, si longtemps cherché par les Portugais, a été découvert par notre ingénieux et savant M. Ferdinand Denis; et la publication en est due aux

graphe de don Henri, leurs caravelles, naviguant à l'est dans le golfe de Guinée, avaient pu dresser la carte de 400 lieues de côtes nouvelles au sud du cap Bojador, leur point de départ. C'est peu d'années après, en 1455, que le Vénitien Cada-Mosto, retenu en Portugal au moment où il se rendait dans les ports de Flandre, vint à son tour mettre son savoir et son intrépidité au service de don Henri. Il poursuivit les explorations des chevaliers du Christ, découvrit ou visita de nouveau les îles du cap Vert, et du moins fut le premier qui donna des notions sur Temboctou et sur l'intérieur du Soudan.

Ces découvertes sur le littoral de l'Afrique et sur la route des Indes en avaient amené d'autres plus occidentales sur la route qui devait conduire en Amérique, par exemple, la découverte des Açores en 1449. Ces nouvelles îles avec celles de Madère, déjà découvertes en 1419, et des Canaries occupées en 1402 par les intrépides compagnons de Béthencourt, représentèrent trois archipels joints par plusieurs îlots aux côtes opposées d'Europe et d'Afrique, et donnèrent une idée de terres plus lointaines vers l'ouest, en même temps qu'elles dessinaient vaguement les limites d'une petite *mer méditerranée percée*, sorte de vestibule de la Méditerranée proprement dite.

Mais la pensée de don Henri, ne se montrant encore que par une seule face, poussait alors l'esprit des Portugais vers le sud. Leur pavillon avait

soins de M. le vicomte de Santarem, qui a pleinement justifié par ce beau travail sa renommée de science et de patriotisme.

d'ailleurs pénétré jusqu'au 7° ou 8° au delà de l'équateur, là où le golfe de Guinée, s'enfonçant d'ouest en est, leur apparaissait comme la limite australe du continent africain; et cet enfoncement avait déjà persuadé aux navigateurs portugais que la Guinée confinait à l'Égypte, de même que le Sénégal leur avait semblé une branche du Nil. Erreur générale, mais surtout heureuse illusion que semblaient confirmer quelques géographes anciens, et qui, reproduite par les cosmographes nouveaux, entretient la persévérance de ceux que la vérité aurait jetés dans le découragement!

L'espérance d'atteindre aux Indes et de porter secours aux chrétiens du Prêtre-Jean était donc dans toutes les âmes, et don Henri voyait son œuvre assez avancée pour être sûr que Dieu et les hommes la conduiraient à bonne fin. D'un autre côté, le roi Alphonse V s'était emparé de Tanger, d'Alcasser et d'Arzille, trois postes nouveaux qui donnaient au Portugal les clefs de la Méditerranée et de l'Océan. C'est alors que les fondements d'une grandeur jusqu'alors sans égale étant assurés à sa nation, don Henri put la quitter pour aller, dans une patrie meilleure, rejoindre ses compagnons d'armes, premiers martyrs de ces nouvelles croisades.

Le précurseur de Christophe Colomb et de Vasco de Gama mourut en 1460; et c'est à son éloquent historiographe Gomès Eanes de Azurara que nous devons d'avoir connu en lui l'homme aux veilles savantes, aux jeûnes austères, aux études infatigables, en qui l'enthousiasme et le savoir, la dévotion et la philosophie, nous montrent encore maintenant un des types les plus complets des héros de la civilisation chrétienne. L'entreprise de doubler le cap Bojador fut comparée aux douze travaux d'Hercule par les contemporains de don Henri. Lui-même, pour attester à ce sujet son ambition d'égaler les œuvres les plus célèbres de l'antiquité, avait fait représenter sur ses armoiries les pyramides d'Égypte. Il avait aussi pris pour devise les mots *Talent de bien faire*, qui témoignaient que ses œuvres tendaient avant tout au bien de l'humanité. Noble devise, digne de ce prince généreux comme de ses grands desseins, et que ses matelots, à chaque nouvelle terre découverte, gravaient en français sur la pierre ou sur l'écorce des arbres; car la langue française était encore alors la langue de la chevalerie. Nous savons également comment don Henri avait hérité de l'esprit chevaleresque de nos croisades, anéanti chez nous dans les troubles du xive siècle. La France moderne, qui renoue partout le fil de ses traditions, doit en garder le souvenir; mais c'est surtout aux nouveaux chevaliers qui domptent et civilisent l'Algérie, à rendre hommage à la mémoire d'un héros qui pouvait être encore leur modèle. Lui-même, au surplus, ne fit qu'imiter, que continuer les croisés français; et il fit consister sa gloire à poursuivre contre l'islamisme l'œuvre du prince capétien Henri de Bourgogne, conquérant de Porto en 1072, et premier fondateur du Portugal.

Cependant les Portugais s'étaient emparés de

Tanger sous Alphonse V, l'an 1471, époque où ils étaient également maîtres de Ceuta. Or, l'occupation simultanée de ces deux places africaines mérite ici un nouvel examen. D'après ce que nous apprend M. le vicomte de Santarem (1), cette double occupation avait été tracée d'après un plan politique, militaire et commercial d'une haute sagesse; et ce plan, si nous n'étions devenus maîtres de l'Algérie, serait encore le meilleur modèle à suivre pour des entreprises de civilisation dans cette partie de l'Afrique. L'exécution en avait d'abord été indiquée par les traditions historiques de l'antiquité, et par le souvenir de la trahison du comte Julien, gouverneur de la côte méridionale de l'Espagne et de la Mauritanie Tingitane. Les Portugais savaient très-bien que ce gouverneur wisigoth, en livrant les places de Ceuta et de Tanger, avait du même coup livré la Péninsule. D'un autre côté, les ravages que les Arabes-Maures avaient fait éprouver à l'Espagne et au Portugal plusieurs siècles durant, appelaient depuis longtemps les chrétiens à venir prendre leur revanche sur les terres de leurs ennemis, et à s'emparer du commerce de ces régions : de là, les premières croisades maritimes qui eurent pour théâtre cette extrémité nord-ouest de l'Afrique. Déjà, en 1180, nous voyons un amiral portugais, D. Fuas Roupinlio, aller surprendre Ceuta, et capturer près de cette place un grand nombre de vaisseaux sur les Maures. Nous voyons encore, dans

(1) Voyez ses remarquables recherches sur les découvertes géographiques des Portugais.

l'année 1182, cet amiral tenter une seconde attaque contre la même ville. Ainsi c'est au xii° siècle, et 235 ans avant la fameuse expédition de Jean Ier contre Ceuta, que le gouvernement portugais reconnaissait déjà l'importance militaire de cette place, et la nécessité de s'en emparer à tout prix, pour défendre son territoire des incursions des musulmans.

Ce plan, toutefois, ne se développa d'une manière large et savante qu'au commencement du xv° siècle. Nous avons vu comment, éclairés par les traditions classiques aussi bien que par leurs connaissances militaires, Jean Ier et le prince Henri commencèrent à le réaliser, en débarquant en Afrique et s'emparant d'une clef du détroit. Ce succès mit à jour toute leur ambition. D'un côté, ils avaient formé le projet de joindre à la conquête de Ceuta celle de Gibraltar, pour fermer entièrement la Méditerranée, et subordonner à l'influence portugaise le commerce de cette mer intérieure; de l'autre, ils voulaient s'emparer de tout le commerce de la Mauritanie, en occupant les places fortes du littoral, et tenant tous les Maures bloqués dans leur pays. Une tempête fit échouer l'entreprise sur Gibraltar; mais tous les ports de l'ouest de l'Afrique, conformément au plan arrêté, tombèrent au pouvoir du Portugal; c'est ainsi qu'ils s'emparèrent successivement de Ceuta, d'Alcassar-Seguer, de Tanger, d'Arzille, d'Anafé (aujourd'hui Darbeida), d'Azamor, de Mazagran, de Safi, de Mogador et de Sainte-Croix (1),

(1) La *Sancta Cruz* des Portugais ne doit pas être confondue

et cernant tout l'empire du Maroc, le dominèrent par une ligne de places fortes qui se protégeaient réciproquement. C'est alors que ce peuple, digne émule de la puissance carthaginoise, dont tous les souvenirs étaient présents à la mémoire, continua de pousser ses entreprises vers le sud de l'Afrique, et après une suite d'heureux succès atteignit au cap de Bonne-Espérance, et de là aux Indes, sources des richesses de l'Orient.

avec la *Sancta Cruz de mar Pequena* ou *mar Menor*, fondée par les Espagnols maîtres des Canaries. Celle-ci est à l'extrême frontière du Maroc, et fut construite lorsque Diego de Herrera fut devenu, en 1476, l'héritier de l'ancienne conquête de Béthencourt. La *Sancta Cruz* espagnole servait aux relations des Canaries avec le rivage africain.

CHAPITRE DEUXIÈME.

Reprise des relations de la France avec le Maroc. — Henri III y établit un consul et un facteur du commerce français. — Droits du consulat. — Développements de nos relations sous Richelieu. — Expédition du chevalier de Rasilly. — Traité de 1635 entre le Maroc et la France.

Tandis que les peuples de la Péninsule s'élançaient à l'envi dans la glorieuse carrière ouverte par des marins français, la France se relevait peu à peu des désastres des xiv° et xv° siècles. Sous Charles VII et Louis XI, elle reprit une part de son ancien commerce dans la Méditerranée; et sous Louis XII, elle conclut son premier traité de commerce avec le sultan de Constantinople (1). Étonnée des richesses acquises par Jacques Cœur, elle avait d'abord fixé ses regards sur l'Orient; mais elle ne tarda pas à considérer aussi le nord-ouest de l'Afrique, quand le cardinal de Ximenès y eut planté le pavillon du Christ. La croisade du grand ministre d'Isabelle la Catholique provoqua

---

(1) « En 1507, traicté entre le Grand Seigneur et les consuls des Catelans et François pour le faict du commerce. » (Mss. Harlay, n° 238, p. 1.)

toutes les sympathies religieuses de la France (1), et ce fut pour elle le signal d'un nouvel élan vers ses premières destinées maritimes. Son pavillon se releva avec honneur, se signala en plusieurs circonstances, et depuis lors communiqua librement de l'Océan à la Méditerranée.

Sous François Ier, en 1555, l'expédition française au Brésil dut enfin rappeler l'importance du littoral africain sur l'Atlantique et les parages illustrés par Béthencourt. Ce n'est toutefois qu'en 1577, sous Henri III, qu'un consulat et une agence du gouvernement français furent officiellement établis dans le Maroc. Deux ans après, cette création consulaire fut consolidée en faveur du Marseillais Bérard par un arrêt du roi de France, qui lui attribua les mêmes priviléges qu' « aux consuls establis ès parties d'Alexandrie « et Tripoli de Syrie, Tripoli de Barbarie, Gelby, « Thunis, Bonne et Argier; et cela, ajouta le mo- « narque, à cause des grands services rendus à « notre commerce et à l'affranchissement des Fran- « çois esclaves chez les Maures (2). »

---

(1) 1er février 1509.

« Ce jour, la court (du parlement de Paris) a receu lettres de monsieur le chancellier, avec ung double d'autres lettres escriptes par le roy d'Arragon, contenant que, la veille des Roys dernier, l'armée dudit roy princt sur les infidelles la ville et cyté de Bougye, principalle du royaume de Bougye qui est en Affricque; et pour en rendre graces à Dieu a esté delibéré que demain sera *Te Deum laudamus*, et dimanche prochain les processions generalles faictes en l'eglise de Paris. » (Mss. Dupuy, vol. 83.)

(2) Mss. du ministère des affaires étrangères. Voir encore

Les troubles de la Ligue (1) n'interrompirent aucune de nos relations avec le Maroc ; et Henri IV chercha à leur donner un nouveau développe-

les deux pièces de 1577, 10 et 11 juin :

10 *juin* 1577. « *Consolat de Marroc et Fez en faveur de Guillaume Bérard.* »

Henri, par la grace de Dieu, etc.
Considérant qu'il est nécessaire pour le bien de nos sujets traficquant ès royaulme de Maroc et de Fez, pays, terres et seigneuries qui en dépendent, qu'il y ait ès dites parties un consul de la dite nation françoise créé et autorisé de nous, pour y avoir l'œil et intendance sur toutes les affaires qui peuvent concerner notre service et nos sujets, et pour y tenir un bon ordre politique et de justice; savoir faisons que, nous inclinant libéralement à la prière et requeste que fait nous a été par le roi des dits royaumes de Maroc et de Fez, notre très cher et parfait ami, ès faveur de notre très cher et très amé Guillaume Bérard, de notre ville de Marseille,... le constituons par ces présentes consul de la nation françoise ès dits royaumes, pays, terres et seigneuries dépendantes d'iceux et qui appartiennent audit roi; et octroyons au dit Bérard de l'exercer aux honneurs, aux autorités, prérogatives, proéminences, droits, proffits, revenus et esmoluments qui y appartiennent,..... et en la propre forme et manière que les consolats nous appartiennent.

11 *juin* 1577. « *Facteur pour la nation ès royaume de Maroc et Fez en faveur de* François Vertia. »

..... comme, outre le consul.... créé pour avoir..... surintendance au fait du traffic et commerce qu'y exercent nos sujets, il soit besoin y commettre aussi pour le faturage dépendant dudit commerce quelque personnage qui y rende le soin et devoir requis, savoir faisons, etc.....

(1) *Après le décès de Guillaume Bérard* (19 *septembre* 1591),

ment en envoyant le voyageur Moquet visiter cet empire. A cette époque, plusieurs Français s'y étaient établis; et l'un d'eux nous a transmis une relation manuscrite de la seconde et dernière bataille livrée à Taguate, près de Fez, le 12 mai 1596, entre le chérif Muley-Cheik, fils aîné du puissant Muley-Hamed-al-Mansor, et le prétendant à l'empire, Muley-Nacer, autre chérif, dont le père était mort à la fameuse bataille d'Alcassar, avec son allié don Sébastien de Portugal (1). C'est dix années après que commencèrent les premières guerres civiles des quatre fils d'Al-Mansor; durant un demi-siècle, ces

arrêt du parlement de Provence qui commet l'exercice du consulat de Fez et Maroc à George Fornier.

Charles (de Bourbon), par la grace de Dieu....
En temps de vaccation de notre parlement de Paris.... et jusqu'à ce que ait moyen d'obtenir lettres et provisions de la dite charge de consul, de nous ou de notre très cher cousin le duc de Maienne, cidevant général de notre État et couronne, et conseil général de l'union des catholiques..... » (*Voir* les archives du ministère des affaires étrangères.)

(1) Cette relation fut adressée de Rouen, le 11 janvier 1597, au connétable de Montmorency; et Pierre Treillant, qui en était l'auteur, avait été officier de la maison de Muley-Hamed, où il se trouvait encore lorsque le fils de ce prince remporta la victoire qui lui assura l'empire du Maroc. Ce récit est donc celui d'un témoin auriculaire digne de foi; il prouve aussi l'intérêt que le connétable de Montmorency apportait aux affaires du Maroc. Cette relation, pouvant aider à combler les lacunes et rectifier les erreurs de Chénier, a mérité de ne pas rester plus longtemps perdue à la fin d'un manuscrit de la Bibliothèque du Roi, coté n° 9092.

princes désolèrent l'empire, et s'en disputèrent les richesses immenses réunies par leur père (1). Nous avions alors pour consul à Maroc et à Fez un nommé de Castellane, qui mourut en 1607 (2).

Plus tard, vers 1617, un Marseillais du même nom se présenta avec des lettres de Louis XIII et du duc de Guise. Il s'établit à Fez comme consul français, mais sans percevoir, à ce qu'il paraît, aucun droit sur les marchandises; ce qui le porta à commettre un acte infâme, dont la vengeance retomba sur tous les résidents français. Le pays de Fez était alors gouverné par le plus jeune des fils d'Al-Mansor, Muley-Zeïdan. La confiance de ce prince envers le sieur de Castellane était allée jusqu'à lui mettre dans les mains quatre mille volumes aussi précieux par leur reliure que par leur rareté; mais celui-ci, au lieu de les porter à leur destination, faisait voile vers la France, lorsqu'il fut capturé par D. Luis Faxardo, et mené en Espagne avec le dépôt de livres qu'il enlevait. En apprenant cette nouvelle, Muley-Zeïdan, irrité, fit jeter dans les fers tous les Français qu'il put saisir; et plusieurs d'entre eux y perdirent tous leurs biens. Ce qu'il y eut de particulier dans cette affaire, c'est que pour la régler il fallut faire intervenir le sultan de Constantinople, c'est-à-dire le

---

(1) Voir à ce sujet, dans le n° 248, Harlay, p. 224; une lettre du sieur Delisle à Henri IV sur les révolutions du Maroc (1608, 16 avril), et p. 278 (id.), une *Relation du royaume de Maroc et des villes qui en dépendent.*

(2) Voir dans le manuscrit de la Bibliothèque du Roi, n° 116, f^{ds} Harlay, l'article *Consulats du Levant.*

rival religieux du sultan de Maroc : preuve que celui de Fez était alors et rebelle et schismatique envers ce dernier, et faisait dire la prière au nom du kalife ottoman. Le vizir du Grand Seigneur put donc ordonner aux ambassadeurs de Muley-Zeïdan de rendre tous les Français à la liberté; et ce fut notre ambassadeur auprès de la Porte Ottomane qui obtint ce résultat, en affirmant « que le sieur de Castellane était un effronteur qui avait supposé des lettres du roi de France. » Ainsi fut réparé le tort que cette infidélité avait occasionné à nos commerçants, et surtout à l'honneur du nom français.

Le même consulat fut alors demandé à M. de Villeroi, ministre de Louis XIII, pour la somme de 4,000 fr.; à condition de percevoir dans le Maroc les mêmes droits qu'avaient les consuls du Levant, c'est-à-dire, 2 pour cent sur toutes les marchandises d'importations et d'exportations (1).

Cette conduite de nos consuls prouve assez l'état précaire et naissant de nos rapports avec l'extrémité occidentale de l'Afrique; mais il y avait un acheminement vers des relations plus importantes. Celles-ci commencèrent avec le rétablissement de la monarchie et de l'unité nationale, sous le ministère de Richelieu. Ce grand ministre trouva à la fois le marin et l'historien les plus propres, l'un à diriger une expédition sur les côtes du Maroc, et l'autre à la raconter à la France, de manière à y propager le goût de semblables en-

(1) Voir le manuscrit déjà cité. Harlay, n° 116.

treprises. Le premier fut le commandeur de Razilly, chevalier de Malte; le second fut Jean-Armand, dit Mustapha, Turc de nation, converti au christianisme par le cardinal lui-même, dont il avait reçu le prénom d'Armand, comme autrefois le Maure Léon l'Africain avait reçu le sien du pape Léon X. Curieuse similitude que cette conversion, qui nous montre d'ailleurs comment la politique de Richelieu, non contente d'embrasser toute l'Europe, se dirigeait encore vers l'Afrique et l'Orient. Quant à Jean-Armand, le narrateur des deux expéditions françaises dirigées en 1629 et 1630 contre le Maroc, il nous apprend le prix que le grand ministre attachait alors à la prépondérance maritime de la France; car il loue son protecteur « de ne s'être pas contenté d'avoir une fois emprisonné la mer pour la conquête d'une ville rebelle, mais d'en ouvrir aussi les ports et les golfes, afin qu'il n'y eût aucun lieu où la réputation des Français et la sienne ne fût publiée (1). »

C'est en effet de cette fameuse digue qui assura

(1) Voyez les *Voyages d'Afrique faits par le commandement du Roi et dédiés au duc de Richelieu*, par Jean-Armand, dit Mustapha, Turc de nation (Paris, 1631). L'auteur y raconte les navigations de Français entreprises en 1629 et 1630, sous la conduite du commandeur de Razilly, sur les côtes de Fez et de Maroc, ainsi que les négociations pour le rachat des esclaves français et le traité de paix conclu avec les habitants de Salé : il a naturellement dédié au grand ministre la relation des voyages entrepris et poursuivis par ses conseils ; il y joignit en même temps des détails de mœurs, de religion et de géographie, pour l'intelligence des entreprises semblables qui pourraient se faire à l'avenir.

la prise de la Rochelle, que date vraiment l'origine de la grandeur maritime et continentale de la France au xviie siècle. Contre cette barrière et à la vue de la ville assiégée, l'Angleterre, pour la première fois, fut vaincue sur mer par la France; et c'est aussi du camp royal que partit alors la grande pensée qui devait fonder une France nouvelle en Amérique (1).

L'année qui suivit la conquête de cette république protestante vit partir de l'île de Rhé la première flotte qui allait faire respecter, dans le Maroc, l'honneur de notre pavillon et les intérêts de notre commerce. Richelieu voulait justifier son titre de surintendant général de la navigation de France. La bonne intelligence qu'il entretenait avec le Grand Seigneur avait déjà relevé notre commerce sur la Méditerranée, et nous avait ouvert tous les ports soumis à ce prince sur les côtes d'Europe, d'Asie et d'Afrique. Cependant nos vaisseaux continuaient d'être exposés aux courses des pirates barbaresques, lorsqu'en 1629 le grand ministre fit intervenir l'autorité de la Porte Ottomane, qui obligea les Algériens à conclure un traité de paix avec la France. Cette même année eut lieu la première expédition contre l'empereur de Maroc et les corsaires de Salé, lesquels, ne reconnaissant pas l'autorité du sultan de Constantinople, rendirent nécessaire l'emploi de nos forces maritimes. Déjà, en 1624, le chevalier de

---

(1) Voyez l'ordonnance de Louis XIII pour reprendre la colonisation du Canada et en convertir les indigènes au catholicisme, mai 1628.

Razilly avait été envoyé sur les côtes occidentales d'Afrique; ce qui prouve que, dès le début de son ministère, Richelieu avait vivement porté son attention sur les intérêts de notre commerce avec le Maroc. En 1629, il envoya donc une seconde fois le chevalier de Razilly, qui alla jeter l'ancre devant Salé.

Cette ville formait une sorte de république indépendante. Des Maures grenadins, chassés d'Espagne par Philippe III, s'y étaient réunis en grand nombre; et, forts de leurs propres ressources comme de l'anarchie qui divisait encore les fils d'Al-Mansor, ils s'étaient affranchis de toute dépendance à l'égard de Fez et de l'empereur du Maroc. Ces riches et puissants Salétins n'en furent pas moins forcés de demander une trêve; mais avant qu'elle fût conclue, le chevalier de Razilly fut obligé, par le mauvais temps, de retourner en France. Ce marin rendit compte de sa mission, et fit valoir les avantages que le commerce pourrait retirer de ces côtes, en même temps qu'il fit connaître le grand nombre de Français qui s'y trouvaient retenus en esclavage. Tous ces motifs réunis le firent renvoyer de nouveau, en 1630, à la tête de trois bons vaisseaux, qui partirent le 20 juin de la rade de Saint-Martin de Rhé. Cette petite flotte rencontra des pirates barbaresques à la hauteur du cap Finistère, et leur donna la chasse, sauva de leurs mains six vaisseaux français, et arriva devant Salé, où elle s'empara de plusieurs corsaires. Le divan de cette ville, après avoir essayé vainement de faire lever le blocus, céda aux réclamations des commerçants, qui demandaient la liberté de leur négoce, c'est-à-dire, la paix avec la France. C'est alors que tous les esclaves français furent rendus à la liberté; leur rançon consista seulement en quelques marchandises délivrées par le chevalier de Razilly. Un traité fut conclu avec les Salétins, et un marchand marseillais fut nommé consul français à Salé, avec tous les priviléges attachés aux consulats des échelles de Barbarie et du Levant. Ainsi fut atteint le 12 août, et en moins de deux mois, le premier but de l'expédition. Le second avait rapport à l'empereur du Maroc, Muley-Abd-el-Melek, auquel M. de Razilly annonça le succès de son entreprise sur Salé, et sa prochaine arrivée au port de Safi. Il écrivit à ce prince, qui s'intitulait alors roi de Fez, Maroc, Sus et Gago, grand chérif de Mahomet et empereur d'Afrique; et, lui envoyant des présents, il lui demanda la délivrance des Français retenus dans son empire; mais, ne recevant aucune réponse de ce prince, et craignant de voir traîner les négociations en longueur, il céda au mauvais temps, qui le força de retourner en France.

Quatre jours après ce départ, arrivèrent à Safi la réponse de l'empereur et les esclaves réclamés. On envoya vainement à la recherche de nos vaisseaux; et c'est alors que Muley-Abd-el-Melek écrivit au roi de France une lettre qui est presque sans exemple dans nos rapports avec les princes musulmans, tant il y avait d'empressement pour satisfaire aux demandes qui lui avaient été adressées, ou peut-être de crainte qu'une expédition pareille à celle de Salé ne fût dirigée contre lui (1), au moment où son pouvoir commençait à peine à s'établir.

Ainsi s'établirent nos relations suivies avec les côtes occidentales de l'Afrique. L'opinion publique dut en sentir l'importance et en apprécier les progrès, car en cette même année fut publiée l'*Histoire de la première conqueste des Canaries*, par Jean de Béthencourt. Quoi qu'il en soit, nos relations avec le Maroc se maintinrent sur le pied où les avait mises Richelieu jusqu'en 1666, où elles prirent tout à coup un nouveau développement. C'était le moment où les Anglais commençaient à retirer les avantages que leur donnait en Afrique la position de Tanger; et ce fut sûrement pour contre-balancer leur influence que le Marseillais Roland Fréjus y fut envoyé par Louis XIV, comme chargé des affaires d'une compagnie destinée à exploiter le commerce du royaume de Fez.

Roland Fréjus se rendit auprès du chérif Muley-Arxid, qui se trouvait alors en guerre avec l'alcaïde Gailand. Celui-ci, devenu l'allié des Anglais, restait maître de la ville de Fez, lorsque la lettre et l'envoyé du roi de France donnèrent aussitôt un ascendant incontesté au parti du chérif. Ce prince, aussi habile que courageux, en profita pour rétablir et consolider son autorité; et, en retour, il accorda à Roland Fréjus toute sa protec-

(1) Voir cette lettre dans la *Chrestomatie arabe* de M. Silvestre de Sacy, en rétablissant, dans l'adresse, Louis XIII à la place de Louis XIV, t. III, p. 275.

tion. Il répondit à la lettre de Louis XIV par les assurances les plus positives de favoriser notre commerce, et promit d'acheter lui-même autant de poudre et de munitions de guerre qu'on voudrait lui en envoyer. C'est ainsi que notre industrie s'ouvrit un nouveau débouché en Afrique, en même temps que notre gouvernement se fit un point d'appui contre les corsaires d'Alger, de Tunis et de Tripoli, dont les courses inquiétaient sans cesse notre marine marchande (1). Quant à Muley-Arxid, la conquête de Fez n'était que le prélude de ses autres conquêtes : il ne tarda pas à reprendre les royaumes de Maroc et de Tafilelt, dont il se prétendait l'héritier légitime, et il rétablit ainsi l'unité de l'empire d'Al-Mansor. Le règne de ce dernier avait fait affluer au Maroc, sur la fin du XVIe siècle, toutes les richesses de Tokben-tou et des États de l'intérieur de l'Afrique, et cette époque avait été surnommée l'âge d'or du Maghreb occidental. Muley-Arxid ranima en partie cette ancienne prospérité commerciale. Louis XIV ne pouvait donc mieux choisir son allié ; aussi, dès le début de ses relations avec ce prince, parvint-il à neutraliser dans le Maroc l'influence que l'occupation de Tanger devait y donner aux Anglais.

(1) *Voyage en Mauritanie*, par Roland Fréjus, Paris, 1670.

CHAPITRE TROISIÈME.

Occupation de Tanger par les Anglais. — Cette occupation restreinte est suivie de l'abandon de la place. — Muley-Ismaël. — Résultats de la politique de Louis XIV. — Suite des relations de la France avec le Maroc.

Les Anglais possédaient Tanger depuis 1662, où cette ville avait été donnée à leur roi Charles II, pour la dot de sa femme Catherine, infante de Portugal. L'occupation nouvelle différait essentiellement de celle des Portugais; ceux-ci l'avaient rattachée à un système de blocus général qui les rendait maîtres de tous les débouchés du Maroc. Les Anglais, au contraire, en firent une occupation isolée et restreinte ; aussi les avantages de cette dernière furent-ils aussi douteux et aussi précaires que les précédents avaient été durables et incontestés.

Tanger fut néanmoins, au xviie siècle, un des points rayonnants de la politique européenne; il devint pour l'Angleterre une sorte de Gibraltar anticipé, tandis que cette puissance se partageait encore avec la Hollande le commerce du monde, et n'avait que celle-ci pour rivale, même sur la Méditerranée (1). Cependant Louis XIV se préparait à venir en tiers pour faire aussi sa part, et conquérir la meilleure sur mer en même temps que sur terre. Aussi contribua-t-il peut-être, autant que Muley-Arxid, et que le frère et successeur de ce prince, le fameux Muley-Ismaël, à faire avorter dans Tanger l'idée anglaise, qui, plus tard, a triomphé dans Gibraltar.

Le premier germe de cette idée doit appartenir à l'amiral Black, qui, sous Cromwell, reconnut l'importance de la position de Tanger pour contenir les pirates barbaresques; mais, quel qu'en soit l'auteur, Charles II la réalisa dès le début de son règne, et ne négligea rien pour la rendre utile au commerce de ses sujets. Tanger fut fortifié de nouveau, et son port considérablement agrandi. Le gouverneur milord Bellassize avait aussi profité des dissensions qui, depuis un demi-siècle, troublaient l'empire du Maroc; il avait étendu l'influence anglaise dans l'intérieur, et conclu une alliance offensive et défensive avec l'alcaïde Gailand, chef morabite, qui avait usurpé le trône de Fez. Mais la France, comme nous l'avons vu, s'était alliée au chef Muley-Arxid; et celui-ci, ruiné d'abord par la guerre, s'était retiré chez les tribus

---

(1) Louis XIV disait en 1665 « que l'Angleterre et la Hollande ne pouvaient pas plus se joindre ensemble contre une troisième puissance que l'eau et le feu ne pouvaient s'unir, à cause de la prétention opposée que chacune d'elles avait de se rendre maîtresse de tout le commerce du monde, à l'exclusion de l'autre. » (Voy. *Histoire de la succession d'Espagne*, par M. Mignet, t. I, 2ᵉ partie, p. 326.)

indépendantes voisines des îles Zaffarines. C'est de là qu'il préludait au rétablissement de sa fortune, quand l'alliance de Louis XIV se présenta. Il s'empressa de la faire annoncer partout, et en retira un tel ascendant sur ses ennemis, que la vieille ville de Fez reconnut aussitôt son autorité; la nouvelle ville lui fut bientôt après abandonnée par Gailand, le 14 juin 1666 (1).

Ce chef morabite une fois vaincu, les Anglais n'osèrent plus sortir de leurs retranchements de Tanger. Ils essayèrent alors de renouer la paix; et à l'avénement de Muley-Ismaël ils envoyèrent vers ce prince milord Howard, avec de riches présents. Cet envoyé était déjà parti de Tanger pour se rendre directement à Méquinez, quand les Maures s'avisèrent de craindre les remarques que l'Anglais pourrait faire sur leur pays en prenant la route de l'intérieur. Muley-Ismaël ordonna même à l'ambassadeur de venir le joindre en passant par Salé. En réponse à ce mauvais procédé, et au lieu de se rendre à ce port, milord Howard demanda d'en retirer les gens et les bagages qu'il y avait déjà envoyés. Muley-Ismaël, dont l'ambassade avait d'abord flatté l'orgueil, lui accorda cette permission, et depuis lors repoussa toutes les avances de l'Angleterre.

En 1678, le gouverneur d'Alcassar, Amar-Hadou, prit l'initiative contre les Anglais, et alla inquiéter les environs de Tanger. Il y enleva quatre

(1) *Relation du voyage de Roland Fréjus en Mauritanie, fait par ordre du roi en 1666*, p. 126, 154, 190 et 252, et *passim*; Paris, 1670.

petits forts, dont il tua ou fit la garnison prisonnière; un canon de bronze, marqué aux armes de D. Sébastien de Portugal, fit partie du butin.

L'année suivante, le bruit courut dans le Maroc que Louis XIV armait cinquante vaisseaux de guerre, et en conduisait plusieurs autres chargés de pierre et de chaux pour venir bâtir un château à Alcassar-Seguer près de Tanger, à l'embouchure du détroit de Gibraltar; et l'on ajoutait que ce n'était là qu'un prélude d'un débarquement plus considérable pour l'année d'après. A cette prétendue nouvelle, Fez et Méquinez envoyèrent aussitôt des troupes qui servirent au gouverneur d'Alcassar pour aller investir Tanger. Dans ce nouveau blocus, Amar-Hadou prit encore deux autres petits forts et un canon de bronze. Mais une vigoureuse sortie de la part des Anglais lui ayant fait perdre plus de 4,000 hommes, il fut encore obligé de lever le siége. Il revint à la charge en 1680, et cette fois investit le fort Charles, le sépara de la ville par des tranchées régulières dirigées peut-être par des ingénieurs européens, l'attaqua par la mine, et essaya vainement de le faire sauter. La garnison, exténuée de faim et de fatigues, résolut bravement de périr ou de pénétrer jusqu'à Tanger, qui ne lui envoyait aucun secours. Elle essaya de franchir les tranchées; mais elle périt presque tout entière dans la sortie.

En cette circonstance parut à Londres un excellent travail sur les secours que Tanger avait déjà offerts à l'Angleterre, sur les services qu'il pourrait lui rendre, si on le mettait en meilleur état;

enfin sur le mal que ce poste pourrait lui faire, s'il tombait au pouvoir d'un prince aussi puissant que Muley-Ismaël (1). Cet opuscule exprimait toute la pensée du duc d'York, depuis Jacques II, dont on connaît le zèle patriotique pour la prépondérance de la marine anglaise; mais le parlement, révolté de la dissipation scandaleuse des finances, se méfiait, à cette époque, de toute demande de subsides; et il refusa de voter les fonds nécessaires à l'entretien de Tanger.

Inaccoutumés à la guerre de surprise que leur faisaient les Maures, et constamment assiégés par eux, les Anglais résolurent alors l'abandon d'une place dont l'entretien onéreux ne leur avait offert aucune compensation. Les Portugais firent aussitôt tous leurs efforts pour rentrer en possession d'une ville qu'ils avaient toujours regardée comme un des plus beaux fleurons de leur couronne. Il s'agissait aussi d'empêcher qu'elle ne redevînt un repaire de pirates barbaresques : c'était l'intérêt général de la chrétienté; mais l'égoïsme politique des Anglais fut inflexible. Ils quittèrent Tanger en 1684, après en avoir ruiné le port et les fortifications. Les Maures s'en ressaisirent aussitôt, et le repeuplèrent; et ce fut pour eux un véritable triomphe, qu'ils célébrèrent par des fêtes et de grandes démonstrations de joie (2).

Cet abandon, dernier acte de la vie politique de Charles II, montra d'un côté combien l'alliance du

(1) *A Discourse touching Tanger*; Londres, 1680, in-12.
(2) *Historia de Tangere*, for don Fernando de Menazès; Lisboa, 1732, p. 281.

Portugal avait jusqu'alors peu servi les Anglais, et de l'autre ne laissa aucun doute sur la décadence de leur commerce. C'est dire aussi sous ce dernier rapport que la suprématie maritime était acquise à la France sur tous les bords de la Méditerranée. Toutefois l'Angleterre ne perdait pas de vue ses projets; et vingt ans après, en 1704, Gibraltar devait remplacer Tanger.

Quant aux possessions des Espagnols sur les rivages du Maroc, elles ne furent pas mieux respectées par Muley-Ismaël. Ce prince recherchait alors l'alliance de la France, pour leur enlever la dernière place importante qu'ils y occupaient. Il leur avait déjà pris sur l'Atlantique la Mamora en 1681, et Larache, après deux ans de siége, en 1689; mais Ceuta lui importait surtout comme l'une des clefs du détroit; et les Maures attachaient tant de prix à sa possession, que, ne pouvant l'attaquer par mer faute de marine militaire, ils l'assiégèrent par terre vingt-six années durant. Ce n'est qu'en 1720, lorsque Philippe V eut envoyé contre eux le marquis de Lède, que, forcés dans leurs propres retranchements, ils renoncèrent à une entreprise qui leur avait déjà coûté 100,000 hommes. Tant d'efforts dépensés inutilement sont toutefois significatifs. Ils nous montrent le but constant de Muley-Ismaël de chasser les chrétiens de cette partie de l'Afrique, et nous expliquent la vie de ce prince, tout entière consacrée à relever la fierté musulmane, si longtemps courbée devant l'Espagne et le Portugal.

Quant à Louis XIV, il agit sagement en renonçant à l'idée qu'il eut peut-être, en 1666, de s'établir sur les côtes du Maroc. Il se contenta d'y entretenir des relations de commerce, sans y avoir aucun point d'occupation; et il n'en eut que plus de facilité pour y supplanter des rivaux, que leurs établissements précaires rendaient à la fois odieux et impuissants.

Cet avantage n'empêcha point nos relations avec le Maroc d'être soumises de temps à autre à de graves difficultés; parfois aussi elles furent interrompues par les courses de ses corsaires; mais ce ne fut jamais impunément. En 1680, par exemple, quatre ans avant l'abandon de Tanger par les Anglais, notre chef d'escadre, le chevalier de Château-Renaud, détruisit plusieurs corsaires de Salé, tint bloqué le commerce de ce port, et força Muley-Ismaël à lui demander une trêve. Ce prince en profita pour envoyer des ambassadeurs à Louis XIV, dont il venait d'éprouver la puissance sur mer, et dont il commençait dès lors à rechercher l'amitié. Les ambassadeurs du Maroc reçurent l'accueil le plus bienveillant à la cour de France, et furent honorés de toutes les marques de la munificence royale. Ils y conclurent et signèrent un traité de paix; et, en 1682, notre marine, qui les avait amenés en France, les reporta en Afrique avec de riches présents.

Ils y furent bientôt suivis par le baron de Saint-Amand, que Louis XIV envoyait pour faire ratifier le traité convenu. Cet ambassadeur français était en même temps chargé de riches et nombreux présents pour Muley-Ismaël, mais avec ordre de ne les donner qu'en son propre nom, parce que les ambassadeurs marocains, qui n'avaient amené que quelques tigres et quelques lions, en avaient eux-mêmes agi de la sorte. Ce fut en cette occasion que Muley-Ismaël, dont les mœurs étaient aussi peu connues en France que nos relations avec son empire avaient encore été peu fréquentes, donna les premiers indices de son caractère d'avarice, d'inhumanité et de mauvaise foi. Il fit toutes sortes de bons traitements au baron de Saint-Amand, pour en tirer les présents dont il fit paraître dès les premiers jours beaucoup de désir et de curiosité; il le rendit ensuite témoin de son atroce cruauté, en tuant lui-même en sa présence quelques-uns de ses esclaves, ce qui d'ailleurs était un de ses passe-temps les plus ordinaires. Enfin, il refusa au sieur de Garsan, écuyer de Louis XIV, la permission d'acheter des chevaux, qui sont d'une beauté et bonté parfaite dans le Maroc; et, désavouant tout ce que ses ambassadeurs avaient fait en France, il renvoya M. de Saint-Amand sans vouloir ratifier le traité, objet de sa mission (1).

Ce traité, néanmoins, ne laissa pas d'être exécuté par cet empereur durant les premières années. Le commerce de Maroc y trouvait du bénéfice; et d'ailleurs les corsaires de Salé étaient ré-

---

(1) Voir le journal manuscrit de Saint-Olon, t. Ier. Nous citerons ici pour mémoire le *Voyage du baron de Saint-Amand*, in-12, *Lyon*, 1696; pitoyable récit sans nom d'auteur, fait après coup, et publié sans doute pour profiter de l'intérêt que la relation de Saint-Olon, imprimée en 1695, avait donné à tout ce qui concernait le Maroc.

duits à l'impuissance. Mais dès qu'ils se furent rétablis des pertes que nos marins leur avaient fait éprouver, ils ne manquèrent pas de prétextes pour recommencer leurs pirateries. Ce qu'il y eut alors de particulier dans nos relations avec le Maroc, et ce qui d'ailleurs s'est constamment renouvelé, c'est que notre commerce direct avec cet empire, non-seulement ne fut pas troublé par les courses de ses corsaires, mais continua de trouver à Salé, et dans les autres ports, la même protection et les mêmes avantages qu'en pleine paix. Nous en avons déjà donné la raison à propos des relations des Portugais avec cet empire. Celui-ci, comme nous l'avons vu, puisant toutes ses ressources dans le commerce, avait besoin de l'exportation de ses produits, comme de l'importation de ceux de l'Europe. Il était donc naturel que les Maures laissassent arriver nos marchandises, pour nous vendre les leurs. Mais il est curieux en même temps de voir pratiquer par le Maroc ce principe à peine compris de nos jours, que la guerre entre deux puissances ne doit interrompre ni troubler le cours des transactions privées entre leurs citoyens.

Cette situation alternative de guerre et de commerce dura jusqu'en décembre 1691, où Muley-Ismaël, instruit des nouveaux succès de nos armes, essaya le premier de renouer les bonnes relations, et, donnant les espérances les plus positives de conclure un traité, écrivit à Louis XIV en l'appelant *le plus grand des rois et princes chrétiens*.

« La principale affaire à traiter, lui disait-il,

en dissimulant sa véritable pensée, concerne les esclaves de votre nation qui sont chez nous, afin de faire l'échange d'un chrétien contre un Maure, tête pour tête. Nous ne demandons que ceux de Salé et de Rabat, de Tétouan, de Fez, d'Alcassar et de Méquinez, qui ont été pris depuis dix ans. Quant à ceux pris auparavant, ou qui appartiennent à d'autres villes, nous ne nous soucions pas d'en traiter. »

Comme nous le verrons bientôt, l'échange des esclaves, qui paraît ici l'unique objet de la pensée du sultan, était la moindre de ses préoccupations ; et sa lettre n'avait d'autre fin que d'offrir une ouverture à de nouvelles négociations qu'il espérait faire tourner au profit d'une politique plus sérieuse. C'est ce qui résultera de l'examen des pièces diplomatiques rédigées en cette circonstance par notre ambassadeur, et dont il convient de connaître à l'avance la conclusion ; car la connaissance du but nous permettra mieux d'apprécier l'emploi des moyens.

Et d'abord la nouvelle négociation échoua complétement à son tour comme celle du baron de Saint-Amand. Louis XIV semblait donc à jamais déçu de l'espoir d'obtenir dans le Maroc cette prépondérance commerciale qu'il ambitionnait partout pour la France. Il n'en fut pourtant pas ainsi ; car ces deux dernières ambassades y avaient déposé un germe qui se développa plus tard. Muley-Ismaël, d'abord sans aucun égard pour ses promesses, avait rejeté brusquement un traité qui ne répondait point aux vues secrètes de sa politique, et dont l'utilité lui paraissait d'autant plus précaire qu'il savait l'Europe prête à lutter de nouveau contre Louis XIV. Excité ensuite par les agents du prince d'Orange, il était allé, en 1696, jusqu'à menacer de mort le consul français de Salé. Mais plus tard, en 1699, après l'issue de la grande querelle terminée à Riswick, et lorsque la guerre ou la diplomatie sanctionnait dans toute l'Europe la fortune du grand roi, il lui envoya un ambassadeur pour conclure une alliance sans réserve, et qui noua, pour la première fois, des relations durables entre la France et son empire. C'est alors que Muley-Ismaël, en quelque sorte ébloui par le soleil de Louis XIV, et par les merveilles qu'il avait entendu raconter de sa cour, se prit d'une singulière idée qui a passé pour fabuleuse, et qui devrait toujours passer pour telle, si elle n'était prouvée de la manière la plus authentique par les pièces officielles qui terminent le journal de Saint-Olon. Je veux parler de la demande en mariage que ce prince fit sérieusement de l'aimable princesse de Conti, dont l'ambassadeur marocain, à son retour de France, lui avait fait un portrait séduisant. Cet ambassadeur avait eu occasion de voir plusieurs fois la fille naturelle de Louis XIV et de mademoiselle de la Vallière, et l'avait surtout admirée dans un bal donné au Palais-Royal par le prince Philippe d'Orléans. Le souvenir qu'il conserva de sa beauté, de ses gracieuses manières, de ses talents pour la danse et la musique, et l'éloge qu'il en fit à Muley-Ismaël, déterminèrent l'incroyable démarche de ce prince.

Sa demande, comme on le pense bien, égaya la cour de France, et donna lieu à des pièces de vers regardées jusqu'ici comme des énigmes sans mot, mais dont nous trouvons enfin la clef. Quant à Louis XIV, il répondit adroitement que la différence de religion s'opposait seule au mariage demandé; et, ménageant ainsi la fierté de son nouvel allié, il termina le curieux incident qui se présente comme un conte des *Mille et une Nuits* dans l'histoire de nos relations diplomatiques.

Quelque peu important que soit ce fait en lui-même, il offre pourtant autre chose qu'un intérêt de curiosité; car il représente aussi l'opinion extraordinaire qu'un des plus fameux descendants de Mahomet a pu concevoir du roi de France. C'est à ce dernier titre qu'il sera exposé dans tous ses détails, comme un des résultats de la politique générale de Louis XIV à l'égard des princes musulmans. Ce monarque, qui leur accordait avec un rare bon sens la part qu'exigeait leur intraitable orgueil, ne leur laissa jamais amoindrir l'honneur de sa couronne pour obtenir en échange quelque avantage matériel, comme faisaient alors la plupart des autres puissances chrétiennes; mais la considération dont il s'entourait le conduisit bientôt à la conquête des mêmes intérêts qu'il semblait d'abord avoir mis en seconde ligne, et elle finit même par lui assurer un ascendant dominateur dans toutes les affaires des races musulmanes. C'est ainsi que, dans nos premières relations avec Muley-Ismaël, l'égalité que le fanatisme musulman refusait obstinément à des chrétiens dans le cérémonial et la solennité des audiences fut constamment obtenue par la fermeté de Saint-Olon ; et cet avantage moral devint ainsi, aux yeux des Marocains, la preuve irrécusable de notre supériorité en Europe. C'est par ce même motif qu'il fut constamment réclamé par nos agents diplomatiques, non-seulement dans le Maroc, mais à Constantinople et dans tout le Levant. Aussi la France, qui alors était presque toujours seule à faire respecter le nom chrétien, fut-elle largement récompensée de sa noble et généreuse politique. Elle obtint la domination presque exclusive de la Méditerranée, et cette prépondérance incontestée dans les affaires de l'Afrique et de l'Orient, qui doit être de nouveau l'objet de tous nos efforts, comme il est le but providentiel de notre civilisation.

CHAPITRE QUATRIÈME.

Ambassade de Pidou de Saint-Olon. — Examen de ses pièces diplomatiques. — Fautes qu'il commet dans la négociation du traité. — Il échoue dans sa mission.

Après avoir déterminé la situation générale du Maroc à l'égard des puissances chrétiennes, et fixé le but des négociations de Louis XIV avec Muley-Ismaël, il est temps d'examiner la mission de Saint-Olon. Cette mission avait deux objets : d'abord l'échange des esclaves, proposé par la lettre du prince musulman; ensuite la conclusion d'un traité de paix où devait entrer une alliance défensive contre les Algériens, qui, excités contre nous par les agents du prince d'Orange, exerçaient alors les plus grands ravages dans notre marine marchande. Quant aux détails sur le rachat des esclaves, ils n'offrent plus maintenant qu'un pur intérêt historique.

Mais la discussion du traité de paix entre Saint-Olon et l'empereur de Maroc ou son ministre, mérite toute notre attention; car c'est là qu'est l'intérêt d'application pour notre époque. Il y a une leçon d'autant plus utile à mettre à profit, que notre ambassadeur n'avait nullement prévu la véritable difficulté d'une alliance entre chrétiens et musulmans, et que des discussions de même nature peuvent d'un moment à l'autre se renouveler pour nous. Remarquons aussi que, dès qu'elles se renouvelleront, ce sera avec une circonstance nouvelle très-importante; car le traité de paix sous Louis XIV ne pouvait s'exécuter que par mer, tandis qu'aujourd'hui il devra aussi s'exécuter par terre. Nos points de contact se trouvant ainsi multipliés avec le Maroc, on sent combien il est urgent d'en faire des points de conciliation, et d'éviter avec les musulmans tout ce qui pourrait provoquer le froissement de prétentions irréconciliables.

C'est le 14 janvier 1693 que Louis XIV donna ses instructions à Saint-Olon, son gentilhomme ordinaire. Il lui recommanda d'abord d'agir avec beaucoup de circonspection, et, en se méfiant de la parole des Maures, de se servir de tout ce qu'il y avait de réel dans les dispositions manifestées par l'empereur de Maroc, pour en tirer tout l'avantage possible en faveur du commerce, de la sûreté de nos vaisseaux et de l'exportation des marchandises du royaume. C'est dans ce but que le nouvel ambassadeur devait faire ratifier le traité de paix pour lequel le baron de Saint-Amand avait été envoyé vers l'empereur de Maroc en 1682; traité qui, bien qu'il n'eût pas été sanctionné par ce prince, fut pourtant exécuté de fait jusqu'en 1686, où il avait été rompu par les Marocains, sur la *fausse nouvelle* que Louis XIV avait résolu de faire bombarder le port de Salé. Cette rupture n'avait pourtant pas empêché les Maures de tolérer le commerce français, à cause des avantages qu'en retiraient leurs douanes en percevant 10 pour cent sur les marchandises. Tels étaient les principaux faits dont l'appréciation devait servir à résoudre les difficultés du traité de paix et de commerce, mis de nouveau en question.

Quant à l'article préliminaire des esclaves, le seul pour lequel Muley-Ismaël avait fait des difficultés dans la confirmation de l'ancien traité de 1682, Saint-Olon verra, disait Louis XIV, qu'il avait été convenu un rachat réciproque des Français retenus dans les États de Maroc et des sujets de ce prince qui sont sur nos galères, moyennant cent écus pour chacun. Cette condition semblait très-avantageuse, parce qu'on était certain pour ce prix de retirer les Français esclaves; et qu'à l'égard des Maures, l'embarras d'envoyer un bâtiment pour les prendre, et l'argent qu'ils ne peuvent se résoudre à donner, faisaient espérer qu'il s'en rachèterait peu et qu'ils resteraient sur les galères : ce qui serait un service considérable, puisque la sortie de ces Maures ne pouvait manquer d'affaiblir les chiourmes.

En cas de non réussite pour cet article, ce qui paraissait probable, continuent les instructions, Saint-Olon devait traiter de l'échange général de tous les esclaves sans avoir égard au nombre, ou bien d'un échange tête par tête, le premier parti étant toutefois plus avantageux, car il y avait un plus grand nombre de Français prisonniers dans le Maroc que de Salétins sur les galères. Ces derniers étaient au nombre de 233, et les autres environ 400; mais il se trouva plus tard que parmi ces derniers plus d'un tiers étaient morts. Tels étaient les calculs de Louis XIV, et de prime abord ils semblent avoir été mal habiles en insistant autant sur l'article des prisonniers, puisque Saint-Olon y devait échouer contre l'entêtement ou plutôt contre l'équité du roi de Maroc, qui voulait l'échange tête par tête; mais en y réfléchissant, on voit qu'il était de l'intérêt de notre commerce de ne racheter ses prisonniers qu'aux conditions les plus mauvaises possibles pour les Maures. Car c'étaient les bénéfices qu'ils faisaient sur la rançon ou l'échange des captifs qui le plus souvent les faisaient aller en course contre les Portugais, les Espagnols, et autres nations commerçantes; et il importait de convaincre de bonne heure ces barbares qu'il n'y avait aucun profit de ce genre à faire sur le pavillon français. Après ces instructions relatives aux esclaves et d'autres particulières au commerce, Louis XIV prescrivait enfin les renseignements à prendre sur le territoire, l'état social, le gouvernement, la religion, etc., des royaumes de Fez et de Maroc, « dont une relation exacte devait lui être remise au retour. »

Dans ces instructions on ne remarque qu'une lacune, mais elle est grave, car c'est l'oubli d'une mention spéciale touchant la religion, d'où découlent tous les principes régulateurs de la société musulmane. La religion n'étant en effet mentionnée qu'en général et pour mémoire, comme matière ordinaire d'observations morales, prouvait que son importance fondamentale n'était nullement comprise de Louis XIV et de ses ministres; et nous verrons ce qui en résulta dans la discussion du traité d'alliance. Quant à Saint-Olon, il ne négligea rien, au point de vue politique, pour avoir l'intelligence complète de la mission qui lui était confiée; et il demanda des éclaircissements, dont deux méritent d'être rappelés, car ils se rattachent à la politique générale de l'Europe. Le premier concernait ce qu'il aurait à répondre si on lui faisait quelques propositions touchant l'Espagne, Tanger, etc. Il lui fut recommandé d'écouter les propositions qui lui seraient faites, et dont il se chargerait de rendre compte à Sa Majesté pour en attendre les ordres. Ce point était essentiel à prévoir; car c'était là précisément un des principaux motifs qui devaient faire agir Muley-Ismaël.

Le second éclaircissement avait rapport à un ambassadeur du prince d'Orange, qu'on disait se trouver à Maroc. A ce sujet, il fut recommandé à Saint-Olon de « n'avoir aucun démêlé avec les envoyés de ce prince, dont le chargé d'affaires auprès de Muley-Ismaël était un juif sans caractère. Mais dans le cas où le prince d'Orange aurait tout autre agent, l'envoyé de France devait, en toute occasion de cérémonie, prendre le pas sans difficulté; car l'empereur de Maroc ne pouvait qu'appuyer cette préséance, sachant bien que Sa Majesté était reconnue dans tout le Levant pour le premier et le plus grand de tous les princes chrétiens. » Muni de ces instructions en quittant la France, Saint-Olon débarqua le 5 mai 1693 dans la baie de Tétouan, où le sieur Estelle, consul de France à Salé, était venu le joindre, et lui apporter le passe-port du roi de Maroc. Ce consul était chargé d'éclairer de toutes ses lumières et de faciliter, par la connaissance qu'il avait du pays, la mission de Saint-Olon touchant les intérêts du commerce français dans le Maroc, et les moyens de le développer en sûreté.

Nous ne suivrons pas l'itinéraire de l'ambassade, laquelle, pour se rendre auprès de Muley-Ismaël à Méquinez, devait traverser la fameuse plaine d'Alcassar, champ de bataille où, en 1578, périrent dans un même jour don Sébastien de Portugal et les deux rois musulmans, dont l'un était son auxiliaire et l'autre son ennemi.

Il suffit de rappeler que Saint-Olon arriva en Afrique au moment où l'empereur de Maroc faisait réunir 12,000 hommes avec de grands préparatifs d'armes, de tentes et autres munitions de guerre. Le général de ce prince, l'alcaïde Aly-ben-Abdala, gouverneur de Tétouan, après divers entretiens avec le nouvel ambassadeur sur le projet d'alliance qui l'amenait, et auquel les Anglais et les Espagnols s'efforçaient, disait-il, de mettre obstacle, insista vivement sur les prétendus avantages qui résulteraient pour la France si l'Espagne était privée de la place de Ceuta, poste si important sur le détroit; et il en concluait que, pendant que l'empereur de Maroc assiégerait cette place par terre, l'empereur de France devait envoyer une armée de mer, ou du moins des ingénieurs déguisés pour diriger le siége et des bombes pour presser vivement l'ennemi. De vagues promesses de consentir à cet arrangement, si le traité de paix était conclu avec l'empereur de Maroc, furent la réponse de Saint-Olon, qui partit bientôt après, au commencement de juin, à Méquinez.

« Muley-Ismaël, dès qu'il m'eut aperçu de loin, dit alors Saint-Olon, descendit de cheval et se prosterna la face en terre, pour rendre grâce à Dieu de ce que les chrétiens venaient le voir dans son pays. On me fit descendre à son approche; et quand il fut à portée de me parler, il s'arrêta, et me fit dire en espagnol que j'étais le bien venu, qu'il me voyait volontiers; et que, sachant l'union qui existait entre le Grand Seigneur et l'empereur mon maître, qu'il reconnaissait pour le plus grand des princes chrétiens, il voulait aussi se lier d'amitié avec Sa Majesté. »

N'oublions pas que dès ses premières paroles, comme plus tard dans ses entretiens particuliers, Mulay-Ismaël porte son attention sur l'alliance de la France avec l'empire ottoman.

Dans la réponse qu'il fit au compliment officiel où notre ambassadeur lui parlait au nom de Louis le Grand, le très-chrétien empereur, il s'étendit sur l'éloge de Louis XIV, et sur la différence considérable qu'il en faisait d'avec tous les autres princes de l'Europe. Il parla aussi de ces derniers, ajoute Saint-Olon, en homme qui affectait d'être bien instruit. « Il dit que l'empereur d'Allemagne n'était que le compagnon de ses électeurs; que le roi d'Angleterre était l'esclave de son parlement ; que le roi d'Espagne n'était qu'un enfant soumis à la conduite des femmes; que les autres princes chrétiens n'étaient souverains qu'en apparence; et qu'il ne connaissait que l'empereur de France qui le fût en effet, et sût comme lui (car il veut toujours s'y comparer) régner par soi-même, et se rendre l'arbitre absolu du sort de ses peuples et de leurs volontés. Après quoi, répétant ce qu'il avait déjà dit de l'amitié qu'il savait être établie depuis longtemps entre l'empereur mon maître et le Grand Seigneur, il ajouta que tous ces motifs, joints à l'estime qu'il avait toujours faite des grandes qualités de Sa Majesté, l'avaient si fort excité à rechercher son amitié, qu'outre ce qu'il lui en avait fait témoigner par le consul Estelle, il avait été sur le point de la lui envoyer demander par des ambassadeurs, si j'eusse tardé plus longtemps à arriver. »

Saint-Olon lui fit alors connaître l'objet de sa mission; qui était de conclure une paix, dont les conditions étaient conformes à celles qui avaient déjà été réglées en France, par les ambassadeurs de Maroc, en 1382.

Muley-Ismaël répondit que telle était aussi son intention; qu'il voulait faire une bonne paix, et chargeait Méhémet-Adou, son cousin, d'en régler les conditions : ajoutant qu'il le regardait comme un autre lui-même; et que celui-ci étant fils d'une Française (la mère était Marseillaise), l'ambassadeur français était sûr de trouver en lui toutes sortes de facilités et de bonnes dispositions.

Arrivant enfin à une autre de ses pensées les plus intimes, « il parla de l'inimitié commune à sa nation et à la nôtre contre les Espagnols, de leur décadence politique, et de l'avantage que la conquête de leur pays apporterait à l'empereur mon maître; et, s'étendant sur cette matière avec des termes de mépris et de chaleur contre eux pendant plus d'un quart d'heure, il ajouta qu'il voulait aussi contribuer pour sa part à leur ruine, et que l'empereur de France ne devait pas lui refuser les mêmes secours qu'il donne au Grand Seigneur contre ses ennemis, puisqu'à l'imitation de Sa Hautesse, il voulait aussi se lier d'amitié avec lui. »

De ce langage diplomatique il résultait deux faits : le premier, que l'empereur de Maroc avait constamment présent à sa pensée l'empereur de Constantinople; car, appartenant à une secte opposée dans la religion musulmane, il se proclamait, à l'exemple de ce dernier, l'unique prince des vrais croyants, et ne voulait pas rester dans ses alliances en arrière de son coréligionnaire, qui était aussi son rival dans les prétentions au kalifat. De là le désir de l'imiter, qui, mêlé à l'intérêt politique, le portait à s'allier avec Louis XIV, pour constater aux yeux du roi de France son égalité religieuse, et son indépendance entière à l'égard du Grand Seigneur. Or, voilà ce dont Saint-Olon n'eut pas le soupçon le plus léger (1). Oubliant

(1) Saint-Olon montra dans son ambassade la noble fierté que nos ambassadeurs mettaient dans toutes leurs démarches pour donner une haute idée de la puissance et de la majesté

ou ignorant l'histoire de l'islamisme, et l'opposition des grands schismes qui l'avaient divisé, il ne vit pas tout ce qu'il y avait à mettre en jeu dans l'âme d'un sectaire, et combien cette première pensée déterminante de Muley-Ismaël lui offrait un moteur sûr et peut-être tout-puissant pour le succès de ses négociations. Mais il aurait d'abord fallu savoir le prix que l'empereur du Maroc attachait à être regardé comme chef des vrais croyants; il aurait fallu être initié à toutes les questions religieuses qui dominent l'état politique des musulmans ; et Saint-Olon ne paraît pas en avoir bien connu une seule. Du moins comprit-il le second motif de Muley-Ismaël, c'est-à-dire l'intérêt qu'avait ce prince à s'allier avec Louis XIV contre les Espagnols maîtres de Ceuta, et à les considérer comme ennemis communs du Maroc et de la France. « J'allai voir sur le soir, ajoute-t-il, Muley-Zidam, qui me demanda d'abord si le roi son père m'avait parlé de Ceuta : ce qui fait voir combien cette entreprise lui tenait à cœur. »

de Louis XIV. Mais, pas plus que ce prince, il ne comprit le grand moteur des idées religieuses chez les musulmans ; ses observations à cet égard sont tout ce qu'on peut concevoir de plus superficiel, et quelques expressions de critique plus moqueuse qu'intelligente annoncent déjà l'esprit négatif du XVIIIe siècle. En parlant des *marabouts* ou *tables*, prêtres maures, « ils sont, dit-il, entretenus par les Arabes, et vivent fort grassement, fort oisivement, aux dépens de ces misérables, qui tiennent à bonheur de pouvoir leur donner pendant leur vie ou après leur mort. On peut justement comparer leur demeure et leur fondation à nos abbayes, prieurés et chapelles. »

Remarquons ici que ce même intérêt pourrait d'abord faire douter de la sincérité de l'opinion que le Marocain, aussi fourbe qu'orgueilleux, exprimait sur la puissance formidable de Louis XIV, si cette sincérité n'avait d'ailleurs sa preuve irrécusable dans des actes importants et officiels : je veux parler des conditions réglées pour le rachat des esclaves français, et qui ne laissent aucun doute sur la conviction où était Muley-Ismaël de la haute prépondérance de Louis XIV en Europe. Le fanatisme intraitable de ce prince était forcé de nous proposer sur le pied de l'égalité l'échange des prisonniers, tandis qu'il imposait les conditions les plus dures, et parfois les plus humiliantes, aux Espagnols, aux Portugais, aux Hollandais, et même aux Anglais.

Ainsi les Espagnols, en avril 1693, conclurent, avec Muley-Ismaël, un traité d'échange des esclaves faits à la prise de Mamora et de Larache, d'après lequel ils rendirent quatre Maures pour un Espagnol, et deux Maures valides pour un Espagnol invalide (1). Il faut dire aussi, comme compensation, que les Espagnols avaient le mérite particulier d'entretenir à Méquinez un hôtel desservi par leurs religieux. Ce monument, qu'ils avaient fait bâtir, et auquel le roi d'Espagne donnait deux mille écus tous les ans, pouvait contenir cent malades, et offrait de grandes ressources à tous les chrétiens qui se trouvaient en ce pays.

Quant au rachat des Hollandais, il fut conclu,

(1) Voir tome 1er du journal manuscrit de Saint-Olon.

en 1698, sur le pied de huit cents écus et un Maure pour chacun de leurs esclaves. Mais déjà, en 1694, les États-Généraux avaient envoyé au roi de Maroc plus que celui-ci ne leur avait demandé en échange; aussi ne faut-il pas s'étonner si ce prince s'était montré si exigeant dans les conditions du rachat postérieur (1).

La hausse ou la baisse dans le prix des esclaves indiquait toujours le degré d'insolence et de mépris que les Marocains avaient pour les nations chrétiennes. C'était comme le thermomètre de la terreur qu'ils inspiraient; mais Louis XIV sut le faire descendre au-dessous de zéro. Il fut le seul monarque qui ne donna aucune prime d'encouragement à la piraterie, qui la força plusieurs fois à demander des pardons humiliants, et, en temps de paix, la contint pour le moins sur le pied d'égalité respectueuse.

Quant à la discussion des articles du traité, elle devait avoir lieu, comme nous l'avons dit, entre Saint-Olon et le ministre du sultan. Mais l'ambassadeur français ne fut pas plus heureux auprès de celui-ci qu'il ne l'avait été dans ses entretiens avec Muley-Ismaël; et il ne put rien conclure, ni pour le rachat des esclaves, ni pour une alliance dont la condition aurait été une défense réciproque contre les Algériens et les autres Turcs barbaresques. Pour ce dernier objet, disait le ministre du sultan, *cela était entièrement contraire à la loi,* c'est-à-dire au Coran. Des musulmans, en effet,

---

(1) Tome II du même journal.

ne pouvaient en principe s'engager à défendre des infidèles contre d'autres musulmans. Toutefois, Saint-Olon n'avait qu'à se placer sur ce terrain, pour dire à son tour que les Français ne pouvaient pas davantage s'allier aux musulmans contre les chrétiens espagnols; et que si l'on tenait à cette dernière alliance, si Muley-Ismaël la croyait possible, il n'avait qu'à accepter aussi l'alliance contre les Algériens; car celle-ci, grâce aux ravages que ces pirates faisaient alors dans notre marine marchande, n'importait pas moins à la France que l'autre à l'empire du Maroc. Mais Saint-Olon négligea de se placer sur le terrain commun de la discussion, et, préoccupé des idées européennes sur la nature de nos alliances offensives et défensives, où il n'est question que du sort matériel des peuples, il ne comprit pas la portée religieuse de la réponse qui lui était faite. Aussi usa-t-il vainement toute son éloquence et sa logique politique, contre un argument dont il ne soupçonnait pas l'origine. Il attaqua le point de départ du traité par le côté inattaquable, comme dans ses entretiens avec Muley-Ismaël il l'avait laissé s'échapper précisément par le seul côté où il eût été facile de le saisir. Faute d'un point de départ commun, les raisons de part et d'autre se croisèrent sans se rencontrer; et les négociateurs, dirigés par des principes tout différents, en croyant s'appuyer sur la même base, ne purent s'entendre sur l'article de l'alliance mutuelle contre les Algériens, l'un des points essentiels du traité.

C'est alors que l'ambassadeur français dit au

ministre du sultan qu'il voyait bien que lui et son maître avaient changé de sentiment sur cette paix qu'ils avaient paru tant désirer; et comme il resserrait le traité, le musulman, dont la bonne foi n'était pas comprise, le pria de passer à un autre article, sauf à revenir au point contesté; mais ils y revinrent plus tard, sans pouvoir mieux s'entendre qu'auparavant. Or, à qui la faute, si ce n'est à Saint-Olon, qui s'obstinait à raisonner avec un musulman comme avec un chrétien, et oubliait que si la séparation du temporel et du spirituel, de la vie civile et de la vie religieuse, nous permet des alliances d'un ordre purement politique et matériel, il ne saurait logiquement en être ainsi avec les peuples que la religion essentiellement unitaire de Mahomet a saisis dans leur état barbare et convertis à sa robuste croyance.

La mission de Saint-Olon fut donc infructueuse, et uniquement par son peu d'intelligence de la société musulmane; mais il n'en est pas moins prouvé que Muley-Ismaël tenait à une alliance avec Louis XIV, dont la grandeur l'avait ébloui. Ce désir du sultan ne devait se satisfaire que quelques années après, et, comme nous l'avons dit, avec des circonstances assez curieuses. Il suffit de dire en ce moment que Muley-Ismaël étant prêt à partir pour une expédition contre ses sujets révoltés, Saint-Olon prit congé de lui.

De retour à Tétouan, cet ambassadeur y reçut une lettre de M. de Pontchartrain, auquel il avait déjà rendu compte de ses tentatives infructueuses auprès du sultan, et qui lui transmettait, de son côté, la réponse de Louis XIV. « Sa Majesté, disait-il, m'ordonne de vous expliquer que le principal objet qui l'a engagée à vous envoyer à Maroc étant la conclusion d'une paix à la faveur de laquelle les petits bâtiments français qui négocieront aux côtes du Portugal, ou ceux qui iront aux îles sans convoi, n'aient rien à craindre des corsaires de Salé, vous devez principalement vous appliquer à la traiter ; et comme la seule difficulté que vous y trouvez sera le rachat des esclaves, il faut entrer dans tous les expédients qui vous mettront en état de la surmonter. » Mais ce rachat, comme on l'a vu, avait été proposé d'abord de la manière la plus simple et la plus équitable par l'empereur de Maroc; et le désir de se faire la part du lion dans cet objet accessoire devait naturellement rendre plus difficile pour notre ambassadeur la discussion du principal.

Il n'y avait donc plus rien à tenter de nouveau. Saint-Olon avait complétement échoué auprès de Muley-Ismaël, faute de n'avoir pas compris les motifs pour lesquels celui-ci voulait s'allier au roi de France. C'est alors qu'il eut une dernière fois l'occasion de les apprécier. Retenu à Tétouan par l'alcaïde Aly-ben-Abdala, et ne pouvant se rembarquer, il fut obligé d'écrire à l'empereur de Maroc pour réclamer contre la violence qui lui était faite. Il en reçut, le 13 août 1693, une réponse favorable, dans laquelle Muley-Ismaël lui disait en finissant : « Lorsque vous avez été en notre présence, nous avons cru que c'était pour nous proposer quelque affaire de grande importance, comme vous faites avec le Grand Seigneur (cette affaire eût été la prise de Ceuta, qui ne pouvait avoir lieu qu'avec le concours d'une flotte française); mais nous avons vu que tout se réduisait à demander environ deux cents esclaves, qu'un simple marchand peut tenir et avoir en plus grand nombre. Nous n'avons pas voulu vous écouter pour tout le reste. »

Rendu à la liberté, Saint-Olon put se rembarquer le 22 août, avec quelques présents que l'alcaïde lui offrit de la part de son maître; et le 7 septembre 1693, il fut de retour à Toulon, où il trouva réunies les flottes du Levant et du Ponant, et où il apprit la grande victoire que le duc de Luxembourg avait remportée en Flandre sur le prince d'Orange.

CHAPITRE CINQUIÈME.

Vicissitudes que subit notre influence dans le Maroc après l'ambassade de Saint-Olon. — Arrivée de l'ambassadeur Ben-Aïssa, et son séjour à Paris. — Muley-Ismaël fait demander en mariage la princesse de Conti, fille naturelle de Louis XIV. — Lettre de Cassini aux astronomes de Fez et de Maroc.

Le départ de Saint-Olon avait laissé nos relations avec le Maroc dans le même état qu'avant son arrivée; c'est-à-dire que, bien qu'il n'y eût pas de traité signé, il y eut toujours des rapports de commerce, à cause de l'intérêt qu'y trouvait la douane de Muley-Ismaël. Toutefois, comme nos entreprises commerciales n'étaient que tolérées, elles furent plus d'une fois compromises par l'avarice et le caractère soupçonneux de cet empereur. Elles se maintinrent d'abord sur un pied très-favorable, grâce à un juif, nommé Maymoran, alors en faveur à la cour de Méquinez, et que notre consul avait su gagner. Mais ce favori avait à lutter contre l'influence de Ben-Ache ou Ben-Aïssa, amiral de Salé, ministre de la marine, et alors le plus important fonctionnaire de l'empire (1). Celui-ci,

(1) Voir dans le *Mercure* de 1699, numéro d'avril, p. 104,

en cherchant à nuire à nos intérêts, s'efforçait de rendre aux Anglais le service qu'il en avait autrefois reçu, lorsque, fait prisonnier, et après trois ans de captivité, il avait été renvoyé sans rançon par Jacques II. Les variations que ces deux influences contraires jetaient alors dans nos rapports avec cet empire se trouvent parfaitement indiquées dans la relation du voyage que notre consul fit de Salé à Méquinez, en avril 1696 (1).

Ainsi nous y voyons qu'à cette époque le triomphe de Ben-Aïssa parut un moment décisif. Muley-Ismaël, dit Estelle, voulait absolument faire la paix avec l'Angleterre et la Hollande; car l'agent du prince d'Orange, à l'aide de fausses nouvelles, était parvenu à lui faire croire que Louis XIV avait formé le projet de s'emparer de Tanger, et que son consul n'était qu'un espion qui l'informait de tout ce qui se passait dans le Maroc. La position de ce

la traduction des lettres patentes accordées à Ben-Aïssa pour sa charge d'amiral. Ben-Aïssa y est appelé par Muley-Ismaël « le plus grand de nos reys, le capitaine général et l'amiral surintendant de toute la marine, dont nous l'avons rendu maître absolu après Dieu très-haut..... Nous reposant sur Dieu et puis sur lui, lorsqu'il négociera et terminera des affaires avec toutes les nations chrétiennes; nous confiant entièrement en lui.... pour raison de ses anciens services, et parce qu'il est le plus habile et le plus capable de commander la mer. »

(1) Voir t. II du journal manuscrit de Saint-Olon. Le défaut de pagination de ce manuscrit nous empêche d'indiquer avec plus de précision les renvois; mais on peut y suppléer par l'ordre chronologique qui se trouve généralement observé dans ce recueil de pièces curieuses.

dernier devint alors on ne peut plus précaire; et il se vit même un instant sur le point d'être massacré par l'empereur. Avant que la rupture avec la France en arrivât là, le juif Maymoran avait essayé les moyens de conciliation; mais il reçut pour toute réponse que, s'il se mêlait de cette affaire, il était traître à Muley-Ismaël et aux Maures.

Quelques jours après, « ce prince, ajoute Estelle, m'envoya appeler par un de ses gardes; et je me mis en chemin, accompagné du major-dome, des pauvres esclaves françois, et de deux autres esclaves, dont l'un savoit très-bien la langue mauresque. En entrant dans le palais, tous les Maures que je rencontrois me demandoient si j'étois Estelle, à quoi les esclaves répondoient qu'oui; pour lors ils plaignoient mon sort : ce qui ne leur est guère ordinaire, attendu la hayne mortelle qu'ils nous portent. Enfin, la chose étoit si publique que le roy de Maroc me devoit couper la teste, qu'estant prez de ce prince, je m'aperçus que les esclaves mêmes qui estoient avec moy estoient plus morts que vifs. Je le trouvay à cheval dans une grande place de son palais, voyant travailler à la maçonnerie environ 200 pauvres esclaves. Dès que je m'approchay de luy, il demanda si j'estois Estelle; à quoy ses esclaves ayant répondu qu'ouy, il demanda aussitost son sabre et sa lance, et, après m'avoir regardé fixement, et sans me parler, pendant près d'un quart d'heure, il me dit que j'estois un bon chrestien, et s'en alla. L'alcayde Ameth-Adou me dit d'attendre, et me donna deux gardes pour m'empescher d'estre insulté par les Maures, et surtout par les noirs, qui sont la plus maudite canaille du monde.

« Un moment après, cet alcayde vint me prendre, et m'emmena à un endroit où je trouvay le roy assis sur un mur, d'où il en voyoit abastre un autre. Quand je fus tout prez de luy, il me fit demander par un renégat espagnol qu'est-ce que je faisois dans son pays; je lui fis répondre que je lui faisois valoir ses ports de mer, et y assistois les marchands françois en tout ce qui m'estoit possible. Je lui fis ensuite un détail de tout ce qui regardoit mon ministère; et après qu'il l'eut entendu, non pas comme je le disois, mais seulement en partie, à cause des signes que l'alcayde Ameth-Adou-Atard faisoit au truchement, il me demanda quelles preuves je lui donnerois de tout cela; je luy fis répondre que le gouverneur du port de Salé et les marchands chrestiens qui y sont establis en seroient garants. A quoy il répondit que les marchands françois qui estoient dans ses ports ne luy faisoient venir que des épingles, aiguilles, papier et autres drogues semblables, qui ne luy produisoient pas plus de 4 à 500 escus de bénéfice tous les ans; sur quoy je luy fis connoistre que nos marchands françois luy apportoient dans ses royaumes des toilleries, draperies, soieries, et généralement tout ce qui estoit nécessaire en ce pays, venant de chrestienté; que, depuis cinq mois, par exemple, il avoit abordé à Salé douze bastiments françois qui luy avoient rendu plus de vingt mille escus du droit de 10 pour cent; ce qui l'estonna.

« Je poursuivis, en lui donnant le rosle de tout ce que ces bastiments avoient apporté et rechargé en ce pays : ce qui luy donna à penser pendant une demi-heure sans rien dire, et ce qui fit connoistre aussi que ses alcaydes le volent impunément, et luy font après accroire ce qu'ils veulent. Il me fit demander ensuite qui avoit gagné dans les guerres passées, si c'estoit le roy de France ou celui d'Espagne; ce que luy ayant expliqué selon la vérité : « Si ton roi, s'écria-t-il, est si puissant et maistre de tous les autres chrestiens, pourquoi lui a-t-il rendu ce qu'il avoit pris ? — C'est, lui répondis-je, parce que le roy mon maistre, au plus fort de ses conquestes, a voulu procurer le repos à la chrestienté, et faire connoistre combien il est débonnaire et amy de la paix, qui est un don de Dieu. » Il repartist que tous les François estoient des traistres, qu'il n'y avoit aucune confiance à prendre en eux : ce qui m'engagea à luy faire demander par grace de vouloir bien m'en donner quelques preuves, puisque tout le monde est persuadé que la nation françoise est la plus belliqueuse et la plus fidelle de toutes, et que je ne comprenois pas quelles raisons Sa Majesté pouvoit avoir d'en penser et d'en parler autrement; sur quoy il me fist dire de m'en retourner à Salé. Je répondis que j'irois, mais que ce ne seroit que pour de là me retirer en France. Il répliqua que non, et que l'alcayde Ameth-Adou me diroit ses intentions, sur lesquelles je pourrois me régler. Il lui ordonna ensuite de me venir conduire, ce qu'il fit jusqu'au dehors du château; après quoy il me confia à deux noirs qui m'accompagnèrent chez moy, où je trouvay les bons pères religieux et nos esclaves dans une inquiétude de ce qui me seroit arrivé, égale à la joie qu'ils tesmoignèrent tous de mon retour.

« Le lendemain, je vis l'alcayde Ameth-Adou-Atard, qui me dit que son roy m'ordonnoit de me rendre à Salé et d'avoir soin de ses ports de mer; je respondis qu'après la manière dont on m'en avoit tiré, et ce qui m'avoit esté dit aussy bien qu'au juif Maymoran, je ne pouvois plus rester à Salé avec honneur. Il me dit de lui pardonner; que Ben-Aïssa, général des vaisseaux de Salé, lui avoit envoyé une lettre qu'il avoit donnée à son roy, contenant que j'estois un méchant homme; que je travaillois à faire venir les bombes à Salé, Tanger et Larache, et qu'elles estoient toutes prestes à Toulon; qu'il en estoit bien informé, et que j'estois le mobile de tout; que les consuls qui avoient esté avant moi estoient marchands et donnoient du bénéfice au port, mais que, pour moi, je ne faisois qu'escrire; qu'il falloit me traiter comme à Alger, et me mettre à la bouche d'un canon. Cependant il ajouta que, pour mon bonheur, il estoit venu un bastiment de Marseille qui avoit amené trois Maures en échange des chrestiens, lesquels avoient asseuré qu'il n'y avoit aucun armement à Toulon pour ce pays; et que Ben-Aïssa la luy payeroit pour son faux rapport, parce que, sans ces esclaves, j'aurois asseurément essuyé quelque mauvais traitement; mais qu'il me prioit de ne lui en point vouloir de mal. »

Telle fut l'issue des intrigues ourdies par le prince d'Orange. D'un autre côté, cet épisode en dit plus, ce me semble, sur la vie et les mœurs bizarres de Muley-Ismaël, et sur la manière de négocier avec lui, que tout ce qu'on a écrit sur cet empereur. On remarquera aussi qu'un des motifs de la colère de ce prince contre Estelle était que notre consul ne faisait par lui-même aucun commerce, contrairement à l'exemple de tous ses prédécesseurs, à qui le soin de leurs propres affaires avait fait sacrifier trop souvent les intérêts ou la dignité de la France aux caprices et à l'avidité des autorités musulmanes. C'était là un des plus graves abus auxquels la vigilance de Louis XIV et de Colbert avait, depuis longtemps, porté remède; et la conduite d'Estelle, si différente de celle de nos anciens consuls, montre quelles améliorations s'étaient alors introduites dans le personnel et dans la gestion des consulats. Les règlements les plus sages, et de fréquentes visites pour en contrôler et en vérifier l'application, entretenaient une activité incessante chez tous ces représentants de la France; mais d'abord l'attention la plus sévère présidait au choix des agents qui devaient diriger et protéger au dehors, non-seulement notre commerce, mais encore et surtout notre influence morale et civilisatrice : aussi je ne sache pas que, sous Louis XIV, un seul d'entre eux ait failli à cette noble et patriotique mission. Quant à Estelle, que nous avons vu si digne du poste qu'il occupait, il méritait assurément de sortir de l'oubli où il était resté jusqu'à ce jour; et il y avait d'autant plus de justice à le faire connaître, qu'on lui doit la plupart des documents du journal inédit de Saint-Olon.

Nous savons maintenant la situation où les influences contraires du juif Maymoran et de l'amiral Ben-Aïssa avaient mis, en 1696, nos relations avec le Maroc. Elles durent flotter incertaines jusqu'en 1698, où le triomphe de Louis XIV sur l'Europe entière fit décidément pencher la balance en sa faveur dans l'esprit de Muley-Ismaël, et du même coup gagna à sa cause l'amiral de Salé, que la reconnaissance avait jusqu'alors attaché à l'Angleterre.

Celui-ci, après avoir été rencontré en mer par un vaisseau français qui fut sur le point de s'en emparer, craignant de voir se renouveler une pareille rencontre, peut-être aussi agissant par d'autres motifs qu'expliquent les infatigables menées de Louis XIV, détermina Muley-Ismaël à demander la paix. Il s'adressa lui-même au chef d'escadre Château-Renaud qui croisait devant Salé, se rendit à son bord, et y convint d'une trêve, en attendant qu'on pût conclure une paix pour laquelle il s'offrit d'aller en France. Il fut alors embarqué sur une de nos frégates, et, en décembre 1698, descendit à Brest, où le roi le fit retenir, et lui envoya ses commissaires.

Les négociations recommencèrent aussitôt sur les bases du traité de 1682, que le baron de Saint-Amand, et plus tard Saint-Olon, n'avaient pu faire ratifier; et, comme à ces deux époques, une des grandes difficultés consistait en ce que l'empereur de Maroc n'aurait d'autre facilité de retirer ses sujets d'esclavage qu'en payant leur rançon, ainsi que le roi de France s'engageait à le faire lui-même pour délivrer les esclaves français. Or, comme l'avarice des Maures ne pouvait jamais se résigner à débourser de l'argent, c'était là un moyen infaillible, dans les calculs de Louis XIV, pour que l'exécution du traité affaiblît légèrement les chiourmes, et qu'au moins la plupart des Marocains restassent sur les galères de France. L'importance des galères, à cette époque, justifiait peut-être cette politique; car on sait qu'avec la propriété de naviguer contre le vent, elles rendaient alors, sur la Méditerranée, les mêmes services que nous retirons aujourd'hui des bateaux à vapeur. Quoi qu'il en soit, Ben-Aïssa fut enfin mandé à Paris, parce qu'il refusait absolument de rien conclure avant d'avoir parlé au roi de France.

Après avoir excité la curiosité de cet ambassadeur par d'habiles retards, on ne négligea rien pour frapper son imagination, et son voyage fut une véritable marche triomphale. Reçu avec toutes sortes d'égards sur son passage, il voyait les populations accourir sur ses pas, et la bourgeoisie sous les armes, avec les fonctionnaires et la maréchaussée, honorer son arrivée dans les grandes villes. Les forces du royaume en hommes et en ressources de tout genre s'étaient ainsi développées devant lui avant qu'il en pût contempler toute la grandeur réunie autour du souverain. Lorsqu'il arriva à Paris, il y entra comme simple particulier, malgré le désir qu'il avait de faire porter devant lui son pavillon d'amiral, et, le 16 février 1699, Louis XIV lui donna sa première audience à la cour de Versailles.

« Muley-Ismaël, mon maître, dit alors l'ambassadeur marocain, fait consister le comble de sa gloire à acquérir l'amitié du plus grand et du plus puissant empereur de l'Europe... »

Et, continuant sur le même ton son discours officiel, il s'appliqua à comparer, avec l'orgueil d'un vrai musulman, le roi de France et le prince qui avait, disait-il, conquis onze royaumes, et étendu son pouvoir souverain sur tous les peuples de l'Afrique. « Lorsque Votre Majesté Impériale châtiait ses ennemis par terre et par mer, mon maître faisait la guerre aux Turcs (Algériens) et aux nègres, et il leur a accordé la paix aussitôt que Votre Majesté Impériale l'a accordée à l'Europe. »

Faisant allusion au traité de Ryswyk, « il félicitait Louis XIV de l'heureux succès d'une guerre si sanglante et si longue, dans laquelle, après avoir vaincu tant d'ennemis, il avait fait paraître une modération inouïe jusqu'alors, en sacrifiant les avantages que lui promettait la continuation de guerre à la gloire de donner la paix à tant de nations vaincues (1). » L'ambassadeur s'annonçait enfin comme envoyé pour jeter les fondements d'une alliance indissoluble, et traiter de l'échange des esclaves des deux nations.

(1) Pour tout ce qui concerne le séjour de l'ambassadeur Ben-Aïssa en France, voyez le *Mercure galant* de 1699, mois de février, mars, avril, mai, juin.

Louis XIV répondit brièvement à la mission diplomatique, dont il renvoya la discussion à ses commissaires ; mais il ne négligea rien pour séduire et éblouir l'ambassadeur. Il l'entoura de tous les moyens d'influence, et le fit combler de bontés, car il savait les services que, par reconnaissance, celui-ci avait déjà rendus à l'Angleterre. Or, par la plus heureuse des circonstances, il se rencontrait que l'ancien bienfaiteur de Ben-Aïssa, Jacques II, était alors sous la protection du roi de France. Ce simple rapprochement dut faire une révolution dans l'âme généreuse de l'ambassadeur. Celui-ci alla visiter plusieurs fois le monarque déchu, qui, au temps de sa prospérité, lui avait rendu la liberté sans rançon ; et il lui renouvelait l'expression de son éternelle reconnaissance, l'assurant qu'il se glorifierait toujours de s'avouer son esclave affranchi, plus que de tous les honneurs qui pourraient lui arriver. La sincérité du dévouement de Ben-Aïssa ne pouvait être égalée que par la sensibilité de son âme. Lorsqu'il vit l'infortuné Jacques II pour la dernière fois, il se jeta à ses genoux en le priant d'accepter un présent, et versant un torrent de larmes, qui en fit couler à toute la royale famille des Stuarts : bizarre et touchant caprice de la fortune, qui allait ainsi chercher dans la Mauritanie l'hommage des sentiments les plus nobles et les plus désintéressés que pût alors recevoir un prince malheureux !

Sous le rapport religieux, le caractère de Ben-Aïssa ne mérite pas moins d'être connu : il montra toujours la plus austère piété ; et déjà, bien que le rhamadan fût passé, il avait prolongé son jeûne de deux mois par dévotion, lorsque, étant tombé malade, il poussa l'observation de sa loi jusqu'à l'héroïsme. Refusant de prendre certains remèdes qu'on lui disait être nécessaires à sa guérison, il annonça que si sa maladie augmentait, il voulait qu'on le couchât sur la terre, afin d'y être plus proche de la poussière en laquelle il devait être converti (1).

Ben-Aïssa était d'une grande et forte stature, et son esprit n'était pas moins élevé que son cœur; il connaissait les langues anglaise et espagnole, et il était le personnage du Maroc le plus au courant des affaires de la chrétienté.

Un jour il fit demander à Louis XIV, comme une grâce particulière, qu'il pût baiser et mettre sur sa tête une lettre que les Maures prétendent que Mahomet a écrite à l'empereur Héraclius, des mains duquel elle a passé aux rois de France, qui l'ont toujours conservée avec grand soin, et qui, selon les Maures, est la cause de toutes les prospérités de la monarchie française. « Louis XIV lui répondit franchement qu'il n'en avait jamais ouï parler; mais qu'il consentait volontiers à la lui montrer, si on la trouvait dans sa bibliothèque. »

(1) Voici un autre trait caractéristique de sa croyance. Pendant son voyage de Brest à Paris, comme il traversait la plaine de Saint-Martin-le-Beau, en allant à Amboise, on lui dit que les Sarrasins y avaient été défaits par Charles Martel : aussitôt il se mit en prière, et il fit recueillir plusieurs poignées de cette terre, qu'il croyait sanctifiée par les martyrs de l'islamisme.

Les recherches qu'on y fit en cette occasion rappelèrent seulement qu'on possédait les lettres de Soliman à François Ier.

Durant son séjour en France, Ben-Aïssa montra, dans l'observation de toutes choses, autant d'esprit que de bon sens; et ses reparties firent fortune dans le *Mercure galant* de 1699. Ainsi, lorsqu'on lui demanda pourquoi, dans son pays, les hommes épousaient plusieurs femmes : « C'est, répondit-il, afin de trouver réunies en plusieurs les qualités que chaque Française possède à elle seule. » Comme on le menait à Saint-Cloud, on lui raconta, en passant sur le pont, l'histoire de l'architecte. On sait que celui-ci, n'en pouvant achever la construction, promit au diable, qui lui apparut, et s'engagea à l'achever pour lui, la première chose qui passerait dessus, et, pour s'acquitter de sa parole, y fit passer un chat que le diable prit, à son grand désespoir, faute de mieux; sur quoi l'ambassadeur s'écria : « Comment peut-on espérer de gagner quelque chose sur les Français, et de vaincre des gens qui savent vaincre le diable ? » Le château de Saint-Cloud appartenait alors au duc d'Orléans, et plut singulièrement à Ben-Aïssa, qui avait déjà été comblé des bontés de ce prince. Aussi l'ambassadeur, en comparant sa demeure à Versailles : *J'aime autant*, dit-il, *ce qui me fait plaisir que ce qui m'étonne*. En parlant des eaux de Versailles, il avait déjà dit que *la parole et les expressions lui manquaient*; et, à la vue d'un des plus hauts jets d'eau : *Il suit la renommée de son maître, il voudrait aller jusqu'aux cieux*.

L'admiration de Ben-Aïssa pour Louis XIV fut ainsi portée à son comble par les merveilles qu'il rencontra à la cour de Versailles et dans la capitale du royaume. Saint-Olon lui fit visiter les monuments et les établissements les plus curieux de Paris et des environs. Saint-Denis avec ses tombeaux, son trésor, surtout son vitrage gothique, le frappèrent d'étonnement. Le prieur de l'abbaye lui fit les honneurs de l'église, en venant le recevoir avec plusieurs de ses religieux, et faisant jouer les orgues lorsqu'il se retira. Ben-Aïssa remarqua également Notre-Dame avec ses tours, et surtout la chasuble qu'on lui dit avoir été portée par saint Denis il y avait quinze cents ans, et qu'il regardait, à ce titre, comme le palladium de la France; les Invalides, dont il se fit donner le plan; la bibliothèque du Roi, avec ses manuscrits arabes; l'Observatoire, où il fut extrêmement surpris des effets du miroir ardent, et demanda à Cassini une lettre pour les astronomes de Fez et de Maroc. Les processions des cours et du parlement, du Châtelet et de la ville, pour célébrer la réduction de Paris à l'obéissance de Henri IV, occupèrent aussi ses loisirs; mais l'Opéra et les courses de chevaux étaient ce qui lui plaisait le plus. Au milieu de toutes ces distractions, on ne négligeait rien pour lui suggérer des idées utiles pour la France; c'est ainsi qu'on lui montra la manufacture de glaces du faubourg Saint-Antoine, où il fut étonné autant de la perfection du travail que de la quantité des travailleurs, alors au nombre de huit cents. Il vit, à cette occasion, plusieurs fois le sieur Jourdan, secrétaire du roi, à qui Louis XIV avait donné la conduite de cette manufacture, et Ben-Aïssa s'occupa avec lui du moyen d'établir le commerce des glaces à Maroc. On s'appliqua également à lui montrer les ressources personnelles de la royauté. Un jour, entre autres, voyant le garde-meuble du roi, qui était au vieux Louvre, il fut saisi d'une dernière surprise en contemplant les richesses de la couronne, et s'écria, en jetant les yeux sur la Seine : « Quand ces eaux seraient de l'encre, elles ne suffiraient pas à décrire les merveilles que je vois chaque jour, et qui ne parlent que de la grandeur et de la magnificence de Sa Majesté. »

Quant à son appréciation générale de la France, il l'exprima un jour en revenant de Saint-Germain, après sa dernière visite à Jacques II. Comme on lui faisait voir la machine de Marly, qui renouvelait toujours ses admirations, le coup d'œil magnifique qu'on a des hauteurs de l'aqueduc lui donna lieu de se récrier sur la multitude de villes, bourgs, villages et bâtiments qu'il avait vus dans le royaume : « La France, dit-il, n'est qu'une ville, mais si remplie de peuple, qu'elle suffirait à remplacer le reste du monde, si le reste du monde se désemplissait. »

Cependant, au milieu de toutes ces scènes variées et de tant d'émotions si nouvelles pour lui, la négociation du traité de paix n'avançait pas, car les exigences des commissaires français restaient toujours les mêmes, et Ben-Aïssa ne croyait pouvoir les admettre. D'un autre côté, on ne le trouvait pas suffisamment autorisé à conclure un traité. Il fallut donc prendre congé de Louis XIV. Ben-Aïssa, remerciant alors le monarque de sa libéralité : « Je n'ai passé, lui dit-il, aucun jour sans de nouveaux plaisirs, ou sans la vue de quelque merveille capable de me faire oublier ma patrie et ma famille, et, si j'ose le dire, les ordres mêmes de l'empereur mon maître. J'en ai fait un gros journal ; mais j'avoue que je n'y ai pas décrit la cent millième partie, ni des beautés de votre pays, ni de la grandeur de V. M. I. » Il finissait en assurant le roi de tous ses efforts pour inviter Muley-Ismaël à adhérer aux propositions qui avaient été discutées pour la paix, et lui promettait qu'en dépit des nations envieuses, il tâcherait de se rendre digne d'être au nombre des serviteurs de S. M. (1). Jamais ambassadeur ne tint mieux sa parole ; car il fut, le reste de sa vie, aussi reconnaissant pour Louis XIV qu'il l'avait déjà été pour Jacques II.

Ben-Aïssa ne se montra pas moins touché des attentions pleines de délicatesse dont l'avait entouré madame de Saint-Olon durant son séjour à Paris. Il lui écrivit de Brest en l'appelant sa bien-aimée, et la regardant comme sa sœur. Jamais chevalier du moyen âge ne fit preuve d'une galanterie plus noble et plus pure ; et il faut dire aussi que cette dame en était parfaitement digne, par la manière dont elle avait rempli les instructions de Louis XIV, en entourant l'ambassadeur des plus douces influences de notre civilisation.

1) *Mercure* de 1699, mai, p. 83.

A peine Ben-Aïssa fut-il revenu à la cour de Méquinez, qu'il s'empressa d'écrire à Saint-Olon. Il lui annonça que l'issue infructueuse de son ambassade touchant le rachat des esclaves avait été sur le point de déchaîner la colère de son maître contre les marchands français; il était parvenu pourtant à l'apaiser, et promettait de veiller toujours à ce que la bonne intelligence avec la France ne fût point affaiblie.

Quelque temps après, il écrivit de nouvelles lettres; et c'est alors qu'eut lieu la fameuse demande en mariage, pour l'empereur de Maroc, de la princesse de Conti (mademoiselle de Blois), fille naturelle de Louis XIV et de mademoiselle de la Vallière. Cette demande, adressée à M. de Pontchartrain, fut faite « au nom du chérif descendant du prophète, par Abdala Ben-Aïssa, le serviteur et le ministre de la monarchie des Achémites et de la royauté conservée, et capitaine de la mer. » Nous la reproduisons religieusement comme la présente le journal inédit de Saint-Olon, car ce texte précieux est la seule preuve positive et officielle qui nous reste de la demande de Muley-Ismaël.

« Je lui avais fait le portrait de cette princesse, dit l'ambassadeur marocain en parlant de Muley-Ismaël, et lui en avais raconté les merveilles, et la modestie admirable qu'elle garde envers son frère, monseigneur le Dauphin; de son bel esprit, de son air royal, et de sa parfaite intelligence aux exercices du bal et des instruments de musique que nous vîmes une nuit au Palais-Royal, chez le prince leur oncle, Monsieur, où M. de Saint-Olon me mena (1). J'ai parlé des grandes honnêtetés que j'ai reçues de ce prince, et des manières civiles et charmantes qu'ils observaient les uns envers les autres en notre présence. Nous avons fait l'éloge de tout cela, et une description au roi notre maître; tellement que cela lui est demeuré gravé dans l'esprit, et qu'il y pense avec soin et inquiétude. Sur quoi il m'a dit : « Il faut que tu écrives au vizir Pontchartrain, ton ami, afin qu'il demande pour moi en mariage au roi son maître cette princesse sa fille, sœur du Dauphin, à part sa mère, qui n'a point d'époux à présent. » Notre roi la prendra pour femme selon la loi de Dieu et de son prophète Mouhammed Moustaffa, assurant qu'elle restera dans sa religion, intention et manière de vivre ordinaire. Elle trouvera en cette cour tout ce qu'elle désirera qui pourra lui faire plaisir selon Dieu et justice, s'il plaît à Dieu. »

Muley-Ismaël, qui faisait tenir ce langage à son ambassadeur, n'avait point osé faire directement une démarche dont il ignorait le succès. Il écrivit donc au roi de France par la même voie, mais sans faire la moindre mention de ce qu'il avait le plus en vue. Il se contentait de demander à Louis XIV « une cotte d'armes *à la Hongrine*, de

---

(1) Dans ce bal, où il avait été charmé de la beauté de la princesse de Conti et de son air doux et majestueux, il avait dit qu'*il ne fallait que la voir pour savoir de qui elle était fille*. Dans cette même occasion, il dit en sortant, à M. de Saint-Olon, qu'il avait vu trois choses en France qui ne pouvaient être surpassées ni même égalées : savoir, le roi, l'Opéra, et le bal de Monsieur. » (Voir le *Mercure* d'avril 1699.)

celles que les Arabes portaient avant que l'on eût inventé l'usage de la poudre; et en même temps les livres arabes qui étaient en France, et dont on ne se servait pas; car ces livres pouvaient servir à l'échange des esclaves. »

Un autre objet de sa lettre était de se plaindre des obstacles apportés à la conclusion du traité.

« Comme cette paix, disait-il, si elle se fait, sera plus avantageuse et plus utile pour votre royaume et pour vos sujets qu'elle ne peut jamais l'être pour nous, par rapport au commerce considérable que les négociants français font dans nos États, c'est à vous à donner de justes bornes à vos prétentions, et à proposer des conditions raisonnables, qui puissent établir une paix stable et tranquille entre nous. »

Il lui exprimait enfin « le regret de n'être pas de ses amis, ayant, lui disait-il, pour sa personne une affection particulière, d'après le grand récit de sa sagesse et de son bon esprit, que lui avait fait l'ambassadeur (1). »

Le ton affectueux de cette lettre, joint à la réserve observée sur l'article le plus essentiel, « servit, ajoute Saint-Olon, de divertissement à la cour pendant quelques jours, et donna lieu à quelques vers et couplets de chansons assez jolis sur ce

(1) Nous avons trouvé cette lettre, et plusieurs autres documents cités plus bas, dans un recueil de pièces communiquées par notre savant ami M. d'Avezac. Nous aurons bientôt à remercier de nouveau ce jeune et profond érudit, lorsque nous traiterons de la géographie du Maroc, qui lui doit tant de précieux éclaircissements.

sujet (1). Cependant, comme on ne jugea pas qu'une semblable proposition méritât quelque réponse, on permit seulement au sieur Jourdan, correspondant de Ben-Aïssa, de mander à celui-ci qu'il n'avait osé faire voir à la cour des lettres si peu convenables à la religion et piété du roi, et à la différence de mœurs et coutumes des

(1) Le duc de Nevers fit à cette occasion une pièce de vers qui a été insérée dans le *Nouveau Siècle de Louis XIV* (*Paris*, 1793, t. IV, p. 133); et J. B. Rousseau composa les vers suivants :

> Votre beauté, grande princesse,
> Porte les traits dont elle blesse
> Jusques aux plus sauvages lieux ;
> *L'Afrique avec vous capitule,*
> Et les conquêtes de vos yeux
> Vont plus loin que celles d'Hercule.

Ce couplet de Périgny fut composé dans la même circonstance :

> Pourquoi refusez-vous l'hommage glorieux
> D'un roi qui vous attend, et qui vous croira belle ?
> *Puisque l'hymen à Maroc vous appelle,*
> Partez ; c'est peut-être en ces lieux
> Qu'il vous garde un amant fidèle.

Voyez aussi : *Relation historique de l'amour de l'empereur de Maroc pour la princesse douairière de Conti*, par le comte D...; *Cologne*, Pierre Marteau, 1700. Cet ouvrage a deux éditions : l'une en petit caractère, de 140 pages ; l'autre de 256 pages, texte divisé en onze lettres.

Madame de Caylus, dans ses *Souvenirs*, parle aussi d'un portrait de la princesse de Conti porté à Maroc. *Catalogue de la bibliothèque de M. Leber*, t. 1, p. 344.) Voir aussi à Rouen dans les mss. de M. Dubreuil, receveur des ambassades sous Louis XIV, où il est question de l'ambassade du Maroc. (Bibliothèque de M. Leber.)

deux nations; et que quand le roi de Maroc serait assez touché des vérités du christianisme pour l'embrasser, il serait alors en droit beaucoup plus apparent de se faire écouter (1). »

Tels sont les faits curieux dont on avait révoqué en doute l'authenticité, mais que les pièces officielles du journal de Saint-Olon rendent désormais irrécusables. Ces pièces, ignorées jusqu'à ce jour, avaient dû rester sous le secret d'État; car Louis XIV était intéressé à ce qu'elles ne devinssent pas le sujet de plaisanteries trop bruyantes. Il en transpira assez toutefois pour permettre aux poëtes courtisans d'en parler avec exactitude. L'ode suivante, encore inédite, que Senecé composa à ce sujet (2), nous fait connaître jusqu'à quel point ils en furent instruits :

LA FRANCE A LA MAURITANIE TINGITANE,

Sur la demande faite de madame la princesse de Conti pour le roi de Maroc.

Que me demandez-vous, superbe Tingitane ?
    Osez-vous y penser ?
La fille de Louis jusqu'au rang de sultane
    Peut-elle s'abaisser ?

Si votre ambition m'enlevait ma princesse,
    Mes peuples révoltés
Armeraient plus de bras que n'en arma la Grèce
    Pour de moindres beautés.

(1) Voir t. II du journal manuscrit de Saint-Olon.
(2) Nous en devons la communication à l'obligeance toujours empressée du savant M. de Monmerqué, membre de l'Institut.

Quoi donc! cette beauté, qui faisait les délices
      D'un empire galant,
Vivrait assujettie aux barbares caprices
      De l'eunuque insolent!...

Non, non, je ne veux point de couronne usurpée,
      Toujours prête à périr;
Et si j'y prétendais, Louis porte une épée
      Qui la peut conquérir.

Son aïeul pour la foi souffrit avec constance
      Des travaux infinis;
Ce n'est point par le nœud d'une indigne alliance
      Qu'il attaqua Tunis...

Surtout, si vous cherchez à vous rendre facile
      Un projet trop hardi,
Commencez par soumettre au joug de l'Évangile
      Le démon du Midi.

Renouvelez ces temps, dont le pieux usage
      Fut lâchement proscrit,
Où la savante Hippone et l'austère Carthage
      Annonçaient Jésus-Christ.

Rétablissez chez vous ce culte vénérable
      Qu'Arius avilit,
Et que, par une erreur encor plus détestable,
      Mahomet abolit.

Il se pourra qu'alors sur l'ardeur qui vous presse
      Jetant des yeux plus doux,
De l'aveu de Louis, notre chère princesse
      Prenne pitié de vous.

Peut-être, consentant qu'une illustre fortune
      Vous comble de bonheur,
Pour reine elle pourra vous accorder quelqu'une
      De ses filles d'honneur.

Comme on le voit, les beaux esprits de la cour de Louis XIV ne pouvaient moins faire que de célébrer cette princesse de Conti, qui était alors la merveille de Versailles, et passait en France pour un prodige de beauté. En même temps, le féroce et sanguinaire Muley-Ismaël revêtit à leurs yeux les allures d'un amant déclaré, d'un soupirant à l'eau de rose. Mais tandis que le tigre se montrait sensible aux charmes d'une princesse qui lui présentait l'image séduisante de notre civilisation, les hommes d'État pouvaient aussi calculer les motifs sérieux de sa démarche; ils devaient voir surtout combien il tenait à former, par une alliance de famille, une paix durable avec Louis XIV, à la place de ces anciennes paix qui n'avaient jamais été que des trêves. Mais la cour de France s'amusa trop de cet incident pour en tirer parti; et il était d'ailleurs plus facile d'en rire que d'en comprendre la nature. De son côté, le grand roi excellait plus à montrer sa grandeur qu'à se la rendre profitable; aussi laissa-t-il échapper une occasion inespérée et désormais introuvable de conclure le traité si longtemps en discussion, et que très-probablement il aurait pu rendre analogue aux capitulations de la France avec la Porte Ottomane. Quelle que soit la faute qui fut commise à cet égard, la demande du fameux Muley-Ismaël n'en est pas moins constatée comme un fait non-seulement unique dans nos annales diplomatiques, mais dans l'histoire de toutes les relations entre princes chrétiens et musulmans. Elle caractérise le résultat moral obtenu à la suite de l'ambassade de Ben-

Aïssa; et, en même temps qu'elle marque le haut degré d'influence de Louis XIV dans le Maroc, elle nous donne un exemple de l'action que nous pourrions exercer à notre tour sur le génie si profondément admiratif des races venues d'Orient.

Pour compléter l'épisode en question, rappelons enfin comment les intérêts de la science marchaient, à cette époque, toujours d'accord avec ceux du commerce et de la politique. On aura une idée de cette heureuse alliance en lisant la lettre que Cassini écrivit aux astronomes de Fez et de Maroc, et qu'il remit à Ben-Aïssa en 1699, au moment où cet ambassadeur se préparait à quitter Paris. En voici le contenu :

« L'ambassadeur de votre grand roi, qui, pendant le temps de son séjour en France, a donné dans toutes les occasions des marques d'esprit et de sagesse, étant venu à l'Observatoire royal, a considéré la magnificence de ce bâtiment destiné aux observations astronomiques, comme un monument éternel de la protection que notre grand monarque, Louis le Grand, prend des sciences les plus sublimes, et les plus utiles à la société humaine.

« Il a admiré la construction singulière, et considéré attentivement les instruments et les machines dont il est fourni, et en a voulu savoir distinctement les usages; il aurait souhaité que vous eussiez les mêmes commodités d'exercer le talent que vous avez pour l'astronomie; il nous a assuré que vous en avez des écoles nombreuses, et que vous vous assemblez en certain temps de l'année pour conférer vos observations et en tirer des conséquences. Vous êtes dans un climat tout propre pour les observations du ciel, où elles ont été cultivées par les plus célèbres astronomes de toute l'antiquité.

« Nous ne considérons pas comme de simples fables les découvertes d'Atlas, roi de Mauritanie, qui, ayant inventé la sphère artificielle, donna sujet aux poëtes de dire qu'il soutenait le ciel, et que dans ce travail il fut soulagé par Hercule, qui fut son disciple dans l'astronomie. Les plus célèbres de nos anciens poëtes héroïques relèvent magnifiquement ce qu'Atlas enseigna des éclipses du soleil et de la lune et des constellations du ciel, qu'il fait le sujet des cantiques qui se chantaient sur les instruments en Afrique, aux festins des princes, avant l'empire des Carthaginois. Les plus anciens poëtes de la Grèce, en reconnaissance de ces belles inventions, ont porté au ciel les noms de toute la famille d'Atlas, les donnant aux étoiles de la plus petite mais plus remarquable constellation, qui est celle des Pléiades, dont chaque étoile porte le nom propre de ses filles, tel qu'on le lit encore aujourd'hui dans nos catalogues modernes. On les comptait anciennement au nombre de sept, mais il rapporte qu'il y en eut une qui se cacha, dans l'embrasement de Troie : ce qui peut être pris pour une époque de l'observation de quelques étoiles fixes, qui se voient pendant quelque temps et se rendent ensuite invisibles.

« Nous en avons observé plusieurs de nos jours, et je crois que vous en aurez observé aussi; car M. l'ambassadeur m'assure qu'il y a parmi vous un astronome qui découvrit, il y a trente ans, une nouvelle étoile qui s'est depuis vue tous les ans. Je ne sais pas si elle ne serait pas une des étoiles qui se sont vues diverses fois en ce siècle paraître et disparaître dans la constellation du Cygne, ou une dans le cou de la Baleine, qui depuis un siècle a été prise ici plusieurs fois pour nouvelle, et qu'on a depuis trouvé qu'elle se cache tous les ans, et retourne au même degré de clarté d'onze en onze mois, avec quelque irrégularité.

« Je donnerai à M. l'ambassadeur quelques exemplaires d'une carte qui comprend toutes les constellations visibles dans ce climat de Paris, où cette étoile est décrite.

« J'y ai aussi marqué deux chemins par où sont retournées des comètes que j'ai observées : ce sont des endroits du ciel qui méritent d'être regardés attentivement de temps en temps, pour voir s'il n'y passe pas d'autres comètes. Les dernières qu'on a vues ici étaient si petites, qu'elles n'ont été aperçues que des astronomes exercés dans les observations. Nous ne savons pas si elles ont été vues ailleurs. Les observations qu'on aurait faites, tant de ces comètes que des autres apparences célestes, me seraient très-agréables.

« Je prie M. de la Croix, interprète du roi et professeur royal de la langue arabe, d'ajouter à la carte que j'envoie les éclaircissements qui sont nécessaires dans votre langue.

« Je prie Dieu de tout mon cœur de vous donner les plus hautes et les plus importantes connaissances du ciel. »

Cette lettre de Cassini n'est pas une des moins curieuses de cet astronome : de son côté, Ben-Aïssa lui avait dit, lors de sa visite à l'Observatoire, que *les rois élevaient autant leur gloire par l'amour des lettres que par celui de la guerre, et que ce double amour caractérisait Louis XIV*. Ce monarque, en effet, qui en 1693 avait ordonné à Saint-Olon de lui présenter toutes les notions relatives à l'état social, politique ou religieux des Maures, encourageait tous les travaux de découvertes, envoyait des académiciens au Pérou et de savants missionnaires dans toutes les contrées du globe ; et il ne fut certainement pas étranger au projet de recherches astronomiques dans le Maroc.

CHAPITRE SIXIÈME.

Résultats obtenus par la politique de Louis XIV. — État du commerce de la France avec le Maroc à la fin du xviie siècle. — Succession d'Espagne, et funeste préférence donnée à notre politique continentale sur notre politique maritime. — Dernières relations de Louis XIV avec Muley-Ismaël.

L'année 1700 fut l'apogée de la puissance continentale de Louis XIV. Le faible successeur de Charles-Quint mourut sans enfants; et le grand roi, acceptant un testament pour l'exécution duquel il tenait déjà tout préparé, fit monter son petit-fils sur le trône de Charles II. Alors il n'y eut plus de Pyrénées, et, réunies de fait sous un même souverain, l'Espagne et la France, ces deux puissantes monarchies dont la lutte avait constitué le balancement des forces européennes, semblaient devoir anéantir cet équilibre si longtemps rêvé. Il y avait alors sur tous les peuples de l'Occident comme une menace permanente de monarchie universelle; aussi était-ce leur jeter un terrible défi que de se mettre à leur égard dans une pareille position. C'est pourtant ce que fit Louis XIV; car il s'agissait pour lui de mettre la clef de la voûte à un édifice qui allait s'élevant, s'agrandissant toujours depuis un demi-siècle, et pour la construction duquel il avait fallu gagner, endormir ou vaincre tous les cabinets de l'Europe. Les flottes, les armées, la diplomatie, et la puissance de l'or, comme l'ascendant moral de la civilisation, tout avait contribué à consommer l'œuvre commencée par Richelieu et poursuivie par Mazarin. C'était aussi le moment suprême où il n'est plus permis que de se maintenir ou de descendre; mais si l'heure de la décadence approchait, il faut convenir au moins que Louis XIV se montrait digne encore de la conjurer.

En effet, dans les discussions relatives à la succession d'Espagne, la question vitale du commerce et de la marine, si bien résolue jusqu'alors pour la plus grande gloire de la France, ne fut point oubliée. « Votre Majesté, disait M. de Pontchartrain, ne peut douter de la force de sa marine, et la dépense ne la doit point effrayer : la marine est si nécessaire et si essentielle, que je ne crains point d'avancer que la mer décidera pour le moins autant que la terre du succès de vos desseins (1). »

La véritable politique de la France était donc fidèlement observée; le pays restait armé de son double glaive; et l'équilibre et l'harmonie, le maintenant dans toutes ses ressources, lui conservaient la force invincible et invulnérable de l'unité. Mais Louis XIV et ses conseillers n'avaient pas calculé toutes les charges d'une succession qu'ils n'auraient dû accepter que sous bénéfice d'inventaire.

(1) Voyez *Histoire générale de la Marine*, t. III, p. 106.

L'Espagne, épuisée dans ses populations, manquait de troupes et de places fortes. Elle était surtout privée de marine militaire; car, longtemps alliée de la Hollande et de l'Angleterre, elle avait compté sur ces puissances pour se défendre sur mer contre la France; aussi la France, pour la défendre à son tour, fut-elle obligée de lui consacrer la moitié de ses flottes, et Louis XIV les dissémina pour protéger au loin les possessions des deux royaumes. Nos vaisseaux s'éparpillèrent donc vers les deux Indes, au lieu de se concentrer de préférence dans la Méditerranée, théâtre de nos plus beaux triomphes maritimes. Dès lors nous ne combattîmes plus par grandes armées navales, et nous ne fûmes terribles que par nos chefs d'escadres et nos armateurs. Telle fut la première cause de notre décadence sur les deux mers, après en avoir eu pendant plus de trente années la suprématie, qu'une politique différente aurait pu si facilement conserver. C'est ainsi qu'en épousant la cause de l'Espagne, et en essayant de lui communiquer sa propre force, Louis XIV ne put s'empêcher de partager sa faiblesse.

Ce résultat fut surtout évident dans nos relations avec le Maroc. Mais, avant de faire connaître les dernières relations de Louis XIV avec cet empire, il convient de voir en quel état s'y trouvait notre commerce au moment de sa plus grande prospérité.

Le défaut de notions statistiques sur le commerce du xviie siècle nous permet difficilement d'apprécier le capital engagé dans nos relations d'affaires avec le Maroc. Cependant nous avons vu, d'après le récit du consul Estelle, qu'en 1696, époque de vive mésintelligence entre Muley-Ismaël et Louis XIV, et de grand crédit pour le prince d'Orange, c'est-à-dire, pour le commerce des Anglais et des Hollandais, nous eûmes, en cinq mois, douze bâtiments français qui, dans le port de Salé seulement, rapportèrent à la douane de Muley-Ismaël « plus de 20,000 francs du droit de 10 pour cent, » c'est-à-dire, du droit d'entrée : ce qui suppose un capital de plus de 200,000 francs, ou, pour toute l'année, d'environ 500,000 francs en marchandises exportées de France. Sur cette valeur représentative d'environ un million de notre monnaie actuelle, il y avait au moins, année moyenne, un bénéfice de 25 pour 100; et en joignant à ce profit celui de sortie ou de retour en produits africains, qui devait être égal au premier, nous trouvons pour le million en question un intérêt de 50 pour 100, ou 500,000 francs, qui pouvaient revenir annuellement au commerce français du seul port de Salé. Or, le port de Tétouan était presque aussi commerçant que ce dernier, et il y avait en outre Tanger, Saffi et Sainte-Croix. D'où l'on peut conclure approximativement le développement que dut prendre notre commerce dans les divers ports marocains, lorsqu'il s'y trouvait secondé par la prépondérance de Louis XIV.

« L'avantage que la France trouve dans le commerce avec le Maroc, dit Saint-Olon (1), est qu'elle

(1) Voir p. 143 de la *Relation de l'empire de Maroc* par

y débite ses propres denrées, qu'elle y fait valoir ses manufactures, que les marchands n'y portent point d'argent, et qu'ils en rapportent toujours des marchandises de plus de valeur que celles qu'ils y ont portées. C'est ce qui est arrivé cette année-ci (1698) au sujet des laines, dont nos marchands ont fait des profits considérables (1). »

Le trafic de la Provence consiste en tartre et papier, dont la consommation est grande en Barbarie, aussi bien que celle des bonnets de laine rouge fins et communs, draps de Languedoc, cadissons de Nimes, basins de Montpellier, futaines, peignes, soies, toileries de Lyon, fil d'or, brocarts, damas, damasquins, velours, cotons, cotonnines; et autres denrées du Levant de peu de prix et d'un meilleur produit.

Celui de Rouen, Saint-Malo et autres villes du Ponant est presque tout en toiles, dont on estime qu'il s'en transporte et débite tous les ans, dans l'Afrique, pour plus de deux cent mille livres.

L'échange qu'on y fait de toutes ces marchandises consiste en cire, cuirs, laines, plumes d'autruche, cuivre, dattes, amandes, arquifou (pierre dont on se sert pour la terraille), et des ducats d'or qui servent aux Provençaux pour leur négoce du Levant.

« Ce sont les juifs et les chrétiens, ajoute Saint-Olon, qui font tout le commerce en ce pays, et

Saint-Olon, ambassadeur à la cour de Maroc ; *Paris,* 1695.

(1) Variante inédite d'un mémoire du sieur Estelle, dans le journal manuscrit de Saint-Olon, à qui ce consul français de Salé avait fourni la plupart des renseignements sur le Maroc.

principalement celui du dehors, auquel les Maures ne s'adonnent pas.

« Salé et Tétouan sont les endroits du plus grand abord, et d'où les marchandises sortent plus facilement; Safy et Sainte-Croix ont aussi leur négoce pour ce qui vient de Maroc, Tafilelt et Suz; mais il n'y est pas si fréquent.

« La ville de Fez est comme le magasin général de toute la Barbarie, c'est là que se tiennent les meilleurs négociants et le plus grand nombre de juifs, qui se monte à plus de cinq mille; ils achètent tout ce qui vient d'Europe et du Levant, et le répartissent dans les provinces, d'où ils retirent aussi ce qu'elles produisent, pour en négocier dans les villes maritimes. C'est dans celles-ci que se fabriquent les peaux de maroquin rouge et les plus belles de toute la Barbarie.

« Le commerce d'Espagne consiste en cochenille et vermillon. — Celui d'Angleterre, en draps et en cauris de Guinée, qui sont des coquilles servant de monnaie en ce pays-là (1). — La Hollande y transporte des draps, toiles, épiceries de toute sorte, fil de fer, laiton, acier, benjoin, storax, cinabre, petits miroirs, mousselines pour les turbans, et de temps en temps des armes et autres munitions de guerre. — L'Italie fournit de l'alun, du soufre en canon, et quantité de babioles de terre qui se font à Venise. — Il y vient du Levant

(1) L'absence de monnaie chez les nègres rendait fort lucratif le placement de ces coquilles, que les Anglais se procuraient aussi à vil prix par le commerce du Levant.

de la soie, du coton, de l'orpiment, du vif-argent, du réalgar et de l'opium.

« On ne rapporte en ces lieux-là, pour toutes ces sortes de marchandises et drogues, que les mêmes choses que j'ai notées dans l'article de France, à proportion de l'usage qu'on y en fait.

« C'est Cadix qui sert présentement d'entrepôt à toutes les marchandises d'Angleterre et de Hollande, auxquelles sa proximité en facilite ensuite le transport commode et sûr, par le moyen de bâtiments portugais qui vont y charger.

« Le roi de Maroc est si persuadé de l'utilité de son commerce et en est si jaloux, qu'il est constant qu'un des meilleurs moyens d'abaisser son orgueil et de le mettre à la raison serait d'empêcher celui des autres nations, ou de le traverser de manière à les en dégoûter; et ce qui me le persuade encore est que le commerce de la Méditerranée n'y est pas si absolument nécessaire qu'on ne puisse en retirer et y débiter, par la voie d'Alger, la plupart des mêmes choses qu'à Tétouan et à Salé : ce qu'on pourrait seulement y opposer de véritable, est que cela ne serait pas à si bon compte. » Tels étaient les renseignements fournis par Saint-Olon en 1693.

Ainsi l'importance des rivages de l'Algérie, pour faire pénétrer notre influence commerciale et nos marchandises dans le Maroc, était déjà comprise sous Louis XIV. Le Maroc, en effet, n'ayant aucun bon port, même pour les vaisseaux marchands, la voie de terre y présentait presque autant d'avantage que celle de la mer. Combien, depuis lors, la décadence de cet empire et l'incurie profonde où sont tombés tous les intérêts maritimes ont ajouté d'importance à la route continentale! et combien maintenant elles la rendent plus avantageuse pour nous! Nous examinerons donc plus tard comment il faudra nous en servir, pour la faire entrer dans le système des grandes voies commerciales de l'Afrique du Nord.

Quant à la suite des relations politiques de Louis XIV avec le Maroc, l'union avec l'Espagne, qui déjà armait contre la France tous les États conjurés de l'Europe, nous fut également funeste auprès de Muley-Ismaël. Ainsi la place de Ceuta, qui le tenait constamment armé contre nos alliés les Espagnols, le mettait par contre-coup en hostilité contre nous-mêmes. Outre la solidarité de cette alliance, la France, bientôt après, eut successivement, contre son influence dans le Maroc, plusieurs circonstances non moins défavorables. Une des reines favorites de Muley-Ismaël était renégate anglaise, et favorisa le plus qu'elle put ses compatriotes; les Anglais furent aussi secondés à Salé par un protestant français du Languedoc, qui s'était fait musulman. Celui-ci, nommé Pillet, réfugié d'abord auprès du prince d'Orange, l'avait servi dans les guerres d'Irlande; devenu plus tard commerçant dans le royaume de Fez, il y avait renié le christianisme; et ayant obtenu le gouvernement de la ville et du port de Salé, il n'en servit que mieux la cause de nos rivaux.

Mais le coup le plus funeste à notre commerce fut le discrédit dans lequel tomba notre allié Ben-

Aïssa, après une cruelle aventure dont cet amiral faillit être victime. Peu après le retour de son ambassade, la guerre avait éclaté entre l'empereur de Maroc et les Algériens. Ces derniers, grâce aux juifs d'Alger, qui correspondaient avec ceux d'Amsterdam, étaient alors en parfaite intelligence avec la Hollande et l'Angleterre, et partant très-acharnés contre nous (1). Muley-Ismaël, excité par sa propre ambition, et peut-être aussi par les suggestions de Louis XIV, avait formé, en 1700, le dessein de reconquérir sur eux l'ancien royaume de Tlemcen, originairement vassal de son empire; mais ces fiers musulmans, prévenus de son projet, se mirent aussitôt en campagne, et remportèrent une victoire complète. Muley-Ismaël fut même sur le point d'être pris ou tué dans le combat; il laissa sa lance au pouvoir des ennemis, et ne dut son salut qu'à la vigueur de son cheval, qui devint dès lors pour lui l'objet d'une affection toute superstitieuse. Pendant cette guerre, il avait confié le commandement de Méquinez à son fils Muley-Affet. Or celui-ci, ayant eu connaissance des grandes richesses amassées par Ben-Aïssa, vint lui demander à Salé une grosse somme d'argent, et, pour la lui arracher, lui fit donner la bastonnade plusieurs jours de suite avec une cruauté inouïe. Comme il n'en pouvait rien obtenir, il lui fit ceindre la tête avec un cercle de fer garni de pointes en dedans, et serré à volonté avec une vis. C'est alors que, cédant à l'horreur de ce tourment nommé

(1) *Voy.* le manuscrit inédit de la bibl. du Roi, f^{ds} Harlay, n. 514.

le *sabat*, Ben-Aïssa en fut quitte en donnant cinquante quintaux d'argent. Avare comme tous les Maures, qui accumulent leurs trésors dans la pensée qu'ils s'en serviront dans l'autre vie, l'amiral ne s'était rendu qu'à la dernière extrémité. Cependant il n'en demeura pas moins attaché au service de l'empereur, dont il était toujours le premier homme de mer; mais l'échec fait à son crédit eut son contre-coup sur notre influence, qui perdit en lui une des clefs du commerce de Maroc, celle de Salé, laquelle devait passer plus tard aux mains du renégat Pillet. Or, pour avoir une idée des services que celui-ci rendit à l'Angleterre, il suffit de dire qu'ayant été privé de son emploi sous les successeurs de Muley-Ismaël, il sut si bien distribuer l'argent des Anglais, qu'il se fit réintégrer dans le commandement du port de Salé.

Des menées de ce genre n'échappaient pas assurément à Louis XIV; mais, préoccupé par la succession d'Espagne, qui eut le fâcheux résultat d'imprimer malgré lui, à sa politique, un caractère de plus en plus continental, il ne put entièrement neutraliser les circonstances défavorables dont nous parlons; car il aurait fallu les combattre avec une marine en permanence sur les côtes du Maroc. Or la destruction d'une escadre française et de plusieurs galions d'Espagne au port de Vigo en 1702, puis en 1704 la bataille incertaine de Malaga, où le comte de Toulouse, par les mauvais conseils d'un agent de la cour, négligea de poursuivre un premier succès, et où l'amiral Rook s'attribua la victoire, portèrent coup sur coup une grave atteinte à la réputation de nos flottes. Enfin, l'occupation du poste de Gibraltar, déjà surpris par les Anglais, qui le gardaient au nom de l'archiduc d'Autriche, mais en réalité pour eux-mêmes, et les avantages qu'ils surent bientôt retirer de cette position admirable, leur donnèrent sur le Maroc un moyen d'influence décisive qui n'aurait pu être combattue avec succès que par la concentration de nos forces maritimes, alors imprudemment éparses et disséminées.

Du reste, toutes ces circonstances ne furent directement défavorables qu'à notre influence politique dans le Maroc : quant aux affaires commerciales, elles y suivaient toujours leur cours habituel, grâce au besoin que cet empire avait de nos produits, et aux garanties ou traité que Muley-Ismaël avait accordés aux marchands chrétiens. Ce traité consistait principalement en deux articles : savoir, que les bâtiments allant dans les ports de ce prince ne pouvaient être pris par ses corsaires, quand ils étaient en vue des côtes de Barbarie; et en second lieu, qu'à la sortie et pendant leur retour ils n'étaient de bonne prise qu'après avoir touché en terre chrétienne.

C'est en vertu de ce traité, protecteur du commerce en temps de guerre comme en paix, que deux tartanes françaises, prises en 1704 par les corsaires après leur sortie de Salé, furent immédiatement relâchées, sur la demande de notre consul. Ces garanties d'intercourse commerciale étant religieusement respectées, l'alliance politique avec le Maroc nous était dès lors assez indifférente, et ne nous intéressait vraiment que pour le rachat des esclaves. Mais comme les conditions de ce rachat déterminaient la valeur de notre influence politique, elles serviront maintenant à caractériser les dernières relations de Louis XIV avec Muley-Ismaël.

Un seul fait à cet égard prouvera les changements opérés dans l'esprit de l'empereur de Maroc relativement à la France. En 1693, ce prince avait proposé un échange de prisonniers tête par tête; et, en 1704, les pères de la Rédemption des captifs ne purent le faire consentir à accepter deux Maures pour un Français. Ce prince voulait alors trois des siens pour un des nôtres : ce qui rendit impossible toute négociation de la part de ces religieux. Du reste, Louis XIV aurait certainement désavoué leur première proposition; car il était loin encore de renoncer à traiter sur le pied d'égalité. Mais ce qu'il faut remarquer ici, c'est le brusque changement opéré dans l'esprit de Muley-Ismaël après la bataille de Malaga, qui assurait l'occupation de Gibraltar à l'Angleterre et à la Hollande. Ce prince avait auparavant fait écrire à Louis XIV par les esclaves français, et avait envoyé un passe-port aux religieux qui venaient les racheter; mais la conquête de cette clef du détroit produisit un revirement complet dans sa politique; il s'empressa de conclure un traité avec ses nouveaux voisins, leur rendit leurs esclaves à des conditions inespérées pour eux, et réserva pour la France toute la hauteur de ses prétentions. L'alcaïde Ali-ben-Abdalla, vice-roi des Algarbes, qui assiégeait Ceuta depuis si longtemps, et pour lequel tous les ennemis de l'Espagne pouvaient devenir d'utiles auxiliaires, avait ménagé cet avantage à nos ennemis. C'est le même personnage qui, en 1693, avait reçu Saint-Olon à son arrivée à Tétouan, et lui avait proposé une alliance de la France et du Maroc contre les Espagnols. Cette alliance, que nous avions alors refusée, venait donc d'être conclue avec l'Angleterre, que son voisinage rendait désormais importante aux yeux d'Ali-ben-Abdalla. Aussi cet alcaïde, qui était alors chargé de discuter les conditions du rachat de nos esclaves, rendit-il impossible cette négociation, quoique nous eussions pour nous dans cette affaire l'ancien ambassadeur Ben-Aïssa et le juif Maymoran.

Ali-ben-Abdalla, outre qu'il était alors le personnage le plus nécessaire et le plus important dans le Maroc, avait sur ces derniers l'avantage immense de passer pour un saint aux yeux de Muley-Ismaël. Ce prince ayant appris que son alcaïde avait échappé aux plus grands périls dans une mêlée que celui-ci avait eue avec les Espagnols, avait attribué ce salut à une faveur spéciale du ciel, et depuis lors lui avait accordé ses premières faveurs.

Sous un autre rapport qui, après la religion, intéressait le plus sans contredit Muley-Ismaël, Ali-ben-Abdalla lui plaisait surtout en ce qu'il continuait le siége de Ceuta et la guerre sainte contre les Espagnols, sans qu'il lui en coûtât un felou; car l'empereur se contentait de lui fournir ses troupes de soldats noirs, que l'alcaïde payait religieusement. De leur côté, les Arabes de la province venaient, à tour de rôle et à leurs frais, servir un mois durant aux travaux du siége; et, chaque vendredi, les juifs étaient obligés de fournir de la poudre, ce qui faisait que les grands feux de canon et de mortier étaient toujours réservés pour ce jour de la semaine. Enfin l'alcaïde, à l'exemple de Ferdinand et d'Isabelle la Catholique lorsqu'ils assiégeaient Grenade, avait fait bâtir dans son camp, non une tente, mais une maison fort commode pour lui et sa nombreuse famille, afin de prouver aux Espagnols qu'il ne décamperait point qu'il n'eût pris la ville, et convaincre Muley-Ismaël de sa résolution inébranlable de vaincre ou de mourir. Et en effet, il en mourut à la peine; mais ce ne fut pas sans avoir rendu auprès de son maître plusieurs services aux Anglais de Gibraltar, en échange des munitions de guerre que ceux-ci lui fournissaient. C'est ainsi que les Anglais se trouvèrent en parfaite intelligence avec Muley-Ismaël.

La relation des pères de Notre-Dame de la Merci (1), à laquelle nous empruntons ces détails,

(1) Voir la Relation des trois voyages dans le Maroc, entrepris en 1704, 1708 et 1712, pour la rédemption des captifs. Cette relation est bien supérieure à la plupart des ouvrages de ce genre, ordinairement composés dans un simple but de charité, et où les missionnaires de N.-D. de la Merci négligeaient trop souvent ce qui pouvait intéresser la politique, le commerce, et l'étude des pays où ils séjournaient. *Paris*, 1724.

nous apprend que deux nouvelles rédemptions furent tentées en 1708 et en 1712, mais sans beaucoup plus de succès. En 1709, il restait au Maroc 130 esclaves français sur 800 esclaves chrétiens, dont 400 étaient Espagnols et 200 Portugais. Muley-Ismaël avait demandé, pour le rachat de ces derniers, deux cents pièces de drap d'Angleterre, vingt-six mille platines de fusil, quinze cents quintaux de poudre à canon et cinquante Maures, exigeant encore que tout fût envoyé à la rade de Salé. Mais ces conditions, après avoir été longtemps débattues, ne furent point acceptées.

Quant aux esclaves français, la dernière négociation dont nous ayons à parler eut lieu à leur égard en 1710, à la suite d'une lettre écrite par Muley-Ismaël à Louis XIV; mais d'abord il est bon de rappeler en quelle condition se trouvaient les prisonniers maures et français dans l'un et l'autre empire. En France, trois classes d'individus composaient alors la chiourme des galères : les hommes condamnés pour crimes à servir de forçats; les Turcs que le roi faisait acheter des corsaires chrétiens quand il en avait besoin; enfin les Maures pris sur mer par les vaisseaux français, et pour chacun desquels Louis XIV faisait donner cent écus, en y ajoutant une récompense pour les capitaines quand c'était un vaisseau marchand qui avait fait la prise (1). Dans le Maroc, Muley-Ismaël avait également pris des mesures particulières à l'égard des esclaves chrétiens, et les pères de la

(1) Voir la *Relation des trois voyages dans le Maroc*, entrepris en 1604, 1708 et 1712, pour la rédemption des captifs.

Merci nous apprennent qu'en cela il voulait encore imiter Louis XIV. Ayant su en effet que ce monarque (il aurait dû dire l'État) était seul le maître des esclaves qui sont en France, et d'ailleurs son propre intérêt s'y trouvant, il enleva tous les chrétiens qui étaient esclaves de son empire, en donnant à chaque propriétaire une indemnité par tête; puis il les fit travailler pour son propre compte, les occupant surtout à la construction de son palais de Méquinez. Pendant quelque temps Muley-Ismaël paya aux corsaires les esclaves qu'ils faisaient; mais depuis il trouva plus simple de ne rien donner, et c'est ce qu'il exécuta ponctuellement.

Comme il s'autorisait souvent de l'exemple de Louis XIV, on s'avisa de lui dire un jour que puisqu'il voulait imiter le roi de France, il ne devait point tuer ni faire tuer ses sujets en sa présence, car ce prince ne tuait point et ne faisait point tuer les siens devant lui; mais la réponse fut toute prête : « *Cela est vrai*, dit-il; *mais c'est que le roi Louis commande à des hommes, et moi je commande à des bêtes.* » La tradition, dans le Maroc, faisait remonter cette anecdote à l'époque de l'ambassade de Saint-Olon, et nous la citons ici pour achever de faire comprendre comment cette manie d'imitation porta Muley-Ismaël à écrire de nouveau à Louis XIV en juin 1709.

On reconnaîtra au fond de cette dernière lettre les mêmes pensées qui avaient jusqu'alors préoccupé l'empereur de Maroc. Ainsi l'alliance non interrompue de la France avec la Porte Ottomane est toujours l'idée fixe de Muley-Ismaël, en tant qu'il se considère comme kalife rival de celui de Constantinople. C'est ce qui fait d'autant plus regretter que Louis XIV, qui connaissait si bien l'avarice et les perfidies du chérif marocain, soit resté si longtemps sans comprendre tout ce que les idées profondément religieuses de ce musulman lui donnaient de prise sur ses déterminations. On doutera difficilement des résultats qu'il aurait pu obtenir à cet égard, en lisant la lettre où Muley-Ismaël lui présente sa religion sous un aspect encore inconnu et beaucoup plus complet(1).

« Nous avons autrefois envoyé à votre cour, dit-il à Louis XIV, deux de nos serviteurs; le premier se nommait Jach-Ali-Manino, et le second est le capitaine de la mer, Abdalla-Ben-Aïssa, lesquels y ont été chacun pour une fin particulière : le premier, à la prière et à la demande de nos alcaïdes, de qui il se prévalut, parce qu'un de ses fils était esclave en votre pouvoir; et, craignant qu'il ne se fît chrétien, il se servit de ce moyen pour solliciter sa liberté, comme nous l'avons su depuis. Le second, qui est le capitaine de la mer, a été envoyé par nous comme étant homme expérimenté dans les affaires des chrétiens, à cause des fréquentes communications qu'il avait eues avec eux, afin de nous informer avec certitude de quelle manière vous vous conservez en paix et amitié avec la maison Ottomane... En effet, il nous touche de droit, et pour plusieurs motifs, de faire

(1) Voir la *Relation des Voyages des religieux de la Merci dans le Maroc* en 1704, 1708, 1712, p. 297 (*Paris*, 1724).

attention à tout ce qui regarde ladite maison, d'abord à cause du zèle avec lequel elle sert et assiste en notre saint temple et dans la sainte maison du Dieu très-haut ; ensuite à cause de la sainte Jérusalem ; enfin à cause de notre sainte loi, qu'elle défend contre ses ennemis, et aussi parce qu'elle tient en son pouvoir l'Égypte et la Cité si sainte, et nommée du Dieu très-haut dans toutes ses saintes Écritures : ladite maison devant être pour toutes ces raisons respectée de tout ce qui se dira Maure et connaîtra un seul Dieu tout-puissant. De plus, voyant que sa longue et constante opposition à la maison autrichienne a discontinué dans le temps présent pour des raisons particulières (1), (et qu'elle s'est ainsi rattachée à vos ennemis); voyant encore qu'au milieu de tant de guerres dans lesquelles vous êtes engagé, vous conservez toujours avec ladite maison Ottomane une bonne paix et amitié, nous vous écrivons pour vous faire savoir que si dans la conjoncture présente vous nous envoyez votre ambassadeur, vous trouverez également avec nous toute la satisfaction possible, autant qu'il nous sera permis de vous la donner. Et bien que la maison Ottomane ait une haine particulière contre les Arabes qui sont sous notre domination, et dont la multitude tarirait le plus grand fleuve, s'ils venaient à se réunir tous du fond de leur désert ; bien que, d'un autre côté, craignant qu'ils ne lui fassent éprouver un jour

---

(1) Achmet II, monté sur le trône en 1702, n'entreprit rien contre la maison d'Autriche pendant toute la durée de la succession d'Espagne.

quelque revers, elle n'ose leur témoigner à l'extérieur l'amitié qu'elle leur doit, cependant, si vous avez besoin d'un secours de troupes pour vous défendre contre la maison autrichienne, donnant l'assurance convenable dans un tel cas, je vous l'enverrai tant en cavalerie qu'en infanterie, parce que nous considérons que vous êtes meilleur voisin que les Autrichiens, et qu'il y a une meilleure correspondance avec vous qu'avec eux. Ainsi, cela vous étant agréable, vous nous répondrez par vos religieux ou votre ambassadeur, et on vous donnera une entière satisfaction. Dieu vous conserve beaucoup d'années! »

Louis XIV s'attendait peu sans doute, dans la fatale année de 1709, à recevoir de Muley-Ismaël une pareille offre de secours. Il ne lui répondit qu'au mois de juin de l'année suivante; et sa lettre montra pour la première fois, mais trop tard, qu'il comprenait enfin la nature des relations à établir avec le Maroc, c'est-à-dire la parfaite analogie de ces relations avec celles qu'il entretenait depuis si longtemps avec la Porte Ottomane.

« ..... On vous a fait, répondit-il à Muley-Ismaël, un rapport fidèle, en vous parlant de l'amitié et de la bonne correspondance que nous entretenons avec la maison Ottomane. Depuis longtemps nous avons fait des capitulations avec elle, qui ont servi de règle pour le commerce des sujets des deux empires; nous les avons fait exactement observer par les nôtres, et s'il est arrivé quelque incident, la discussion n'a point interrompu l'intelligence; et jusqu'à présent nous avons entretenu un ambassadeur à la Porte, sans qu'aucun cas nous ait obligé de le rappeler que pour le remplacer aussitôt par un autre. Nous vous en avons aussi envoyé plusieurs; et le dernier, qui était M. de Saint-Olon, gentilhomme ordinaire de notre chambre, avait ordre d'entrer dans tous les moyens qu'on estimerait les plus justes pour établir une paix et des capitulations qui pussent assurer la tranquillité et les avantages réciproques du commerce et de la navigation des sujets de vos États et des nôtres. Il est revenu sans succès. »

Louis XIV rappelant ensuite le plaisir qu'il avait eu à recevoir ses ambassadeurs, et les égards qu'il avait montrés à l'amiral de Salé, Ben-Aïssa, exprime à Muley-Ismaël la joie qu'il a ressentie en apprenant qu'il avait étouffé les révoltes excitées dans son empire, et avait remis le calme dans sa famille (1).

« Nous voulons bien croire, continuait-il, que vous avez les mêmes sentiments pour nous; mais si vous vouliez nous en donner une marque sensible, et qui serait digne de votre piété, que nous savons être très-grande, ce serait de renvoyer nos sujets qui sont esclaves dans vos États. La protec-

(1) Il n'est pas inutile de rappeler à ce propos qu'à la suite de ces révoltes contre Muley-Ismaël, un fils de cet empereur, après s'être réfugié d'abord en Espagne, reçut un passe-port pour la France, où il sollicita, le 6 novembre 1708, la générosité de Louis XIV. Il se nomme lui-même dans sa lettre *Pedro de Jesus*, preuve qu'il s'était converti au christianisme. *Voyez* Correspondance des affaires étrangères, intitulée *Maroc*, de 1577 à 1733.)

tion que nous leur donnons, et l'humanité, qui doit être la vertu plus recommandable aux princes qu'aux autres hommes, nous ont toujours obligé à désirer leur liberté, et à la leur faciliter par le renvoi de notre part de ceux des vôtres qui sont sur nos galères. La condition qui, dans les règles de l'équité naturelle, devrait être égale, au moins pour l'échange d'un nombre à un autre nombre pareil, puisque ce sont des hommes pour hommes, ne le sera point : les religieux trinitaires, chargés de la rédemption, offrent encore de l'argent pour chacun des Français qui seront rendus.....

« ..... Nous vous ajouterons au surplus que quoique la plupart des princes de l'Europe, puissants par eux-mêmes, et plus encore par leur union, nous fassent la guerre depuis longtemps, et que les dernières campagnes leur aient donné quelques avantages, nous soutenons leurs efforts avec courage, et que nos peuples sont fidèles et fermes dans la défense de la justice de notre cause ; mais nous espérons que le Dieu des armées, qui veille sur le maintien des têtes couronnées, et en qui nous avons notre plus grande confiance, conservera les droits qui nous ont fait prendre les armes, et la gloire de notre règne et de notre empire..... (1). »

On reconnaît dans ces dernières paroles le caractère absolu et religieux du grand roi, que la mauvaise fortune avait frappé, mais nullement abattu. Quant à ce que dit Louis XIV du Maroc,

(1) *Voyez* Correspondance des affaires étrangères, intitulée *Maroc*, de 1577 à 1733.

s'il avait dès l'origine placé les négociations, par exemple celles qu'il confia à Saint-Olon, sur le terrain de cette dernière lettre, où il prend assez adroitement le biais des idées musulmanes, nul doute, selon nous, qu'il ne fût arrivé à quelque alliance définitive avec le fameux Muley-Ismaël. Mais quand il comprit le principal mobile des démarches de ce prince, il était trop tard, car il était lui-même au terme de ses efforts; et, absorbé depuis dix ans par la politique continentale, la force lui manquait pour ressaisir sa première puissance sur mer. D'un autre côté, les Anglais s'étaient fortifiés dans Gibraltar; et le traité d'Utrecht, en les confirmant dans cette possession, leur facilitait le moyen de couper en deux nos flottes du Levant et du Ponant. Dès lors notre politique maritime et commerciale, risquant toujours de voir son unité rompue au point où le Maroc est le plus en rapport avec l'Europe, laissa choir dans cet empire la plus grande partie de son autorité.

C'est le contraire qui serait arrivé, si Louis XIV avait pu ne jamais perdre de vue que la France, sinon toujours ennemie, du moins émule permanente de l'Angleterre, doit avant tout répondre aux conditions de puissance maritime; car dans ce cas il se serait appliqué à résoudre au plus tôt les difficultés continentales, inévitable fardeau de la succession d'Espagne. Inspirant dès lors plus de confiance à l'Italie et surtout au duc de Savoie, il n'aurait pas été trahi par ce dernier; ailleurs il n'aurait pas été abandonné du Portugal, qui se donna à l'Angleterre après la destruction de notre escadre au port de Vigo; enfin, moins ambitieux et moins redouté sur les bords du Rhin, il n'aurait eu qu'à se défendre énergiquement sur mer contre la Hollande et l'Angleterre, qu'il avait déjà vaincues, et auxquelles il put montrer une flotte formidable l'année même qui suivit le malheur bien plus que la défaite de la Hogue. Mais les idées et les prétentions de la cour, qu'il n'était déjà plus maître de conduire à son gré, au lieu d'être modérées dans la politique continentale et fermes dans la politique maritime, ne tendaient qu'à réveiller les jalousies du continent, et à les donner pour auxiliaires à nos deux rivales; et c'est en cédant à cette influence qui le détournait de ces premières vues, que le grand roi perdit les plus belles chances de sortir victorieux de la lutte où il s'était audacieusement engagé.

Ce qui prouve enfin que la France ne pouvait être forte et invulnérable qu'en étant puissance maritime, c'est que, malgré les fautes de Louis XIV, la marine, quelque délaissée qu'elle fût, décida la pacification pour le moins autant que l'armée de terre. Ainsi l'enlèvement ou la destruction des convois anglais, qui excitait si souvent le peuple de Londres contre le ministère whig; la brillante affaire de Rio-Janeiro, qui coûta vingt-cinq millions aux Portugais; les expéditions soudaines et terribles de nos armateurs, entre autres du brave Cassart, firent certainement plus pour la paix dans les conseils de l'Angleterre que la victoire de Denain. Pour que cette dernière puissance rappelât plus tôt Marlborough du continent, il ne manquait donc à Louis XIV que des escadres plus nombreuses pour tenir en échec le commerce de cette ennemie, et l'obliger à rappeler toutes ses forces sur mer. Mais la noblesse vaniteuse et corrompue qui entourait le monarque, accoutumée à se promener de l'armée à la cour, ne se croyait intéressée qu'au développement des forces de terre; et il fallut qu'à leurs risques et périls, de simples commerçants confiassent à Duguay-Trouin l'expédition du Brésil, qui contribua si puissamment à la conclusion de la paix.

Les mêmes préoccupations firent que, dans cette paix, nos intérêts maritimes furent encore sacrifiés à ceux du continent. Ainsi Gibraltar et Port-Mahon furent laissés à l'Angleterre. Dès lors, forte de ces deux points d'appui, et bientôt après de la coupable condescendance de Philippe d'Orléans, qui sacrifia entre autres intérêts nationaux le consulat français de Salé, cette puissance nous supplanta dans toutes les relations commerciales des côtes de Barbarie, et partagea avec nous la domination de la Méditerranée.

Telle fut, par suite de la prépondérance de la cour, la tendance funeste des dernières années de Louis XIV. Les résultats n'en sont peut-être nulle part aussi visibles que dans nos relations avec le Maroc; et c'est ce qui doit donner à ces relations une certaine importance historique. Elles reflètent en effet le caractère général du grand siècle, et en même temps elles éclairent d'un jour inattendu des événements qui ont puissamment influé sur la solution des grands problèmes contemporains.

C'est ainsi que nous y avons vu combien la succession d'Espagne avait apporté de causes de faiblesse à l'exercice de notre puissance maritime. Ces embarras commencèrent à la destruction de l'escadre française, qui fut sacrifiée au port de Vigo pour sauver les galions d'Espagne. Le sacrifice fut énorme et sans récompense; et c'était le moment même où nous venions de sauver Cadix des mains des Anglo-Hollandais, qui s'en seraient rendus maîtres aussi facilement que deux ans après ils firent de Gibraltar, si la vigilance de Louis XIV n'avait prévu et paré leur coup de main (1). Dans l'un et l'autre cas, la stupide indolence des gouverneurs espagnols et la jalousie obstinée des populations nous apprirent combien peu d'avantages nous avions à retirer directement d'alliés qui se reposaient entièrement sur nous, en entravant tout ce que nous voulions faire pour eux. Néanmoins la politique personnelle du grand roi conserva jusqu'à la fin, et malgré tous les revers, le sentiment de l'importance maritime qui en avait

---

(1) Le 27 avril 1701, Louis XIV écrivit au bailli de Noailles, lieutenant général des galères de France, et lui recommanda « de se rendre en toute diligence à Cadix, pour s'y tenir prêt à le servir, si la guerre, lui disait-il, se déclare avec les Anglais et les Hollandais, ainsi qu'il est à présumer..... Qu'il n'y ait aucun temps perdu, ajoutait-il, de crainte que vous ne soyez prévenu par les ennemis, qui ont déjà nombre de vaisseaux assemblés, s'ils se proposaient de tenter quelque entreprise sur Cadix avant que les forces navales que je destine pour la défense de cette place, et pour garder le passage du détroit, soient jointes. » (Voyez le manuscrit du dépôt de la marine, intitulé *Ordre du roi sur les galères.*)

fait l'admirable unité. Résistant de son mieux aux tendances exclusives qui la circonvenaient, elle s'efforça d'équilibrer constamment les entreprises continentales avec celles de la navigation et des colonies, et notre marine de l'Océan avec celle de la Méditerranée. La prise de Gibraltar l'affaiblit, il est vrai, au point de jonction des deux mers; mais cette politique n'en conserva pas moins à Constantinople et dans tout le Levant son incontestable supériorité, tandis qu'elle se manifestait encore en Amérique par le développement qu'elle donnait aux populations des Antilles et du Canada. Cette dernière colonie, en particulier, dut à une ordonnance de 1714 la prospérité qui en fit une nouvelle France, et l'aurait à jamais rendue capable de se suffire à elle-même, s'il ne s'était rencontré un Louis XV pour signer honteusement son abandon. C'est ainsi que le monarque qui avait créé Colbert, et en avait fait l'agent de toutes ses entreprises commerciales et maritimes, couronna sa longue carrière. C'était encore, pour une grandeur en déclin, un magnifique soleil couchant. Le souvenir en resta gravé jusqu'au dernier moment dans l'esprit de Muley-Ismaël, et y fut presque l'unique sauvegarde de notre influence dans le Maroc.

CHAPITRE SEPTIÈME.

Avantages que les Anglais retirent de la position de Gibraltar. — Rapports de cette place avec Tanger et Tétouan. — Conditions du rachat des esclaves. — Décadence de notre commerce dans le Maroc pendant la première moitié du dix-huitième siècle.

La position de Gibraltar, conquise sur le sol ennemi de l'Espagne, et en même temps occupée par une nation commerçante qu'elle rendait voisine des ports marocains, avait été doublement agréable à Muley-Ismaël, et surtout aux alcaïdes de Tanger et de Tétouan. Ceux-ci, en effet, trouvaient dans Gibraltar un débouché pour leur commerce et une source de richesses pour leurs douanes. Ils se hâtèrent donc de s'allier aux Anglais, et les favorisèrent de tout leur pouvoir à la cour de Méquinez.

Mais la position de Gibraltar devint surtout avantageuse pour nos rivaux après la mort de Muley-Ismaël (1727). Les discordes civiles qui éclatèrent alors dans le Maroc leur ouvrirent l'accès de ce pays. Également recherchés par les partis qui se faisaient la guerre, ils surent mettre toutes les circonstances à profit, par les services qu'ils rendirent à propos aux uns et aux autres sans partialité. Tant que dura la guerre avec l'Espagne, qui les tenait assiégés par terre, ils surent aussi tirer du voisinage des villes africaines les fascines et gabions dont ils avaient besoin pour leur défense, les brosses pour nettoyer les vaisseaux, et tous les ustensiles nécessaires qu'ils auraient été obligés de faire venir à grands frais d'Oran, d'Alger ou de Portugal. L'entretien de la flotte et de la garnison exigeait donc qu'on maintînt la meilleure intelligence avec Tanger et Tétouan, seules places d'ailleurs d'où les hôpitaux anglais tiraient la subsistance des malades, qui, sans ce secours, auraient péri de faim et de misère. C'est ainsi que l'alliance avec les côtes du Maroc devint bientôt indispensable pour alimenter Gibraltar. D'un autre côté, la présence constante des flottes d'Angleterre sur ces parages donna aux Maures la plus haute idée de la nation anglaise. Ces peuples n'étaient pas accoutumés à voir de grands vaisseaux comme ceux qui allaient de temps en temps jeter l'ancre dans la baie de Tanger; ils comparaient ces palais flottants à celui qu'avait fait construire Muley-Ismaël, et plusieurs curieux arrivaient de Méquinez pour voir ce qui en était. Les Maures s'accoutumèrent ainsi à négocier avec les Anglais de Gibraltar, et le profit qu'ils y trouvèrent leur fit multiplier ces relations.

Ils avaient d'ailleurs besoin de l'Angleterre, qui, en échange des approvisionnements en vivres qu'elle recevait d'eux, leur fournissait les munitions de guerre, la poudre, les boulets et les bombes dont ils se servaient les uns contre les autres, ou contre leurs ennemis communs. Or, comme les alcaïdes de Tétouan et de Tanger, qui obtenaient ces munitions, étaient les plus influents de l'empire, l'intérêt qu'ils retiraient de ces relations leur fit nécessairement favoriser les Anglais. Le même motif contribua à les rendre très-mécontents de la paix qui bientôt après fut faite entre l'Angleterre et l'Espagne; car ils craignaient que ce dernier pays contribuât aussi à l'approvisionnement de Gibraltar, et ne troublât le commerce qu'ils y faisaient.

Cependant les vaisseaux anglais qui de cette place venaient en Afrique, ou y chargeaient pour sa destination, restèrent autorisés à ne payer que la moitié des droits ordinaires de chargement et déchargement; et l'article V de la convention arrêtée le 14 janvier 1728 déclara que « les Anglais ont la permission d'acheter au prix courant, dans tous les ports de la domination de l'empereur de Fez et de Maroc, toutes provisions, de quelque espèce qu'elles puissent être, pour les flottes de S. M. Britannique et la ville de Gibraltar, avec pleine liberté de les embarquer sans payer les droits de douane, ainsi qu'on les a exigés dernièrement, contrairement aux derniers traités (1). » Ces traités remontaient à 1720. Depuis cette époque, le commerce anglais, qui s'était borné à si peu d'objets à la fin du XVIIe siècle, s'était considérablement accru dans cet empire; et l'Angleterre

(1) Voir l'histoire des révolutions du Maroc en 1727 et 1728, traduite du journal anglais du capitaine Braithwaite, page 342; *Amsterdam*, 1731.

en exporta la cire, le tangoult, le vieux cuivre, le maroquin de diverses couleurs, les cuirs tannés ou crus, les peaux de chèvre, de veau et de mouton, les nattes, le suif, le savon, la gomme, les amandes, les dattes et la laine.

Du reste, les plus grands avantages que l'Angleterre put tirer de l'occupation de Gibraltar ne consistèrent qu'à obtenir dans le Maroc les mêmes conditions que nous y avions conservées nous-mêmes depuis Louis XIV (1). Mais par la proximité de cette position, et surtout par leur habileté, les Anglais surent faire tourner en leur faveur des chances qui restaient encore égales pour nous. La suprématie politique nous fut encore enlevée; et les manœuvres de l'Angleterre, encouragées par la coupable faiblesse et l'incapacité des hommes d'État de la régence, finirent par anéantir presque tout entier notre commerce avec cette portion de la Barbarie.

L'abolition de notre consulat de Salé, qui eut lieu en 1718, est un des faits les plus caractéristiques de cette époque, et surtout de l'alliance anglo-française qui fut conclue cette même année. Il entraîna la prompte décadence de tous nos établissements dans le Maroc; et en même temps qu'il nous révèle, de la part du régent de France,

---

(1) Le capitaine Braithwaite, historien de l'ambassade anglaise de 1727, rapporte, pour expliquer les difficultés du rachat de ses compatriotes, que les ambassadeurs français, qui depuis vingt ans avaient essayé cinq rédemptions, *n'avaient pas été mieux traités que ne l'était alors l'ambassadeur anglais.*

la plus révoltante incurie pour nos intérêts maritimes et commerciaux, il nous fait supposer tout ce qu'il y avait de lâche condescendance pour ses alliés d'outre-mer. L'Angleterre, en effet, sachant le besoin qu'on avait de son appui, ne pouvait être étrangère à un résultat qui lui était si avantageux, et dont elle avait certainement fait naître la cause; car ce fut un de ses agents secrets, le protestant français Pillet, qui amena cette catastrophe pour notre commerce. Cet homme, alors marchand à Salé, et qui depuis se fit renégat, emprunta du vice-roi de Fez, fils de Muley-Ismaël, une forte somme d'argent, qu'il ne put ou plutôt dit ne pouvoir payer. Comme il était Français, tous les nationaux furent déclarés solidaires de son défaut de payement; et, pour se rembourser, le prince de Fez fit vendre tous leurs effets : ce qui les força aussitôt d'abandonner le pays. C'est après cette désertion, à laquelle la plus mauvaise volonté du monde aurait suffi pour porter remède, s'il n'y avait eu parti pris de faire une honteuse concession à l'alliance anglaise, que M. de la Madeleine, consul français à Salé, fut rappelé par notre gouvernement, sans qu'on songeât à le remplacer.

Pendant ce temps-là, les rapports de plus en plus étroits et nécessaires entre Tanger et Tétouan d'un côté, et Gibraltar de l'autre, influaient puissamment sur les relations de l'Angleterre et du Maroc. Ainsi, en 1732, une rupture ayant éclaté entre ces deux puissances, aussitôt des réclamations pour la paix partirent également de Tanger et de Gibraltar. Le gouverneur de Tanger représenta au roi de Maroc qu'il avait coutume de tirer de Gibraltar quantité de marchandises ; que l'interruption de ce commerce le mettrait hors d'état de payer les droits ordinaires, et que l'État ne pourrait manquer de recevoir un préjudice considérable de la continuation de la guerre

Le gouverneur de Gibraltar exposait de son côté à la cour d'Angleterre le tort que faisait aux habitants de cette ville la rupture avec le roi de Maroc, en ce qu'ils ne pouvaient plus faire venir de Barbarie aucune denrée, dont la proximité et le bas prix leur procuraient un double avantage. Ces sollicitations produisirent l'effet que les deux gouvernements en attendaient : le roi d'Angleterre envoya un ambassadeur au roi de Maroc pour lui demander la paix et l'élargissement de ses sujets. L'empereur de Maroc consentit à l'un et à l'autre, en fixant toutefois la rançon de chaque esclave anglais à 350 piastres, payables en poudre à canon et en platines de fusil : ainsi la paix fut rétablie entre les deux puissances, et cent quarante-quatre Anglais de différents âges recouvrèrent la liberté (1).

L'année suivante, une lettre du consul de France à Cadix nous apprend à quelle somme revenait, à cette époque, le rachat des esclaves de chaque nation. Les Portugais avaient payé leurs esclaves 666 piastres chacun, les Espagnols 1,000 ; et six Français rachetés par l'intermédiaire du sieur Rey étaient revenus à 600 piastres par tête, à cause de

(1) Voir *Relation de ce qui s'est passé dans le royaume de Maroc depuis 1727 jusqu'en 1737*, p. 211. Paris, 1742.

leur rachat isolé et des conditions onéreuses, qui se reproduisaient toujours en pareil cas, et dont on ne pouvait d'ailleurs apprécier la moralité. C'est ce qui fait que la France ne voulut plus racheter les siens que par la conclusion d'un traité de paix, comme avaient déjà fait les Anglais en 1732.

Le projet de ce traité date de 1733, mais il ne put se réaliser qu'en 1737; une petite escadre, commandée par le marquis d'Antin, obtint la liberté de soixante-quinze Français au prix de 45,000 piastres mexicaines. Et encore nos pauvres esclaves ne purent-ils s'embarquer qu'après avoir été fouillés l'un après l'autre, et dévalisés de tout le pécule qu'ils avaient acquis durant leur esclavage.

Ainsi les Anglais, qui avaient racheté leurs esclaves 350 piastres chacun, étaient alors les plus favorisés, grâce à la position déjà formidable de Gibraltar: mais qu'il y avait loin pourtant de leur influence à celle qu'avait exercée Louis XIV, lorsque, dans les projets de traité avec Muley-Ismaël, il n'avait jamais offert plus de 300 piastres par tête (1),

---

(1) Nous trouvons à cette même époque une preuve de l'ancienne influence de Louis XIV, dans une lettre curieuse écrite en 1733 (15 décembre) par Muley-Achmet Benassar, petit-fils de Muley-Ismaël. Ce prince, dépossédé par son oncle Muley-Abdalla, s'était réfugié à Ceuta, et ensuite à Séville, sous la protection du roi d'Espagne; peu après, étant parti pour Rome, il écrivit de là à Louis XV pour solliciter la faveur de l'avoir pour parrain de son baptême, disant que « son penchant naturel l'y portait plus qu'aucun autre motif;
« car dès sa plus tendre enfance Muley-Ismaël, qui l'aimait
« tendrement, ne lui parlait avec éloge d'aucun autre prince
« que de l'empereur Louis XIV, connu par tout l'univers. »

en fixant lui-même toutes les autres conditions du rachat.

A cette même époque nous subissions les conséquences de l'abandon du consulat de Salé, auxquelles il faut ajouter les suites non moins déplorables de la peste qui avait désolé Marseille et une partie de la Provence en l'année 1720. Ce fléau avait été une des plus grandes causes de l'interruption de notre commerce avec le Maroc; et les Anglais en avaient profité pour conclure avec Muley-Ismaël leur traité de 1720, qui avait également ruiné notre commerce de l'Océan avec cet empire.

« Depuis que les Anglais ont la paix avec les Maures, écrivait en 1733 notre consul de Cadix, ils ont détruit la navigation que nous faisions des ports du Nord dans ceux d'Espagne; il ne vient plus à Cadix, ni dans le reste de la côte d'Espagne, aucun de nos bâtiments d'Hambourg, peu d'Amsterdam, point d'Ostende; et l'on s'aperçoit bien en France que notre navigation tombe autant de ce côté-là qu'elle est tombée du côté de la Méditerranée (1). » Et pourtant les négociants expérimentés assuraient alors « qu'on pouvait encore débiter par an, dans le Maroc, pour 640,000 livres de toiles de France, telles que les Laval, les Bretagne et les Cambrai, et pour 900,000 liv. en draps, papier, sucre, coton, soufre, quincail-

(*Voir* Correspondance des affaires étrangères, manuscrit intitulé *Maroc*, 1575 à 1733.)

(1) Correspondance des affaires étrangères, manuscrit intitulé *Maroc*, 1575 à 1733.

lerie et droguerie, le tout tiré du royaume. »

« Pour donner une idée de l'importance de ce commerce, ajoutait le même consul, il suffit de dire que, depuis que les Anglais ont fait leur paix, il y a eu des années, à ce qu'assurent les négociants établis à Salé, pendant lesquelles il est venu, dans ce seul port, jusqu'à cent bâtiments anglais; et, malgré les troubles qui ont régné dans la Barbarie depuis la mort de Muley-Ismaël, ce qui a dérangé beaucoup ce commerce, il y en est entré, les moindres années, de quarante à cinquante, pendant qu'à peine avons-nous quatre à cinq tartanes de Marseille qui n'abordent Salé qu'en tremblant, et qu'il n'y vient aucun de nos bâtiments des ports du Ponant. Si nous n'enlevons pas totalement ce commerce aux Anglais par la facilité que nous pourrions retirer de la proximité de nos ports, nous le partagerions du moins avec eux. »

Aux causes que nous venons d'assigner à notre décadence commerciale et maritime, il faut joindre toujours la déplorable solidarité de l'alliance espagnole, qui pouvait bien nous servir sur le continent, mais n'était pas moins nuisible sur mer, où elle nous empêchait de traiter isolément, lorsque notre intérêt nous le conseillait. Ces tristes conséquences, que nous avons déjà remarquées sous Louis XIV, continuaient d'entraver toutes nos relations avec le Maroc.

Le gouvernement français n'en songeait pas moins toutefois à relever notre commerce dans cet empire; mais ce fut un simple capitaine de vaisseau marchand qui, en 1732, lui en donna la première idée. Ce fut le Marseillais Joseph Nadal qui eut l'honneur de réveiller nos hommes d'État de leur léthargie, et d'appeler sur ce point l'attention du gouvernement. Le mémoire qu'il adressa à Louis XV sur les moyens de réprimer les courses des pirates marocains nous révèle aussi plusieurs circonstances curieuses pour l'histoire de notre marine contemporaine. C'est ainsi que la sotte vanité de la noblesse de cette époque méprisait trop les Marocains « pour leur opposer un armement des vaisseaux du roi (1); » et le brave Nadal était réduit à dire que, « sans porter atteinte à la grandeur de Sa Majesté, on pourrait lui permettre l'armement qu'il proposait, de même qu'en 1728 on avait permis au commerce de Marseille d'armer plusieurs bâtiments particuliers contre les Tripolitains. »

L'objet de sa proposition consistait à employer le produit d'une loterie à l'armement de trois frégates propres à aller à voiles et à rames, et pourvues de munitions de guerre et de bouche pour trois campagnes de huit mois chacune. Leur destination permanente contre les Salétins pouvait sûrement réprimer leurs courses, « si préjudiciables, disait-il, au commerce par les prises qu'ils font de temps en temps, et plus encore par l'obligation où ils mettent les marchands d'augmenter les équipages de leurs navires, ou de les garantir par de fortes primes d'assurance : ce qui

(1) *Voir* Correspondance des affaires étrangères, manuscrit intitulé *Maroc*, 1575 à 1733.

les constitue dans des dépenses ruineuses à leur commerce, et les engage à le diminuer, au grand préjudice de l'État..... Ensuite le discrédit que les pirates salétins occasionnent au pavillon chez l'étranger, et principalement en Italie, en Portugal, en Espagne et en Hollande, où, à cause du risque que courent les bâtiments français de la part de ces corsaires, on y préfère les Anglais, qui n'y sont pas exposés..... Enfin l'espérance de faire des esclaves est aussi un objet digne d'attention; car en les employant sur les galères, on épargnera l'achat des Turcs que le roi est obligé de faire de temps en temps pour le service de ces mêmes galères (1). »

Tels furent les motifs qui, bien qu'ils ne fussent pas écoutés pour le moment, n'en firent pas moins reconnaître la nécessité de rassurer notre navigation, compromise dans ses relations commerciales, non-seulement avec les ports d'Espagne et de Portugal, mais principalement aux Canaries, à Madère, aux Açores, dans le détroit de Gibraltar, et dans toutes nos colonies de l'Amérique du Sud. Le traité de 1737 avec le Maroc, pour le rachat général de nos esclaves, fut l'unique résultat de quelques efforts tentés en cette occasion. Il prouva

---

(1) Dans un manuscrit inédit de la fin du règne de Louis XIV, nous voyons que nos marins ne voulaient jamais naviguer qu'en grandes escadres, même contre les Algériens, et que les commandants, jaloux de leur autorité, ne permettaient à aucun de leurs vaisseaux de s'éloigner d'eux, afin d'avoir seuls la gloire de toutes les actions de leurs subordonnés. (*Manuscrit Harlay*, n° 514, biblioth. du Roi.)

seulement que le gouvernement français n'avait pas entièrement oublié un empire si négligé depuis la mort de Louis XIV, et dont il ne devait s'occuper de nouveau sérieusement que dans la seconde moitié du dix-huitième siècle.

CHAPITRE HUITIÈME.

Situation précaire de nos relations commerciales avec le Maroc jusqu'en 1763. — État général du commerce de cet empire. — Tentatives pour reprendre nos anciennes relations. — Traité de paix entre le Maroc et l'Angleterre. — Lettre du prince Sidi-Mohamet à l'ambassadeur anglais. — Importance commerciale des provinces méridionales du Maroc, tandis que les provinces du nord sont exploitées par Gibraltar.

Pendant la première moitié du xviii$_e$ siècle, et jusqu'au traité de 1763, on se ferait difficilement une idée de l'état précaire où furent nos relations commerciales dans le Maroc.

Et d'abord l'anarchie continuait à désoler cet empire. Après les luttes acharnées de Muley Ahmet-Déby et de Muley Abd-el-Melek, un troisième fils de Muley-Ismaël, Abdala, n'était monté sur le trône que pour y surpasser ses prédécesseurs en férocité. Tour à tour déposé et réélu jusqu'à cinq fois, ce qu'il put obtenir de mieux fut de mourir paisiblement à Méquinez en 1757, grâce à la sagesse de son fils Sidi-Mohamet, qu'il s'était donné pour corégent.

Or, pendant que les Anglais, toujours en éveil,

profitaient de la moindre révolte et gagnaient à chaque guerre civile, nous ne sûmes tirer parti de rien. Le cardinal de Fleury, homme d'État d'une désespérante médiocrité, continuait ainsi sous Louis XV, et avec les meilleures intentions, l'œuvre de faiblesse et de déshonneur commencé sous la régence par le cardinal Dubois. Le dédain de la cour pour toute entreprise commerciale et maritime semblait alors pétrifier l'activité extérieure de la nation; et il ne restait plus que la politique continentale pour occuper la noblesse dans le mouvement des armées ou dans celui des ambassades. La politique exclusivement continentale, à laquelle des esprits faux et obstinés voudraient sacrifier encore nos colonies et nos projets d'outre-mer, faisait alors ses preuves dans les turpitudes du règne de Louis XV, comme elle devait les faire plus tard sous Napoléon, au milieu des miracles de nos conquêtes éphémères. A quoi nous servirent, en effet, la chevaleresque victoire de Fontenoy et les journées de Raucoux, de Coni, de Lawfeld? Compensèrent-elles un peu nos défaites sur mer? Hélas! non; car, sans navigation, sans commerce, sans colonies, rien ne pouvait plus alimenter les sources de la prospérité publique; et ce qui en restait, nos victoires continentales achevaient bien vite de l'épuiser, par l'onéreux entretien des troupes improductives. Aussi, malgré tous nos succès sur terre, fûmes-nous obligés de signer, et le traité d'Aix-la-Chapelle (1748), et celui de Paris (1763), où l'Angleterre renouvela par deux fois l'indigne stipulation de démolir les fortifications de Dunkerque et d'en combler le port, sous l'inspection de commissaires anglais payés par la France. Or, dans ces résultats, n'y eut-il que de la honte et de l'infamie pour Louis XV? Nos désastres de 1815 ont bien prouvé qu'il dut y avoir autre chose, et que le mal venait d'ailleurs. C'était donc le vice radical de cette politique exclusivement continentale du XVIIIe siècle, que tous les prodiges de la république et de l'empire n'ont pu rendre meilleure, et que nous ne saurions trop tôt ni trop complétement répudier, en présence des événements qui détruisent sur les bords de la Méditerranée les derniers restes de la grandeur maritime et commerciale de Louis XIV.

Quant à nos relations avec le Maroc, nous avons vu comment elles avaient été sacrifiées à l'alliance anglaise par l'abandon de notre consulat de Salé. Celui-ci, en effet, pouvait seul les maintenir; mais pour se maintenir lui-même, il avait besoin que la France eût des forces navales capables de le faire respecter. Depuis lors, et par suite des mêmes causes, l'état de notre commerce ne fit qu'empirer; et aussitôt se développèrent tous les abus qui, à diverses époques, ont compromis nos entreprises extérieures.

« Les Français qui sont à Salé et à Saffi, dit un mémoire inédit de 1755, ne sont connus que par leur mauvaise foi et leurs infidélités. Ils y étaient venus pour se soustraire à la rigueur des lois, et n'ayant pas la confiance de ceux qui commercent en Barbarie, ils ne sont occupés qu'à traverser les facteurs plus intelligents et d'une probité reconnue qu'on y envoie. Ils vivent ainsi des droits qu'ils exigent de ceux qui vont commercer dans leurs ports, et qu'ils obligent de s'adresser à eux. Et comme ils sont en possession de la place, on est nécessairement réduit à leur confier le soin des marchandises invendues ou des sommes à exiger, que les capitaines sont obligés de laisser en partant ; de sorte que ce seul inconvénient fait réduire l'importation de nos marchandises dans le Maroc à la plus petite quantité possible et aux articles les moins considérables. De là aussi l'interruption, cause principale de ruine pour les affaires, qui ne vivent que par la suite. Or, on ne pourra placer dans les ports de cette côte des régisseurs tels qu'il les faut, que quand ils seront protégés par un consul qui fera en même temps observer les règlements qu'on jugera à propos d'établir. »

Telles étaient, depuis 1718, les suites de l'abolition de notre consulat de Salé. Et comme en 1755 on songeait à rétablir notre influence dans le Maroc, l'auteur du mémoire ajoute :

« Parmi les conditions projetées pour la rédaction du traité, il devrait être convenu que le prince de Maroc obligerait tous les Français qui sont établis sur la côte, et qui n'y sont point agréés ni approuvés par notre cour, de s'embarquer pour l'Europe; qu'il accorderait main-forte à nos consuls pour faire sortir nos sujets qui s'écarteraient de leurs devoirs, et les renvoyer en France, où ils recevraient la punition de leurs fautes. »

Ces remèdes convenaient en effet parfaitement aux causes de notre décadence commerciale, et l'on ne manqua pas de les appliquer plus tard.

D'autres mémoires, venus la plupart de commerçants marseillais, signalaient également les abus et les remèdes. Marseille, pour qui Louis XIV avait tant fait, et qui recueillait encore dans les échelles du Levant les fruits de la politique du grand roi, souffrait plus qu'aucune autre ville de la situation humiliante de nos relations dans le Maroc; et c'est elle qui contribua le plus à les relever. Elle recevait alors presque tous les produits de cette partie de l'Afrique, et les répandait ensuite dans tout le royaume.

« Les laines, dit un de ces mémoires inédits, passent dans les manufactures du Languedoc, où elles se transforment en couvertures à Montpellier, et en draps et autres sortes de vêtements à Lodève, à Carcassonne. Il s'en fait une forte consommation; et on en fait également passer à Nantes, après les avoir fait laver et trier à Marseille. »

Les cires étaient également envoyées dans cette ville, où elles étaient bénéficiées et mélangées avec celles de la Cannée (Crète), lesquelles, étant trop dures, avaient besoin de celles de Barbarie pour en rendre plus parfait le blanchissage. On en faisait un grand commerce dans l'Italie, le Piémont, la Savoie et l'Espagne.

La gomme arabique et les sequins d'or étaient pour les fabriques de Lyon; « l'or des sequins est plus pur que celui de Portugal; et la gomme absolument nécessaire aux fabricants de soieries. »

Le commerce des laines, qui était pour nous le plus considérable, se perfectionnerait, ajoutait-on, si la crainte où sont les négociants d'avoir leur bien dans un pays où ils ne le croient point en sûreté, ne les obligeait à les charger précipitamment à bord de leurs navires, où le suint, durant la pression et l'estivage qu'on est obligé de faire à bord, brûle la laine, lui ôte beaucoup de sa perfection, et la réduit quelquefois en cendres; au lieu que si on pouvait faire à loisir les opérations nécessaires sur les lieux mêmes, soit en les déchargeant de leur suint par l'établissement des lavoirs, ou en prenant d'autres précautions également indispensables, on se garantirait de ces événements. Avec des établissements fixes, il serait également facile d'enlever la plupart des produits indigènes et d'en maîtriser le prix.

« Des hommes intelligents et au fait, placés sur les lieux, s'attacheront à faire un bon choix de laines et à en augmenter la quantité; on en trouve à Salé et à Saffi d'une qualité fine, égale et supérieure à celle d'Espagne, et qu'on peut employer dans nos manufactures pour fabriquer les plus beaux draps du Levant. »

En l'année 1755, on avait pu obtenir l'exportation de l'huile; mais celle du blé était toujours sévèrement défendue par la religion, dans ce pays qui en produit en extrême abondance, et où la même mesure qui en France coûtait 20 francs n'en coûtait alors que 4, et présentait un grain beaucoup plus beau et mieux nourri que celui du Levant.

Quant à l'achat des laines, la concurrence des vaisseaux dans les ports de l'Océan en faisait augmenter le prix à notre préjudice. « Or, cet inconvénient ne sera plus le même dès que nous pourrons y établir des régisseurs qui seront toujours occupés à vendre les marchandises de France et à en chercher le débit, et qui achèteront à l'avance la laine, la gomme et la cire, de manière à n'en pas faire hausser le prix quand nos bâtiments arriveront. »

Enfin, il était urgent de prévenir les Anglais et les Hollandais, qui, à l'exemple des Danois, depuis peu acquéreurs des douanes de Saffi, allaient conclure un nouveau traité de commerce avec le Maroc. D'ailleurs, à cette même époque, les premiers conservaient encore la plus grande partie du commerce d'entrée de Salé et Sainte-Croix, et ils retiraient sur la vente de leurs draps un bénéfice d'entrée de 25, 30, 40 pour cent, suivant les circonstances. Quant à nous, n'important alors presque aucune marchandise européenne dans cet empire, nous n'avions que le profit de la sortie ou du retour sur les produits africains, et les bénéfices de notre commerce se trouvaient diminués par la dépense d'un double fret.

D'un autre côté, tandis que la France n'importait rien, c'était elle précisément qui pouvait le faire avec le plus d'avantage, puisque c'était presque toujours ses produits contrefaits, ou achetés à elle-même par les étrangers, qui se vendaient dans le Maroc.

Tels étaient les avis que des commerçants

pleins de patriotisme donnaient au gouvernement français, et qu'on ne saurait encore trop répéter, aujourd'hui où les traditions du commerce maritime, si longtemps affaiblies et dédaignées par une fausse politique, ont besoin d'être presque entièrement régénérées.

Alors donc tout le commerce d'importation était fait par l'Angleterre, la Hollande, le Danemark et Livourne; et l'article principal était les draperies, dont les Anglais fournissaient les trois quarts, laissant le reste aux commerçants des autres puissances.

Les Anglais avaient en outre l'avantage d'entretenir par Gibraltar des traités particuliers avec Salé, Arzille, Tanger et Tétouan, dont les habitants étaient en révolte contre l'empereur Abdala, et avaient donné asile à son compétiteur Muley Mustady. Ceux-ci, en échange des bons offices de l'Angleterre et des munitions qu'elle leur fournissait, non-seulement toléraient le commerce du blé avec Gibraltar et l'approvisionnement de la garnison en toutes sortes de vivres, mais relâchaient aussi toutes les prises anglaises, et se faisaient les auxiliaires de nos ennemis contre notre commerce et notre marine.

Ces mêmes Anglais, par l'intermédiaire des juifs, auxquels ils ont toujours cherché à s'affilier, avaient su ménager aussi la bonne intelligence des corsaires marocains avec ceux d'Alger. Ces derniers s'opposaient auparavant à ce que les Marocains fissent la course dans la Méditerranée. « Aujourd'hui, au contraire (1755), la régence d'Alger les reçoit dans ses ports, et leur donne le secours dont ils peuvent avoir besoin tant en munitions de bouche que de guerre. » C'était un échange de la permission qu'avaient obtenue les Algériens de courir sus à nos bâtiments sous le pavillon de Salé. La religion, qui est le véhicule de tous les progrès chez les peuples barbares, présida sans doute à cette innovation dans les rapports de la régence d'Alger avec le Maroc. Plus tard du moins, en 1763, nous voyons que, guidés par cet esprit religieux, tous les armements sortis de Saffi, Salé et Tanger, et destinés à croiser dans la Méditerranée, allaient toucher à Tétouan pour y prendre les nouveaux ordres de l'empereur, mais surtout pour se recommander aux prières d'un saint marabout retiré à une lieue et demie à l'est de cette dernière ville, et auquel ils offraient une partie de leur fortune.

Ainsi, grâce à l'influence des prêtres musulmans et à ses propres menées, l'Angleterre tenait ouverts contre nous ces ports si longtemps redoutés de l'Afrique septentrionale, dont nous sommes aujourd'hui ou les voisins ou les possesseurs, et que nous pouvons à notre tour rendre redoutables à son commerce.

Néanmoins, le vieux Muley Abdala ou plutôt son fils Sidi-Mohamet, auquel il avait cédé la domination de toutes les villes maritimes de son empire, avait appris, par les nombreux pèlerins maures qui étaient passés à Marseille lors de leur voyage à la Mecque, que la nation française tenait le premier rang dans le Levant, et que notre pavillon avait la préférence sur tous les autres : à Tunis, par exemple, où depuis Louis XIV nous ne payions que trois pour cent, tandis que les Anglais et les Impériaux payaient toujours dix pour cent de leurs marchandises. Des faits aussi importants, joints sans doute au souvenir des rapports de Muley-Ismaël avec la France, rappelaient sans cesse au prince régent l'intérêt qu'il avait à traiter avec nous, et à faire une paix qui devait considérablement augmenter les revenus de ses douanes, principale richesse de son empire.

C'est dans ces circonstances que le gouvernement français, cédant aux sollicitations de nos commerçants, et voulant d'ailleurs tirer parti de la paix d'Aix-la-Chapelle, reporta son attention sur nos anciennes relations avec le Maroc. Une lettre inédite de M. de Varennes, notre consul à Cadix, en réponse aux éclaircissements demandés sur le commerce français avec cet empire, nous fera connaître et à quel état nous y étions réduits en 1750, et les ressources qu'il nous aurait été facile d'y développer.

« Le commerce que les Français font à Tétouan, Salé, Saffi et Sainte-Croix de Barbarie, les seuls ports avec lesquels ils soient en relation, consiste en cire, laines, cuivre en pain qu'on nomme *tangoul*, amandes, cordouans (1) teints en cochenille ou en jaune, peaux de chèvres, quelques gommes arabiques et sandaraques.

« On charge dans tous ces ports de 3 à 4,000 quintaux de cire par an, 8 à 10,000 quintaux de

---

(1) Cuirs à la façon de Cordoue, d'où dérive le mot *cordouanier*, cordonnier.

cuivre, et 10 à 12,000 quintaux de laine; et au port de Sainte-Croix, de 5 à 6,000 quintaux d'amandes douces ou amères. Quant aux gommes et cordouans, ce sont des articles peu importants.

« Les Anglais font presque tout le commerce de Tétouan par Gibraltar; ils y chargent des cires et des cordouans teints en cochenille. On fait aussi de Marseille quelques expéditions à Tétouan; elles consistent en deux ou trois petits bâtiments par an, dont les chargements ne sont pas d'une grande valeur; ils rapportent par leur retour quelque peu de cire et de cordouans, et les laines de la province qui restent, après que les habitants ont déjà fait leurs achats pour la consommation du pays.

« On charge à Salé environ 1,000 quintaux de cire et de 4 à 5,000 quintaux de laine, et quelques cuivres et gommes; à Sainte-Croix toutes les amandes que le pays produit, la plus grande partie du cuivre, un millier de quintaux de cire, des gommes et des peaux de chèvres.

« On ne fait point d'expéditions du Ponant à la côte de Barbarie. On ne pourrait pas même en faire, parce qu'on n'y a pas les marchandises qui conviennent aux Maures, à l'exception de quelques toiles de Bretagne et de Laval, dont la consommation n'est pas considérable. Le commerce avec le Ponant se fait par deux ou trois maisons françaises établies à Cadix, qui y frètent des vaisseaux français ou étrangers pour aller charger des laines à Salé ou à Saffi, où ils donnent ordre à leurs commissionnaires de les expédier pour Nantes : on envoie aussi des bâtiments de Marseille pour charger les marchandises de ces deux ports.

« Les Anglais et les Hollandais font presque tout le commerce de Sainte-Croix, et une bonne partie de celui de Saffi et de Salé. Ce sont eux qui chargent à Sainte-Croix presque toutes les amandes, cuivre et peaux de chèvres, et outre cela quelques parties de cire; les Français n'y font que peu de commerce.

« Le tabac en feuilles de la côte Atlantique du Maroc, surtout des ports de Salé et de Saffi, est de meilleure qualité et à plus bas prix que celui de Virginie. En lui donnant un débouché en Europe, on aurait pu engager les habitants à en développer la culture. »

Les bâtiments français expédiés de Marseille ou de Cadix pour le Maroc étaient alors au nombre de dix ou douze par an, et représentaient une valeur commerciale de 4 à 500 mille livres (1); l'extraction des laines faisait la partie avantageuse de ce commerce; et, en retour, Marseille envoyait des soies écrues, des sempiternes (2) et draps de Languedoc, du sucre de nos colonies, du soufre, du vif-argent, du fil d'archal, du gingembre, et des toileries de coton du Levant de différentes espèces.

---

(1) Sous Louis XIV, le seul port de Salé faisait en cinq mois un commerce plus considérable (*voir* ci-dessus, page 85).

(2) Synonyme du *lasting* anglais. Les sempiternes d'Angleterre ayant beaucoup de débit dans le Maroc, l'inspecteur de nos manufactures les fit contrefaire en France et donner à aussi bon marché. Les impériales de Carcassonne nous servaient d'ailleurs de modèle.

Les cuirs, la cire et le cuivre, dont la seule mine qui est près de Méquinez pouvait nous fournir chaque année plus de 20,000 quintaux, formaient ensuite les articles les plus considérables, et dont le débit était le plus avantageux en France. Saffi et Sainte-Croix étaient les places commerciales sur lesquelles on pouvait le plus compter pour ces produits.

Plusieurs pièces inédites nous apprennent encore qu'à cette époque une foule de petits commerçants se rendaient au Maroc, et compromettaient notre réputation commerciale par des entreprises mal conçues. L'absence de juridiction consulaire était chaque fois signalée comme la cause de ces abus; et notre gouvernement, forcé de s'occuper d'un établissement commercial dans cette partie de l'Afrique, cherchait aussi à remédier aux abus de ce petit commerce. Tout favorisait d'ailleurs ses projets; car le rétablissement de nos relations avec le Maroc ne permettait pas moins de bénéfices à Sidi-Mohamet qu'à nous-mêmes; et il semblait d'autant plus facile à réaliser, que ce prince avait alors de nombreux griefs contre l'Angleterre, cherchait à tirer vengeance de l'appui et des encouragements que cette puissance avait donnés aux révoltés des provinces du nord, et avait déjà fait équiper tous ses corsaires pour aller en course contre le commerce anglais. Ces tentatives d'hostilités n'eurent toutefois aucun effet, et ce furent les reis eux-mêmes, lorsque le prince de Maroc leur eut donné l'ordre de courir sus aux vaisseaux ennemis, qui l'engagèrent à faire un traité de paix avec l'Angleterre. La crainte et même la terreur que cette puissance inspirait à ces forbans, amenèrent ainsi la conclusion de la paix. C'est alors, en 1756, que Sidi-Mohamet écrivit une lettre éminemment curieuse pour l'histoire de la diplomatie dans le Maroc. Il l'adressa à l'ambassadeur anglais Pawkers, envoyé par George III, et muni de pleins pouvoirs pour la circonstance; c'est un document qui ne méritait pas de rester inédit, et qui va nous donner la principale clef des négociations de cette époque.

« En l'an 1147, en notre style, le roi mon père, dit Sidi-Mohamet, avait la paix avec l'Angleterre, qui lui doit encore la rançon de plusieurs captifs anglais. Le roi les avait renvoyés chez vous sur la parole d'un envoyé de votre maître qui promit de remettre exactement leur rançon, de Londres. Mon père était alors sur le point d'entreprendre un voyage pour aller du côté de Suz. Le pacha de Tétouan, Hamed-Ben-Aly, s'étant révolté contre lui, les Anglais ont mieux aimé payer la rançon stipulée à ce pacha, et lui ont fourni 700 barils de poudre, 70 pièces de canon et d'autres munitions de guerre qui sont encore à Tanger, pour le soutenir dans sa rébellion contre son souverain; mais ce pacha a été fait prisonnier, et condamné à la mort qu'il méritait....

« Les gouverneurs de Tétouan, de Tanger et de Salé, ont voulu imiter la révolte du pacha Hamed, et ont été secourus par le gouverneur et les Anglais de Gibraltar, qui pendant ce temps ont fait un commerce de contrebande sur nos côtes, et principalement celui du blé, qui est expressément défendu par notre loi....

« Voici encore un grief qui m'est plus sensible que les autres. Notre oncle Muley-Mustady, que le roi avait relégué à Arzille pour y vivre du revenu de ce port, a voulu se soulever et répandre le sang des fidèles musulmans. Le gouverneur de Gibraltar a soutenu le rebelle, en lui envoyant toutes sortes de munitions de guerre par un vaisseau anglais qui est encore à Arzille. J'ai donné ordre à nos corsaires de croiser pour intercepter le navire anglais; et s'il est pris, je jure sur ma loi que je ferai pendre au grand mât le capitaine et l'équipage.

« Le mois de juin dernier, il y avait à Larrache un navire anglais qui faisait ouvertement la contrebande. Nous avons éprouvé que le voisinage de Gibraltar nous a toujours été nuisible; enfin, que les Anglais, qui se disaient nos amis, nous ont plus fait de mal que les Espagnols et les Portugais, nos ennemis jurés....

« Je ne vois parmi les nations de l'Europe, continue Sidi-Mohamet, que les seuls Anglais qui cherchent à troubler le repos de nos États, et qui croient tirer un plus grand avantage des guerres qu'ils allument; mais tôt ou tard on leur fera payer chèrement leur témérité. »

Cette lettre de Sidi-Mohamet, qui gouvernait alors l'empire de Maroc pendant la vieillesse de son père, résume avec une parfaite exactitude la politique astucieuse de l'Angleterre; mais la crédulité du musulman, au moment même où il reconnaît qu'on l'a si souvent trompé, donne encore en plein dans un nouveau piége; car le gouvernement anglais rejetait alors tous les torts en question sur le gouverneur de Gibraltar; et ce qu'il y a de curieux, c'est que, par ce simple fait et la manière de le présenter, il avait eu l'habileté de se disculper aux yeux du prince marocain. Or ce résultat, souverainement bizarre dans notre manière de raisonner, était parfaitement logique dans les idées de Sidi-Mohamet : c'est ce qui se comprendra mieux par la suite de sa lettre.

« Je ne pense pas, ajoute-t-il, que votre gouverneur de Gibraltar, qui ne respecte pas les ordres de son maître, ait plus d'égard pour ceux que vous lui donnerez, vous ambassadeur; car s'il reconnaissait la commission dont vous êtes chargé, dès qu'il a appris que vous veniez à ma cour pour négocier la paix, il aurait dû suspendre les hostilités, le commerce en contrebande, et la correspondance qu'il a avec Arzille..... Nous croyons, mon père et moi, que le roi votre maître n'a aucune connaissance des procédés à notre égard du gouverneur de Gibraltar : ce qui nous confirme dans l'opinion où nous sommes que ce gouverneur profite de son éloignement pour négliger de se conformer aux intentions de son souverain. Ainsi, que Gibraltar soit exclu de la paix qu'il y aura entre l'Angleterre et nous, j'y consens volontiers; et avec l'aide du Tout-Puissant je saurai me venger, quand il le faudra, des Anglais de Gibraltar. »

C'est cette distinction des Anglais de Gibraltar

et du gouvernement d'Angleterre qui de prime abord a droit de nous surprendre de la part de son auteur, car elle est vraiment incompréhensible pour nous. On pourrait même la considérer comme une parole irréfléchie de Sidi-Mohamet, ou comme un mauvais prétexte pour dissimuler la mauvaise humeur qui perce dans son langage. Mais c'est précisément tout le contraire; et, bien loin que les raisonnements de ce prince manquassent de franchise ou de réflexion, ils ressortaient tous dans sa logique des faits habituels de la société musulmane, c'est-à-dire de l'état de révolte où se trouvaient toujours quelques gouverneurs dans le Maroc. C'est dans cette situation d'esprit qu'il crut à la prétendue insoumission du gouverneur de Gibraltar envers le roi d'Angleterre; et pour un fervent musulman, accoutumé à tout voir à son point de vue, le piége ainsi tendu à sa crédulité devait offrir un infaillible résultat. La paix fut donc conclue, et les Anglais eurent à la fois les bénéfices de la guerre en entretenant par l'intermédiaire de Gibraltar l'anarchie dans les provinces septentrionales du Maroc, et les bénéfices de la paix en recevant des garanties directes pour leur commerce avec les côtes occidentales de cet empire.

Pour être juste envers l'Angleterre, gardons-nous d'attribuer ce double résultat à la seule crainte de ses forces navales. La part du succès due à son habileté politique n'est pas moins remarquable; et c'est ici le cas de rappeler combien elle s'est montrée, sous ce rapport, incomparablement supérieure à tous nos hommes d'État du xviiie siècle. En effet, tandis que ceux-ci, spirituels courtisans, avaient perdu, dans la manie des thèses générales et des théories philosophiques, le sens véritable des choses, qui ne s'acquiert que dans les voyages ou par l'étude positive de l'histoire et de la géographie; tandis que, fiers de leurs idées préconçues, ils cherchaient directement à les faire prévaloir, sans examiner si elles étaient admises, au moins pour le fond, par les parties adverses; les Anglais, bien différents d'eux, et ne tenant à aucune idée arrêtée d'avance, allaient droit au but sans s'inquiéter des moyens, et, se plaçant immédiatement sur le terrain de leurs contradicteurs, se faisant une arme de tous leurs préjugés, se rendaient bientôt maîtres de la discussion. C'est de la sorte qu'ils eurent toujours l'avantage de l'attaque; tandis que leurs rivaux, dédaignant par paresse, par ignorance et surtout par vanité, de rechercher d'abord les points de contact avec l'objet en litige, assumaient ainsi tous les inconvénients de la défense, restaient immobiles dans leurs idées fixes, et, dans leur agression, avaient l'air de conquérants qui voulaient tout envahir sans bouger de place. Cette appréciation ne saurait du reste s'appliquer aussi bien aux négociations suivies en Europe, où nos diplomates, à cause de la communauté d'idées des nations chrétiennes, trouvaient naturellement à mettre en jeu l'habileté qui leur faisait défaut chez les musulmans.

C'est une cause semblable qui explique encore les échecs de notre gouvernement dans les colonies à l'égard des indigènes; car avec ces derniers il fallait appliquer une méthode de raisonnement et de politique accommodée à leur civilisation incomplète, et analogue à celle que nous avons exposée pour la société musulmane. Mais vouloir, comme on le faisait alors, imposer sans relâche et sans préparation, fût-ce nos meilleures idées, c'était plus que de la témérité, c'était l'inflexible et intolérable tyrannie du logicien; et c'est ainsi que, visant toujours à un prosélytisme inopportun, la France du xviiie siècle, en dépit de sa bonne foi et de son humanité, a subi tant d'échecs en politique et en diplomatie. Telle a été l'histoire de nos philosophes diplomates, dont Saint-Olon s'est montré à certains égards le précurseur, par les fautes que nous lui avons vu commettre dans les négociations de Louis XIV avec Muley-Ismaël.

L'immense supériorité des hommes gouvernementaux d'Angleterre nous explique donc à cette époque leur succès dans le Maroc; et la lettre de Sidi-Mohamet nous permet également d'apprécier la nature et les résultats de leur politique. Cette lettre nous rappelle de nouveau l'idée que nous devrions avoir de la logique des musulmans : logique essentiellement différente de la nôtre, comme notre société l'est de la leur, et à laquelle nous ne saurions trop bien nous initier depuis que la conquête de l'Algérie nous a mis en contact permanent avec le Maroc.

Maintenant, et en demandant grâce pour cette discussion, peut-être trop dogmatique, revenons vite à l'exposé des faits.

Aussitôt la paix conclue, l'Angleterre avait envoyé un consul à Saffi, qui devenait à cette époque le principal rendez-vous des relations commerciales. En 1751, les Danois s'y étaient établis, après en avoir acheté le port et les douanes, et en avaient conservé quelque temps le monopole; mais la jalousie des autres puissances européennes ne tarda pas à faire rompre l'accord qu'ils avaient conclu avec Sidi-Mohamet. Ce prince profita de la rupture pour imposer de nouveaux droits à tous les commerçants sans distinction; car, depuis qu'il avait été nommé par son père corégent de l'empire, il ne songeait qu'à y créer de nouvelles ressources et à accroître le revenu de ses douanes. Or, comme il s'était établi à Maroc, tandis que le vieux Abdala résidait à Fez, toutes les entreprises s'étaient naturellement dirigées avec lui vers le sud de l'empire; c'est ainsi que, depuis 1748 jusqu'en 1755, 176 bâtiments étaient allés charger à Saffi, ce qui ne s'était jamais vu auparavant. A cette dernière époque, plusieurs familles du versant méridional de l'Atlas étaient venues se fixer avec leurs troupeaux sur le littoral de l'Atlantique, pour être plus à portée de fournir la laine aux Européens; et un nouvel établissement s'élevait dans l'île de Mogador, prêt à offrir un nouveau débouché aux entreprises commerciales des chrétiens. En un mot, Sidi-Mohamet cherchait alors à gagner dans ses établissements du midi tout ce que la contrebande de Gibraltar lui enlevait dans les provinces insoumises du nord.

Tel fut, avec peu de variations, l'état des relations du Maroc avec l'Europe jusqu'à la paix de 1763. Les Danois, les Anglais, les Hollandais, les commerçants de Livourne, et Venise même, se partageaient presque tout le commerce de cette partie de l'Afrique, et, malgré la bonne volonté que nous témoignait le prince régent, la France n'y prenait part que par accident ou en achetant de seconde main : odieuse et révoltante situation qui ferait la honte du gouvernement français de cette époque, si l'abandon du Canada et la destruction du port de Dunkerque n'avaient fait peser sur lui la plus menaçante des responsabilités. La conquête de Port-Mahon, si importante pour la navigation du détroit, et la victoire remportée sur la flotte anglaise par la Galissonnière (1756), n'avaient pas même un seul instant remédié à cette décadence. Par l'exécution de l'amiral Byng, les Anglais surent réparer leur échec. Ils donnèrent aussi un grand exemple au monde, et prouvèrent à leur honneur que là où se trouvent les intérêts d'un grand peuple, toute faiblesse est un crime égal à la trahison. En France, l'opinion publique se révoltait enfin ; et l'on commençait à frémir d'indignation contre la bassesse de Louis XV et de sa coupable noblesse. L'Académie française, cette tribune littéraire, modèle anticipé des organes politiques de notre société moderne, mettait alors au concours l'éloge de Duguay-Trouin ; et l'âme patriotique du vertueux Thomas faisait entendre ces paroles souvent citées pour leur éloquence, mais cent fois plus dignes de l'être pour leur vérité :

« Que sont devenues ces flottes victorieuses qui

dominaient sur l'Océan ? Un triste silence règne dans vos ports. Eh quoi! n'êtes-vous plus le même peuple? Et n'avez-vous plus les mêmes ennemis à combattre?... Ignorez-vous que toutes les guerres de l'Europe ne sont plus que des guerres de commerce, qu'on achète des armées et des victoires, et que le sang est à prix d'argent? Les vaisseaux sont aujourd'hui les appuis du trône... Vous avez versé tant de sang pour maintenir la balance de l'Europe! L'ambition a changé d'objet. Portez, portez cette balance sur les mers. C'est là qu'il faut établir l'équilibre du pouvoir. »

Combien ce langage acquiert d'énergie, maintenant que la première ferveur des idées américaines, refroidie sans retour, laisse reprendre à l'Orient son ancien poids dans la balance du monde; maintenant que le but des grandes guerres maritimes, les seules probables ou possibles, au lieu de nous appeler sur l'Océan, nous provoque sur la Méditerranée, en présence de ces deux rivages de Marseille et de l'Algérie que leur proximité a faits pour le même empire! Les côtes septentrionales du Maroc seront bientôt l'avant-poste de ce théâtre providentiel. Puissions-nous donc, là comme sur les autres points de la mer Intérieure, nous rappeler les douloureuses paroles du xviiie siècle, pour y renouveler les magnifiques exemples du xviie! C'est en voyant la France tomber et déchoir, par des fautes qui n'étaient pas les siennes, que nous pouvons encore mesurer toute la hauteur de ses destinées et croire avec un nouveau motif d'orgueil à la grandeur prochaine qui l'attend.

CHAPITRE NEUVIÈME.

Rénovation de notre politique maritime. — Préliminaires d'un traité de paix et de commerce avec le Maroc. — Remarques du chevalier de Suffren sur le traité à conclure avec cet empire. — Relation de l'ambassade du comte de Breugnon, en 1767. — Articles et résultats du traité. — Rétablissement de notre influence dans le Maroc.

La France, par le traité de 1763, ne touchait pas encore au fond de l'abîme. Il fallait que l'esprit de système s'en mêlât pour rendre le commencement de la paix encore plus déshonorant que la fin de la guerre. Cet esprit, alors égaré par un philosophisme aussi vide et trompeur que dédaigneux des intérêts nationaux, érigea hardiment en principe que la France ne devait pas avoir de colonies. A l'en croire, il n'y avait de bonnes possessions pour nous que les possessions continentales. On céda donc la Louisiane à l'Espagne, « et on fit une théorie qui nous coûta cette belle colonie pour masquer la lâcheté qui nous avait coûté le Canada (1). » Nous ne parlons pas de

(1) Expressions de M. Saint-Marc-Girardin (article sur les œuvres de Washington publiées par M. Guizot).

l'expédition du Kourou, entreprise en même temps dans la Guyane, et où, par la plus criminelle des incuries, 17,000 colons périrent en six mois. Il suffit de savoir qu'en moins d'une année on renonça à l'empire du Mississipi et du Saint-Laurent, et à l'espoir de fonder un empire qui aurait pu s'étendre du golfe du Mexique aux côtes du Labrador. Le duc de Choiseul faisait alors partie du ministère qui laissait s'abaisser ainsi toute notre ancienne grandeur coloniale. Ce fut lui pourtant qui, de l'excès du mal, fit rapidement sortir le seul remède efficace qu'on pût lui appliquer. En peu d'années, il restaura notre marine et la rendit presque formidable, tandis que d'un autre côté il préparait par ses négociations la cession de l'Égypte à la France, pour se trouver prêt à remplacer par les mêmes productions et par un commerce plus étendu les colonies que nous avions perdues et celles qui pouvaient encore nous échapper (1). C'est avec de pareils projets dans la tête que ce ministre parvint, malgré toutes les entraves de l'Angleterre, à rétablir notre influence dans le Maroc. Il conclut un traité de paix avec Sidi-Mohamet, et posa les bases sur lesquelles notre commerce avec cet empire ne cessa de grandir et de

---

(1) Voir l'*Essai sur les avantages à retirer des colonies nouvelles dans les circonstances présentes* (15 messidor an V), par M. de Talleyrand. L'auteur de cet important mémoire dit en parlant du duc de Choiseul : « l'un des hommes du dix-huitième siècle qui eut le plus d'avenir dans l'esprit, et qui déjà en 1769 prévoyait la séparation de l'Amérique de l'Angleterre et le partage de la Pologne. » P. 14.

se développer jusqu'aux premiers jours de notre grande révolution.

Un autre caractère de cette partie du xviiie siècle dans laquelle nous entrons, c'est qu'elle a marqué dans l'histoire une ère nouvelle pour la marine européenne en général. La nôtre, en particulier, comprit tous les secours qu'elle pouvait retirer des progrès de la science. Nos marins et nos astronomes-géographes commencèrent alors à reprendre les recherches que la grande politique de Louis XIV avait si bien encouragées, si bien dirigées surtout vers des résultats pratiques, mais que l'incurie de son successeur avait depuis longtemps laissé tomber dans l'oubli.

« Ce fut le moment, dit M. l'amiral Roussin, où la navigation prit un essor plus élevé au point de vue du commerce et de l'industrie. Des savants du premier ordre accomplirent des voyages sur mer, tandis que les marins commencèrent à se livrer avec plus d'ardeur à l'étude des sciences : la pratique des observations astronomiques s'introduisit dans la navigation qui, à son tour, accéléra les progrès de l'astronomie, et perfectionna la géographie (1). »

C'est précisément vers cette époque que le chevalier de Suffren, excité par l'intérêt du rétablissement de nos affaires dans le Maroc, demandait, le 30 janvier 1766, à y être envoyé pour négocier le traité dont il était alors question, ou du moins à faire partie de l'escadre et de l'ambassade

(1) Voir l'éloge funèbre de l'amiral Truguet par M. l'amiral Roussin.

comme libre observateur chargé de prendre des connaissances relatives au gouvernement, à la guerre, à l'économie politique, au commerce et à l'histoire naturelle de ce pays si peu connu et encore moins observé. « Si vous ne voulez pas m'employer dans cette occasion, ajoutait-il en envoyant un petit mémoire fort remarquable sur le Maroc, je vous prie de me donner un bâtiment pour nos colonies. Je n'y ai été que dans un âge trop tendre pour avoir appris à en connaître les côtes, les ports, les courants, les vents, etc. : ce qui cependant est très-nécessaire en temps de guerre. Ma demande est dans la vue d'acquérir des connaissances pour servir utilement un jour. » Ainsi les hommes de génie aiment à puiser l'esprit des ressources dans les observations de la science. Les services que le bailli de Suffren rendit plus tard au pays méritaient que nous fissions connaître la pièce inédite qui en marque le point de départ, et qui, dans tous les cas, confirme si à propos les paroles de M. l'amiral Roussin, son émule en science comme en bravoure.

La demande du jeune Suffren ne fut point accueillie; mais deux ans après, en 1768, un de nos officiers de marine fut envoyé sur les rivages de l'Afrique septentrionale, et il eut occasion d'y faire des observations sur le gisement d'une partie de la côte, sur les sondes et les mouillages, et sur la latitude des points principaux. Ces travaux furent ensuite repris et publiés en 1778 (1), et les

(1) Voir pour le Maroc, le tome II (p. 29) du *Voyage fait par ordre du roi en 1771 et 1772 en diverses parties de l'Eu-*

progrès de la science continuèrent à marcher de pair avec le rétablissement de notre politique. Voyons maintenant comme celle-ci se releva dans le Maroc.

La paix de 1763 nous avait rendu la liberté des mers, et avec elle la pleine liberté de nos relations avec le Maroc. L'empereur désirait depuis longtemps faire un traité avec la France, et il en fit faire la proposition par un de nos commerçants. En même temps, les corsaires salétins continuaient leurs courses, et en quelques mois avaient fait six prises françaises et quatre-vingt-deux esclaves. Pour échapper à leurs attaques, il fallait considérablement augmenter les charges de la navigation, c'est-à-dire, doubler le personnel des équipages et les prix d'assurance; de sorte que notre commerce avec l'Amérique du Sud ou à travers le détroit subissait tous les inconvénients de la guerre au milieu de la paix générale de l'Europe. Mais l'occasion la plus favorable s'offrait enfin pour remédier à ce mal; et tandis que les autres puissances demandaient à entrer en négociation avec le Maroc, l'offre de traiter était faite directement et spontanément à la France. A cette époque, en effet, Sidi-Mohamet, après avoir raffermi l'ordre et l'unité de l'empire comme au temps de Muley-Ismaël, se rappelait très-bien que c'était avec la France que le Maroc avait été le plus fréquemment en relation d'affaires. Sachant aussi la paix solide et le vaste commerce que nous avions pres-

rope, *de l'Afrique et de l'Amérique,* par MM. de Verdun et de Borda, lieutenants de vaisseau. *Paris,* 1778.

que toujours entretenus avec la Porte Ottomane, il se montrait disposé à traiter d'après des capitulations analogues (1). Il y était également porté par le désir de recevoir nos marchandises de première main, et par le besoin que son empire avait de nos toiles et de nos draps, en échange desquels il pouvait nous vendre ses belles laines et autres matières premières. Ainsi tout nous faisait espérer des conditions plus avantageuses que celles déjà accordées à nos concurrents, Anglais, Hollandais, Danois ou Suédois (2). Ce traité nous offrait encore cet avantage qu'il devait empêcher les autres Barbaresques d'Alger, de Tunis et de Tripoli de se faire passer pour Salétins dans leurs

(1) Il y a plus de douze ans, disait en 1763 un de nos commerçants, que l'empereur m'assura pour la première fois qu'il aimait mieux avoir la paix avec la France qu'avec toute autre nation, « parce qu'il savait que les Français étaient industrieux, sincères et bons négocians, et que la France avait *presque toujours eu la paix avec le Grand Turc, et parce que la nation française faisait le* commerce *dans toute l'étendue de sa domination.* » (Mémoire du sieur Rey.)

(2) Un des motifs qui engageaient l'empereur à conclure un traité avec la France, c'est que « les marchandises que les Hollandais, Suédois et Danois lui apportaient étaient achetées ou fabriquées en France, sinon contrefaites par l'étranger. Or, l'esprit de commerce dont il était parfaitement doué lui faisait entrevoir qu'il valait bien mieux avoir ces marchandises de première main.....

« Si la France acquiesce à ses propositions, les Danois et les Suédois deviendront victimes de ses pirateries. Ce prince leur fait subir chaque jour mille avanies, et les oblige à se bâtir à leurs frais des maisons dans son établissement de Mogador. » (*Mémoire inédit* de 1766.)

courses contre notre commerce, ou d'aller se mettre au service de l'empereur de Maroc, toujours empressé à les accueillir.

C'est en présence de motifs si pressants pour conclure la paix, que notre gouvernement retarda pendant deux années sa réponse à l'envoyé de Sidi-Mohamet. Cet envoyé, qui était un commerçant français, prolongeait du reste tous ces retards de connivence avec l'Angleterre, tandis que le gouverneur de Gibraltar entravait, de son côté, toutes les négociations, et qu'au sud du Maroc, un intrépide navigateur écossais, Georges Glas, essayait, en 1764, de créer un comptoir anglais au port de Guader, sur les ruines du château de *Mar Pequena*. Quant à ce dernier projet, la jalousie de l'Espagne, jointe à celle des Maures, le fit presque aussitôt échouer. Le gouverneur des Canaries arrêta l'aventurier écossais, et les Maures profitèrent d'une rixe pour massacrer les Anglais qui étaient venus fonder la nouvelle colonie (1).

Les négociations de la paix furent alors reprises dans la ville même de Maroc par un autre de nos commerçants, nommé Salva. Pour en accélérer la conclusion et la rendre meilleure, M. de Choiseul essaya, en 1765, un coup de vigueur dont le succès aurait eu infailliblement ce résultat, mais dont la funeste issue, au lieu de nous rendre redoutables à Sidi-Mohamet, ne fit que l'irriter contre nous. Une escadre française vint bombarder La-

(1) Voir le récent et excellent ouvrage de M. S. Berthelot, secrétaire général de la société de géographie, p. 245; *De la Pêche sur la côte occidentale d'Afrique*. Paris, Arthus Bertrand.

rache et la canonna pendant trois jours. Le 27 juin après midi, les Français détachèrent dix-huit chaloupes armées pour aller brûler trois corsaires réfugiés dans le port. Le premier fut incendié; mais la défense des deux autres entraîna une fatale perte de temps; et quand le reflux força les agresseurs à la retraite, la plupart des chaloupes se trouvèrent à sec. Les quatre cent cinquante Français qu'elles contenaient soutinrent alors un combat désespéré, et, après avoir tué un millier de Maures, succombèrent bravement, à l'exception de quarante-huit blessés qui furent faits esclaves (1).

Tandis que l'échec de Larache arrêtait tout à coup les négociations, la république de Venise concluait une paix qui devait en rendre la reprise

(1) Quand le duc de Choiseul se décida pour cette mesure énergique qui devait hâter les négociations, l'empereur de Maroc avait alors une vingtaine de bâtiments propres à la course, et il les faisait monter par des jeunes gens pris dans chaque province, et commandés par des capitaines renégats ou algériens. Quant à ce qui regarde nos armements, on en trouve les détails dans la lettre que le commandant de l'expédition, M. Duchafault, chef d'escadre, écrivit à ce sujet:

« C'étaient 4 frégates armées à Toulon, plus deux chebecks qui croisaient alors dans le détroit, et propres à approcher des ports de Salé, Larache, Mogador et autres ports de la côte, pour canonner les forts et les bâtiments. »

« Je me flatte, ajoutait M. Duchafault, qu'avec les neuf bâtiments que vous me confiez, la côte de Maroc sera bien gardée, et que ce ne sera pas ma faute s'ils sortent de leurs ports et si nous n'en prenons pas quelqu'un. »

M. de Choiseul avait de plus fait lancer à Bordeaux un bâtiment pour cette expédition.

plus difficile par les prétentions que cette paix devait inspirer à Sidi-Mohamet. Cette république marchande consentit en effet à payer 50,000 sequins, et elle en promettait 10,000 pour chaque année, outre un présent de 60,000 livres fait à l'empereur, un autre pour la grande reine, et 5,000 sequins au principal ministre Muley-Dreis. Le rachat des esclaves vénitiens avait été fait au prix de 700 piastres fortes chacun. C'est en présence de ces concessions que l'Angleterre et le Danemark redoublaient d'efforts et d'intrigues pour rendre tout traité de paix impossible entre Sidi-Mohamet et la France.

Toutefois, les négociations avec ce prince recommencèrent l'année suivante; et lorsqu'on lui eut présenté le traité de paix qui avait été conclu, mais non confirmé, entre Louis le Grand et Muley-Ismaël, il s'en fit expliquer la plus grande partie, et en parut satisfait; il consentit même à nous en accorder presque tous les articles. Il demanda toutefois pourquoi cet ancien traité n'avait pas eu lieu; et comme on ne lui en expliquait pas la raison, il dit que ce ne pouvait être que les Anglais qui l'avaient fait rompre par jalousie contre la France, ajoutant que si nous étions venus faire la paix lorsqu'il était en différend avec nos ennemis, nous l'aurions faite à des conditions très-avantageuses, mais qu'à présent il avait fait une bonne paix avec l'Angleterre. Voilà ce que nous avait valu la décadence de notre marine. Enfin il insistait beaucoup pour conclure un accord sur l'article des munitions de guerre que lui fournissaient les autres nations, mais que la France avait toujours refusées, pour ne pas donner des secours aux infidèles contre les chrétiens. Les Anglais, par exemple, venaient alors de lui faire un présent de 40,000 liv. en marchandises et munitions de guerre. Quant au rachat général des esclaves, qui était le but principal de cette paix, comme on payait ordinairement 1,000 piastres fortes pour chaque capitaine, 800 pour les officiers et 600 pour les équipages, l'empereur de Maroc, voulant prévenir toutes difficultés, consentait à les mettre à 700 piastres fortes, l'un portant l'autre; or, ceux-ci étaient au nombre de 223. Les Pères rédempteurs, qui se trouvaient alors à Cadix, offraient de leur côté, pour ce rachat, 60,000 piastres fortes, et l'œuvre de la Rédemption de Marseille 10,000 : ce qui devait soulager d'autant le trésor public.

Quant aux présents à faire et à l'argent à donner, pour en dissimuler la honte, il fallait recourir à un palliatif déjà employé par les Anglais, lorsqu'ils rachetèrent l'équipage du vaisseau de guerre *le Lichfield*, naufragé sur cette côte. On devait en incorporer l'argent avec le prix du rachat général.

La négociation d'un pareil traité préoccupait alors beaucoup d'esprits (1), et nous avons déjà

---

(1) Des mémoires particuliers faisaient observer au gouvernement que :

« Si l'on pouvait établir à Salé le commerce du blé, ce serait une affaire d'une grande importance; car il y en a de grands marchés plus beaux que dans tout le reste de la Barbarie, et plus à portée de nos provinces du Ponant.

« On pourrait aussi traiter du commerce de l'huile; elle est cité la lettre écrite en cette occasion par le jeune chevalier de Suffren. Le mémoire dont il l'accompagna n'était pas moins digne d'intérêt. Il est également inédit, et nous sommes heureux de le publier comme un hommage à la mémoire de ce célèbre marin.

Remarques du chevalier de Suffren sur le traité de paix avec le Maroc.

« Il doit y avoir, dit-il, un article par lequel tous les priviléges et immunités que les autres nations pourront obtenir dans la suite, seront dès lors censés accordés aux sujets du roi.

« Il est très-essentiel de faire mention du droit d'épave; le roi de Maroc regarde comme à lui les marchandises et les malheureux sauvés du naufrage. Les Anglais éprouvèrent ce traitement en 1758. *Le Lichfield,* vaisseau de l'escadre de M. Keppel, qui allait à Gorée, se perdit sur la côte du Maroc. Ceux qui échappèrent à la mer furent faits esclaves, et n'ont été rendus que moyennant un rachat considérable. Eu égard à la barbarie des habitants, il serait peut-être dangereux que le roi n'eût aucun droit sur ceux qui, après le naufrage, se sauveraient sur ses côtes. On pourrait lui en accorder un modique, en motivant que c'est en

aussi bonne que celle d'Espagne, et il y aurait un grand profit pour nos négociants; car une pipe d'huile de ce pays ne reviendrait qu'à 18 ou 20 piastres, pendant que celle d'Espagne en coûte 50 ou 60. Les Anglais n'ont rien négocié sur ces deux articles. »

considération des soins qu'il s'oblige de faire prendre des naufragés. On peut se faire valoir, en se relâchant de la prohibition faite aux corsaires de s'approcher plus près de quarante milles de nos côtes. Cet article a été mis dans tous les traités avec les régences de Barbarie; c'est bien plus par air de grandeur qu'autrement. Il nous est au contraire à charge; les Italiens et Espagnols font librement le commerce que feraient nos caboteurs.

« Je sais bien que lorsqu'un Barbaresque paraît sur nos côtes, le commerce jette les hauts cris; c'est parce que ceux qui composent la chambre de commerce et les négociants en gros n'ont guère intérêt sur des bâtiments de cabotage, et qu'ils cherchent bien moins à les faire travailler qu'à avoir le fret à bon marché; mais le ministère doit soutenir et protéger les petits bâtiments, dont la multiplicité est la pépinière des matelots.

« Si l'on pouvait obtenir l'agrément d'établir un comptoir sur leurs côtes, les îles Zafarines, situées à quatorze lieues à l'E.-S.-E. du cap Tres-Forcas, paraissent propres à cet objet.

« 1° La rade est très-sûre, et l'établissement sur une des îles, loin d'être dans la fâcheuse position de la Calle, serait indépendant;

« 2° Il serait très-avantageux pour notre navigation d'avoir sur la côte d'Afrique un port où l'on pourrait trouver tous les besoins;

« 3° En cas de guerre avec Alger ou Maroc, on serait de la sorte à portée d'intercepter leurs corsaires et surtout les galiotes, qui sont obligées de côtoyer;

« 4° En cas de guerre avec les Anglais, le port serait d'une grande ressource pour nos marchands, qui y viendraient attendre le temps favorable pour passer le détroit, et serait encore plus avantageux aux corsaires ou frégates en station sur ces parages;

« 5° Quoique ces îles ne paraissent point susceptibles de rien produire, le pays qui est vis-à-vis étant très-abondant, la garnison coûtera peu à nourrir. A la vérité, en cas de rupture avec le Maroc, il faudrait se pourvoir en Espagne; mais le peu d'éloignement qu'il y a rend la chose aisée;

« 6° N'y ayant aucun port entre Ceuta et Oran (1), cette côte n'est fréquentée par aucun bâtiment, de manière que nous y ferions exclusivement un commerce très-avantageux malgré la guerre. Autrefois des bâtiments français y ont eu du blé pour une même quantité de sel. Faute de connaissances sur l'intérieur d'un pays qui est très-peu connu, je ne puis entrer dans les détails des avantages que ce commerce peut produire; mais le blé peut être aisément exporté en contrebande, et les autres marchandises, telles que la laine, la cire, doivent y être à bon marché, n'y ayant ni frais de transport, ni concurrence; enfin, l'on y trouverait le précieux avantage de faire ses chargements dans un bon port, au lieu de les faire dans les rades de la côte de Salé, très-dangereuses en hi-

(1) Les Espagnols, ajoute en note le chevalier de Suffren, ont sur cette côte Mélilla, Albuzème, etc.; mais ils n'y ont aucun port, et les gens de cette nation doivent nous rassurer sur le commerce qu'ils pourraient faire au préjudice du nôtre.

ver, et où l'on est obligé quelquefois d'évader trois ou quatre fois avant d'avoir fini de charger. »

Depuis la conquête de l'Algérie, les îles Zafarines sont devenues notre propriété, et rien ne s'oppose maintenant à ce que nous en prenions possession pour mettre à profit les observations du bailli de Suffren. Ces observations ont d'ailleurs été confirmées par celles de M. Bérard, capitaine de vaisseau, dans son excellente *Hydrographie des côtes de la Régence*; et tout récemment elles viennent de l'être encore dans un important ouvrage sur la pêche, publié par M. Berthelot, secrétaire général de la Société de géographie. Nous verrons plus tard, avec ces deux auteurs, comment les Zafarines pourront former un excellent port et un excellent lieu de pêche et de sécherie, tandis que la proximité de ces îles permettrait à nos vaisseaux partant pour les colonies d'effectuer sans retard un chargement de poissons de la meilleure qualité, et offrirait à l'État une nouvelle école pour nos marins.

Pendant que nos meilleurs esprits se préoccupaient de la conclusion du traité avec le Maroc, les Anglais s'efforçaient toujours d'en rompre les négociations. Pour faire échouer leurs menées, et ne pas tout perdre au moment où la paix était presque conclue, il fallut beaucoup céder pour le rachat des esclaves; et on consentit à rendre plusieurs Maures (1) pour chaque prisonnier fait dans

(1) Outre les esclaves maures, nous avions alors sur nos galères vingt esclaves turcs, tripolitains, tunisiens ou algériens; sept anciens esclaves convertis au christianisme ou libérés restaient affectés au service des galères.

l'affaire de Larache. Le rachat de tous nos esclaves était alors la première clause du traité, et notre gouvernement ne voulait pas qu'il en restât un seul dans le Maroc, où il aurait pu conserver le souvenir de nos divisions avec cet empire.

Tout était donc préparé pour remédier à un mal qui s'était invétéré durant un demi-siècle; et en mars 1767, M. le comte de Breugnon, nommé ambassadeur extraordinaire auprès de l'empereur de Maroc, Sidi-Mohamet-Ben-Abdala, partit pour aller conclure la paix dont les articles venaient d'être arrêtés à Versailles. Il appareilla de Brest, le 7 avril, à la tête d'une petite escadre, se rendit d'abord à Cadix pour embarquer les piastres nécessaires au rachat des captifs, et de là fit voile vers Safi, qui est le port de la ville de Maroc. Il y avait déjà été reçu avec de grands honneurs deux ans auparavant. Son retour, impatiemment désiré, fut encore mieux accueilli. A la première apparition de la flotte, le gouverneur de la province d'Abda avait reçu l'ordre de rassembler mille cavaliers avec vingt quintaux de poudre destinés aux réjouissances de cette réception. Jamais plus grands honneurs n'avaient été rendus à un ambassadeur chrétien, et jamais le Maroc n'avait témoigné des dispositions plus favorables à la France; aussi faudra-t-il bien distinguer, dans les formules du traité, les expressions si hautaines que le fanatisme musulman appliquait à tous les princes de la chrétienté, du langage politique qui concernait particulièrement la France. C'est dire que la ratification du traité échappait cette fois-ci aux lenteurs interminables de la diplomatie musulmane. Mais avant d'en exposer tous les articles, que leur importance pour nos relations présentes ne permet pas d'analyser, nous allons nous reposer un peu dans les détails descriptifs des lieux parcourus par notre ambassade.

L'itinéraire de Safi à Maroc donna lieu à une foule d'observations : aussi la relation inédite de cette ambassade, dont nous allons essayer de reproduire toute la substance, n'est-elle pas moins curieuse pour l'étude des mœurs et de la géographie que pour les notions diplomatiques qu'elle renferme. Elle nous fera connaître, en outre, la partie la plus oubliée de l'empire du Maroc, celle qui acquérait alors le plus d'importance, et nous préparera à la description générale de cette contrée.

Safi, où les vaisseaux du comte de Breugnon avaient jeté l'ancre, appartient à la province d'Abda. Elle est située sur le bord de la mer dans le fond de la baie de ce nom, et s'élève en amphithéâtre entre deux petites collines ; elle a trois portes, quelques rues mal percées, et peut contenir 7 à 8,000 habitants. Cette ville, bâtie par les Portugais, et abandonnée par eux en 1641, est au nord de l'ancien Safi, duquel il ne reste que quelques masures inhabitées. Elle est commandée par un château servant de demeure au prince Sidi-Mouley-Ab-Errhaman, fils de la deuxième femme de l'empereur, âgé de 16 à 17 ans, et gouverneur de cette ville. Ce château eût été fort, s'il eût été achevé. Quelques mauvaises fortifications défendent Safi du côté de la mer. L'artillerie qu'on voit sur cette partie des murs ne consiste qu'en quelques mauvaises pièces de canon de différents calibres. Les brisants, qui occupent tout le rivage aux environs de Safi, la rendent presque inabordable à nos chaloupes et canots ; mais les Maures ont, pour passer sur ces bancs, des pirogues ou canots à fond plat et très-élevés aux deux extrémités. Ils affrontent avec ces pirogues les plus grosses lames, qui élèvent quelquefois ces petits bâtiments à 10 et à 12 pieds de haut, d'où ils retombent avec une rapidité effrayante pour ceux qui ne connaissent pas cette façon de naviguer. Ces pirogues, quoiqu'à fond plat, ne peuvent pas toujours remonter assez haut sur le rivage pour que l'on puisse sauter à terre à pied sec : ce qui arriva le jour que M. l'ambassadeur descendit à Safi. La mer était grosse, des juifs commandés pour nous transporter à terre accoururent en foule et abordèrent les pirogues. Aussitôt que M. de Breugnon eut grimpé sur les épaules d'un des trois juifs qui lui étaient destinés, tandis que les deux autres lui serraient la botte pour le soutenir, nous enfourchâmes chacun le nôtre. Près de 80 personnes allant à terre, ainsi montées, formaient le spectacle le plus singulier.

Ce fut le 5 mai qu'eut lieu le débarquement du comte de Breugnon.

Haïssa-Ben-Mathou, le bacha, gouverneur de la province d'Abda, s'était rendu sur le rivage à la tête de ses cavaliers, dont le nombre s'était élevé à quatre ou cinq mille, pour aller recevoir l'ambassade française. Il la complimenta de la part de l'empereur, et fit aussitôt courir la poudre par sa troupe.

La course de la poudre est un honneur militaire qui se rend en allant à toute bride sur celui que l'on veut honorer, et lui tirant à bout touchant un coup de fusil à poudre. Dans cet exercice on admire l'adresse avec laquelle les Maures arrêtent leurs chevaux, à l'instant même où ils tirent leur coup de fusil; mais il arrive souvent que celui que l'on honore ainsi reçoit des grains de poudre dans le visage. Le comte de Breugnon put jouir de cet honneur pendant près d'une heure que dura le débarquement. Ensuite il se mit en marche pour se rendre chez le sieur Salva, le négociant français qui avait si bien coopéré à la conclusion de la paix, et chez lequel notre ambassadeur devait loger jusqu'à son départ pour Maroc. La milice maure borda la haie dans toutes les rues, et tout le cortége marcha à petits pas, précédé du bacha, qui fit distribuer force coups de bâton sur la populace qui nous étouffait. Nous arrivâmes enfin, malgré la chaleur, la poussière et la fumée des coups de fusil que les Maures devant lesquels nous passions nous tiraient dans le visage. Les Mauresques placées sur les terrasses des maisons, et exactement couvertes de leurs haïques (1), poussaient des cris de joie à peu près semblables à ceux des chouettes.

(1) La haïque est un ajustement commun aux deux sexes.

Après un séjour de huit jours à Safi, le comte de Breugnon se mit en marche pour la capitale.

Le bacha de la province, à la tête de 60 cavaliers, dirigeait la route; il était chargé de la part de l'empereur de la sûreté de toute l'ambassade. A la sortie de Safi, le jeune prince vint accompagner notre ambassadeur jusqu'à une certaine distance. On rencontra sur la route plusieurs tribus nomades campées dans leurs adouards ou villages ambulants.

Quelques tentes de poil de chameau et beaucoup de bestiaux font tout le bagage de ces adouards, qui contiennent quelquefois 6 à 700 hommes. Lorsque le pâturage devient rare autour de l'adouard, ils lèvent leurs tentes et vont s'établir dans un autre endroit. Cette espèce de Maures, plus sauvages que ceux des villes, nous ont paru plus doux.

Les habitants des adouards qui se trouvaient

C'est une pièce d'étoffe de laine blanche de quatre aunes et demie de long sur une aune et demie de large, et dans laquelle les mains sont enveloppées par les différents tours qu'ils lui font faire autour du corps. Une calotte de drap rouge avec une petite houppe de serge rouge et un caleçon composent avec cette haïque tout leur ajustement. Les femmes, lorsqu'elles sortent, font revenir un des plis de cette haïque sur la tête et le visage, ce qui les voile exactement. Un seul trou grand comme un louis d'or leur sert à voir les objets et à se conduire. Les Maures ont encore un autre ajustement qu'ils nomment *selem*; c'est une sorte de manteau à capuchon, et fermé sur l'estomac comme les chapes de nos prêtres. (*Voir* la relation inédite à la suite du journal manuscrit de Saint-Olon, possédé par M. Eyriès).

sur la route de M. l'ambassadeur venaient courir la poudre devant lui et lui offrir du lait et du miel, en signe de paix. On leur fit distribuer quelque argent, dont le peuple maure est encore plus avide qu'aucune autre nation.

Le même jour 11 mai, à 7 heures du soir, on arriva dans une plaine assez bien cultivée, qui se nomme Azac-Ham-Zima, où l'on passa la nuit sous des tentes qui faisaient partie du bagage de M. l'ambassadeur. C'est ainsi que l'on voyage dans ce pays, où l'on ne trouve aucun logement d'une ville à l'autre.

Le 12, à 5 heures, on se remit en marche jusqu'à 3 heures après midi, qu'on arriva sur le bord d'une saline minérale, nommée Grilna Rasselin. Cet endroit est frontière de la province de Bred Damare (Beled-el-Hamra), du pays Rouge. Le bacha, gouverneur de cette province, vint recevoir M. l'ambassadeur, à la tête de 4 à 5,000 hommes de cavalerie, auxquels il fit courir la poudre. Son Excellence et toute sa suite, étant excédés de fatigue, de soif et de faim, on commença à trouver la course de la poudre un honneur très à charge. On fut obligé de prier le bacha d'Abda de faire cesser cette mousquetade, et de faire écarter la populace qui empêchait de dresser les tentes. Il y eut en cette occasion une espèce d'émeute qui fut dissipée par les Maures de l'escorte, qui tombèrent à grands coups de bâton sur les mutins. Ce bâton était une espèce de cordon noueux de cuir ; ce sont les armes ordinaires des officiers de la milice. Un de ces mutins osa tirer le sabre contre un alcaïde, c'est-à-dire un officier des troupes maures. Il fut aussitôt arrêté et enchaîné ; il aurait eu les deux poings coupés sur-le-champ, si M. l'ambassadeur n'eût obtenu sa grâce et sa liberté.

Le 13, on partit à 4 heures du matin. On fit une halte après deux heures de marche, et on campa le soir à Bitinef, sur le bord d'un petit ruisseau.

Le 14, on campa à Saint-Horra.

Le 15, à Macharra.

Le 16, à Benhimy, à 2 lieues de Maroc, sur le bord de la rivière du même nom, qu'on passe à gué et dont le courant est très-rapide.

Le même soir, le bacha dépêcha un courrier à l'empereur pour le prévenir de l'approche de M. l'ambassadeur. Il revint quatre heures après, et annonça que le premier ministre et le bacha Mohamet-ben-Amarant, introducteur des ambassadeurs, viendraient le lendemain au-devant de Son Excellence à la tête de 600 officiers.

Le 17, un autre courrier vint à huit heures du matin pour avertir de se mettre en marche. A une lieue de là, on rencontra Mouley-Dreis et Mohamet-ben-Amarant, à la tête de leur troupe. La livrée de M. de Breugnon était en avant, suivie des bombardiers. Son Excellence, précédée des gardes de la marine, avait à sa droite M. le comte de Durfort, et à sa gauche le nouveau consul français, M. Chénier. Il était suivi des officiers sur deux lignes.

Lorsque les deux troupes furent à vingt-cinq pas l'une de l'autre, la musique française joua, et les tambours battirent aux champs. Mouley-Dreis s'avança vers M. l'ambassadeur, et le complimenta sur son heureuse arrivée; ensuite on s'achemina ensemble vers Maroc.

La ville de Maroc est située dans une grande et belle plaine qui s'étend jusqu'au mont Atlas. Son enceinte est très-grande, attendu les jardins qu'elle contient. L'intérieur en est presque détruit par les guerres civiles dont elle devient le théâtre à chaque changement de règne, chaque prince formant un parti pour se placer sur le trône, jusqu'à ce que celui qui s'est emparé du trésor royal les ait vaincus et leur ait fait trancher la tête. On compte neuf mosquées dans Maroc. Sur le dôme d'un de ces temples sont trois boules d'or, à la conservation desquelles les Maures prétendent que la durée de leur empire est attachée. Le palais de l'empereur est composé de plusieurs pavillons, qui communiquent les uns aux autres par des galeries avec des cours très-vastes. L'une de ces enceintes, nommée la cour des Autruches, contient plusieurs de ces oiseaux et des gazelles. Vers son entrée est une fosse très-profonde et très-large, dans laquelle on nourrit des lions qui servent quelquefois d'exécuteurs de haute justice.

L'ambassade française ne fit que côtoyer pour se rendre au vieux château situé à trois quarts de lieue de la ville, et désigné pour le logement de Son Excellence. En passant devant une des cours du palais, on trouve un bassin d'eau sur lequel est un canot portant quatre pierriers, dont on fit plusieurs décharges. Mouley-Dreis se retira après avoir conduit M. l'ambassadeur au lieu où l'on devait dresser des tentes pour lui et sa suite; et dès le même soir, on apporta à Son Excellence quatre bœufs, cent moutons, des légumes, etc., pour sa table et la nourriture de sa suite. Le jardin dans lequel on campa a environ 60 arpents. A l'une de ses extrémités on voit les ruines d'un château bâti par Mouley-Ismaël, aïeul de l'empereur régnant, et qui a été détruit par les Berbères, dont plusieurs tribus vivent réfugiées dans les hautes montagnes de l'Atlas, à 5 lieues de Maroc.

Ce jardin, ou plutôt ce verger, contient beaucoup d'orangers, de citronniers et de toutes les espèces de fruits et légumes que fournissent différents climats. On y campa sous une allée de mûriers blancs.

Le 18, M. l'ambassadeur fit avec toute sa suite la première visite à Mouley-Dreis. Celui-ci, après qu'on lui eut donné les présents d'usage, reçut Son Excellence dans une maison située au bout du jardin et richement meublée de différentes étoffes d'Europe. Ses premières paroles furent que l'empereur désirait depuis longtemps s'allier avec la France, et qu'en particulier il se trouvait flatté que cet événement arrivât sous son ministère.

Le lendemain, l'empereur fit prévenir Son Excellence qu'il lui donnerait audience à 4 heures après midi. Zumbel, juif, intendant des finances et favori de l'empereur, vint prendre M. de Breugnon pour le conduire au Mechouar, grande place ou plaine située derrière le château, et où l'empereur se trouve trois fois la semaine pour rendre justice à ses sujets. C'est là que l'on porte devant lui les plaintes du grand criminel. Là, chacun plaide sa cause lui-même, et la sentence prononcée par l'empereur est exécutée dans l'instant même par le premier Maure qui se trouve présent, quelquefois par l'accusateur. Peu de crimes sont punis de mort, excepté l'assassinat, pour lequel il n'y a point de grâce. Le voleur en est quitte pour avoir les poings coupés. L'adultère est puni de mort physique pour les femmes, et d'une sorte de mort physique chez les hommes, à qui l'on arrache les instruments de leur crime. Cette opération, faite avec toute la barbarie possible, est souvent suivie de la mort du coupable. Ils emploient, pour la guérison du patient, le même remède dont ils se servent dans tous les cas de mutilation; il consiste en un emplâtre de goudron brûlant. Les effets de ce topique sont merveilleux, puisque la blessure d'un membre amputé est entièrement guérie au bout de quinze jours.

Arrivés sur le Mechouar, tous les officiers de l'ambassade mirent pied à terre; et lorsque l'empereur parut, M. de Breugnon s'avança jusqu'à l'étrier de son cheval, et, en s'inclinant, lui remit dans un mouchoir de soie ses lettres de créance et un compliment, que Zumbel traduisit en arabe. Ensuite l'empereur répéta à M. l'ambassadeur ce que Mouley-Dreis lui avait dit sur le désir qu'il avait de faire la paix avec la France, et ajouta « qu'il en avait toujours cherché les occasions, surtout durant la dernière guerre de la France avec l'Angleterre, dans laquelle son amitié aurait pu être utile aux Français; qu'au reste il espérait que cette paix serait aussi durable que celle qui subsistait depuis si longtemps *entre la Porte ottomane et la France;* qu'il ne ressemblait pas aux deys d'Alger et de Tunis, qui ont manqué plusieurs fois aux traités, et que sa parole était inviolable; que d'ailleurs son empire était grand et puissant; qu'aucun autre intérêt que son inclination ne le portait à faire la paix avec l'empereur des Français. »

Sidi-Mohamet, l'un des princes les plus religieux du Maroc, prouva plus tard que ce langage était parfaitement sincère. Toutefois, dans la rédaction du traité, son fanatisme ne voulut point déroger en notre faveur à l'insolence des formules diplomatiques que la division des gouvernements chrétiens et leur basse envie de se nuire les uns aux autres avaient, depuis Louis XIV, mises en usage chez les musulmans.

Le 27 mai, les esclaves français qui étaient à Salé et à Larache arrivèrent au camp conduits par un caïde, et ils furent rachetés aux conditions déjà indiquées, conditions vraiment humiliantes et douloureuses pour la France, si on les compare à celles que Muley-Ismaël nous avait si souvent proposées au xviie siècle. Elles étaient néanmoins autant et même plus favorables que toutes celles qui étaient alors accordées aux autres puissances européennes; mais le mal trop réel était qu'après être tombés au niveau de ces puissances dans l'opinion des musulmans, nous ne pouvions plus nous relever au-dessus d'elles.

Qu'on se rappelle, en effet, ce que nous avons dit de la façon dont Louis XIV traitait le rachat des esclaves, et l'on verra quel abîme incommensurable séparait sa politique de celle de son faible et coupable successeur. Cette différence apparaît encore mieux dans la rédaction du traité qui nous occupe, conclu entre la France et le Maroc le 28 mai 1767 (1); car notre nouvel allié s'y nomme « le pieux Sidi-Muley-Mohammed, fils de Sidi-Muley-Abd-Allah, fils de Sidi-Muley-Imaël, de glorieuse mémoire, empereur de Maroc, Fez, Méquinez, Suz, Tafilelt et autres lieux, » tandis qu'il donne à Louis XV un titre fort équivoque, qui est bien loin d'être synonyme d'*empereur*, et signifie plutôt *tyran, usurpateur, chef d'une secte impie, d'une faction rebelle au souverain légitime* : titres que les pieux kalifes de Maroc donnaient alors, comme nous l'avons dit, aux princes chrétiens, mais qu'ils n'avaient jamais encore eu l'insolence de donner aux monarques français. Du reste, Louis XV, qui avait signé le traité de Paris et l'abandon du Canada, n'avait pas grand effort à faire pour sacrifier les prérogatives de la France dans ses rapports avec les races orientales. Il oublia donc que dès 1630, lors du traité conclu par le chevalier de Rasilly, le Maroc avait été accoutumé par Richelieu à donner au roi de France le titre du plus grand prince de la chrétienté. De son côté, le duc de Choiseul, ne voyant plus que les

---

(1) Voir la traduction du texte arabe par M. de Sacy, *Chrestomathie arabe*, t. III, p. 278, et la note 20, p. 332, 2ᵉ édition.

avantages matériels qui pouvaient résulter du traité, passa sur des expressions qui, en pareille circonstance, n'avaient jamais un seul instant arrêté les Anglais. C'était enfin la seule voie ouverte à un plus honorable avenir, et nous verrons plus bas comment Louis XVI parvint à réparer cet affront, sans pouvoir toutefois relever notre influence au degré d'où un règne sans patriotisme et sans pudeur l'avait laissée déchoir.

Le traité de 1767 servant encore de bases à nos relations présentes avec le Maroc, nous en publions ici le texte complet.

Traité de paix et d'amitié conclu entre Sidy Mohamet et Louis XV, le 28 mai 1767.

« ART. Ier. Le présent traité a pour base et fondement celui qui fut fait et conclu entre le très-haut et très-puissant empereur Sidy Ismaël (que Dieu ait béni!) et Louis XIV, empereur de France, de glorieuse mémoire.

« ART. II. Les sujets respectifs des deux empires pourront voyager, trafiquer et naviguer en toute assurance et partout où bon leur semblera, par terre et par mer, dans la domination des deux empires, sous quelque prétexte que ce soit.

« ART. III. Quand les armements de l'empereur de Maroc rencontreront en mer des navires marchands portant pavillon de l'empereur de France et ayant passe-port de l'amiral, dans la forme transcrite au bas du présent traité, ils ne pourront les arrêter, ni les visiter, ni prétendre absolument autre chose que de présenter les passe-ports; et, ayant besoin l'un de l'autre, ils se rendront réciproquement de bons offices; et quand les vaisseaux de l'empereur de France rencontreront ceux de l'empereur de Maroc, ils en useront de même, et ils n'exigeront autre chose que le certificat du consul français établi dans les États dudit empereur, dans la forme transcrite au bas du présent traité.

Il ne sera exigé aucun passe-port des vaisseaux de guerre français grands ou petits, attendu qu'ils ne sont pas en usage d'en porter, et il sera pris des mesures, dans l'espace de six mois, pour donner aux petits bâtiments qui sont au service du roi, des signes de reconnaissance, dont il sera remis copie par le consul aux corsaires de l'empereur de Maroc. Il a été convenu, de plus, que l'on se conformera à ce qui se pratique avec les corsaires de la régence d'Alger, à l'égard de la chaloupe que les gens de mer sont en usage d'envoyer pour se reconnaître.

« Art. IV. Si les vaisseaux de l'empereur de Maroc entrent dans quelque port de la domination de l'empereur de France, ou si respectivement les vaisseaux français entrent dans quelques-uns des ports de l'empereur de Maroc, ils ne seront empêchés, ni les uns ni les autres, de prendre à leur bord toutes les provisions de bouche dont ils peuvent avoir besoin, et il en sera de même pour tous les agrès et autres choses nécessaires à l'avitaillement de leurs vaisseaux, en les payant au prix courant, sans autre prétention. Ils recevront d'ailleurs tous les bons traitements qu'exigent l'amitié et la bonne correspondance.

« Art. V. Les deux nations respectives pourront librement entrer et sortir, à leur gré et en tout temps, des ports de la domination des deux empires et y trafiquer avec toute assurance; et si, par hasard, il arrivait que leurs marchands ne vendissent qu'une partie de leurs marchandises et qu'ils voulussent remporter le restant, ils ne seront soumis à aucun droit pour la sortie des effets invendus. Les marchands français pourront vendre et acheter, dans toute l'étendue de l'empire de Maroc, comme ceux des autres nations, sans payer aucun droit de plus ; et si jamais il arrivait que l'empereur de Maroc vînt à favoriser quelques autres nations sur les droits d'entrée et de sortie, dès lors les Français jouiront du même privilége.

« Art. VI. Si la paix qui est entre l'empereur de France et les régences d'Alger, Tunis, Tripoli et autres, venait à se rompre, et qu'il arrivât qu'un navire français, poursuivi par son ennemi, vînt se réfugier dans les ports de l'empereur de Maroc, les gouverneurs desdits ports sont tenus de le garantir et de faire éloigner l'ennemi (1), ou bien de le retenir dans le port un temps suffisant pour que le vaisseau poursuivi puisse lui-même s'éloigner, ainsi que cela est généralement usité; de plus, les vaisseaux de l'empereur de Maroc ne

---

(1) Le texte arabe ajoute : « *même en lui tirant des coups de canon.* » (Note de M. de Sacy.)

pourront croiser sur les côtes de France qu'à trente milles loin des côtes.

« Art. VII. Si un bâtiment ennemi de la France venait à entrer dans quelque port de la domination de l'empereur de Maroc, et qu'il se trouve des prisonniers français qui soient mis à terre, ils seront dès l'instant libres et ôtés du pouvoir de l'ennemi (1). Il en sera usé de même, si quelque vaisseau ennemi de l'empereur de Maroc entré dans quelque port de France et qu'il mette à terre des sujets dudit empereur. Si les ennemis de la France, quels qu'ils soient, entrent avec des prises françaises dans les ports de l'empereur de Maroc, ou qu'alternativement les ennemis de l'empire de Maroc entrent avec des prises dans quelques ports de France, les uns et les autres ne pourront vendre les prises dans les deux empires; et les passagers, fussent-ils même ennemis, qui se trouveront réciproquement embarqués sous les pavillons des deux empires, seront de part et d'autre respectés, et l'on ne pourra, sous aucun prétexte, toucher à leurs personnes et à leurs biens, et si par hasard il se trouvait des Français passagers sur des prises faites par des vaisseaux de l'empereur de Maroc, ces Français, eux et leurs biens, seront aussitôt mis en liberté; et il en sera de même des sujets de l'empereur de Maroc, quand

(1) Le texte arabe porte : « Si les captifs français demeurent à bord du bâtiment, sans qu'aucun d'eux descende à terre, on n'aura rien à dire aux gens du bâtiment à leur sujet; mais s'ils descendent à terre, ils seront libres et soustraits au pouvoir de celui qui les retenait prisonniers.» (Note de M. de Sacy.)

ils se trouveront passagers sur des vaisseaux pris par les Français; mais si les uns et les autres étaient matelots, ils ne jouiront plus de ce même privilége.

« Art. VIII. Les vaisseaux marchands français ne seront pas contraints de charger dans leur bord, contre leur gré, ce qu'ils ne voudront pas, ni d'entreprendre aucun voyage forcément et contre leur volonté.

« Art. IX. En cas de rupture entre l'empereur de France et les régences d'Alger, Tunis et Tripoli, l'empereur de Maroc ne donnera aucune aide ni assistance auxdites régences, en aucune façon, et il ne permettra à aucun de ses sujets de sortir, ni d'armer sous aucun pavillon desdites régences, pour courir sur les Français; et si quelqu'un desdits sujets venait à y manquer, il sera puni et responsable dudit dommage (1). L'empereur de France, de son côté, en usera de même avec les ennemis de l'empereur de Maroc; il ne les aidera ni ne permettra à aucun de ses sujets de les aider.

« Art. X. Les Français ne seront tenus ni obligés de fournir aucune munition de guerre, poudre, canons, ou autres choses généralement quelconques servant à l'usage de la guerre.

« Art. XI. L'empereur de France peut établir dans l'empire de Maroc la quantité de consuls

(1) Le texte arabe signifie à la lettre : « Il (l'empereur) le châtiera, et répondra du dommage causé par son sujet. » L'exactitude de la traduction est ici d'une grande importance, ajoute M. de Sacy.

qu'il voudra, pour y représenter sa personne dans les ports du dit empire, y assister les négociants, les capitaines et les matelots, en tout ce dont ils pourront avoir besoin, entendre leurs différends et décider des cas qui pourront survenir entre eux, sans qu'aucun gouverneur des places où ils se trouveront puisse les empêcher. Lesdits consuls pourront avoir leurs églises dans leurs maisons pour y faire l'office divin ; et si quelqu'un des autres nations chrétiennes voulait y assister, on ne pourra y mettre obstacle ni empêchement ; et il en sera usé de même à l'égard des sujets de l'empereur de Maroc quand ils seront en France : ils pourront librement faire leurs prières dans leurs maisons (1). Ceux qui seront au service des consuls, secrétaires, interprètes et courtiers ou autres, tant au service des consuls que des marchands, ne seront point empêchés dans leurs fonctions, et ceux du pays seront libres de toute imposition et charge personnelle (2). Il ne sera perçu aucun droit sur les provisions que les consuls achèteront pour leur propre usage, et ils ne payeront aucun droit sur les provisions et autres effets à leur usage qu'ils recevront d'Europe, de quelque espèce

---

(1) Il y a dans l'arabe : *se faire une mosquée*.

(2) On lit à la lettre dans l'arabe : « Les personnes que lesdits consuls auront à leur service, comme écrivains, truchements, courriers et autres, n'éprouveront aucun obstacle à leur service, et on ne leur imposera aucune charge quelconque, soit quant à leurs personnes, soit quant à leurs maisons ; on ne les empêchera pas non plus de faire les affaires dont elles seront chargées par les consuls ou les marchands, en quelque lieu que ce soit. »

qu'ils soient; de plus, les consuls français auront le pas et préséance sur les consuls des autres nations, et leur maison sera respectée et jouira des mêmes immunités qui sont accordées aux autres (1).

« Art. XII. S'il arrive un différend entre un Maure et un Français, l'empereur en décidera ou bien celui qui représente sa personne dans la ville où l'accident sera arrivé, sans que le kadhi ou le juge ordinaire puisse en prendre connaissance; et il en sera usé de même en France, s'il arrive un différend entre un Français et un Maure.

« Art. XIII. Si un Français frappe un Maure, il ne sera jugé qu'en la présence du consul qui défendra sa cause, et elle sera décidée avec justice et impartialité; et, au cas que le Français vînt à s'échapper, le consul n'en sera pas responsable; et si par contre un Maure frappe un Français, il sera châtié suivant la justice et l'exigence du cas.

« Art. XIV. Si un Français doit à un sujet de l'empereur de Maroc, le consul ne sera responsable du payement que dans le cas où il aurait donné son cautionnement par écrit : alors il sera

---

(1) On lit dans l'arabe : « Ils auront aussi la liberté d'aller partout où ils voudront dans les États de notre seigneur, tant par terre que par mer, sans que personne y mette aucun obstacle; ils jouiront pareillement du droit de se rendre, s'ils le jugent à propos, sur les bâtiments de leur nation, sans que personne s'y oppose. Leur maison sera respectée, et personne n'y exercera aucune voie de fait contre un autre. » (Voir la *Chrestomathie arabe* de M. de Sacy ; 2ᵉ édition, t. III, p. 341.)

contraint de payer; et par la même raison, quand un Maure devra à un Français, celui-ci ne pourra attaquer un autre Maure, à moins qu'il ne soit caution du débiteur.

« Si un Français venait à mourir dans quelque place de l'empereur de Maroc, ses biens et ses effets seront à la disposition du consul, qui pourra y faire mettre le scellé, faire l'inventaire, et procéder enfin à son gré, sans que la justice du pays ni le gouvernement puissent y mettre le moindre obstacle.

« Art. XV. Si le mauvais temps ou la poursuite d'un ennemi force un vaisseau français à échouer sur les côtes de l'empereur de Maroc, tous les habitants des côtes où le cas peut arriver, seront tenus de donner assistance pour remettre ledit navire en mer, si cela est possible; et si cela ne se peut, ils l'aideront à retirer les marchandises et effets du chargement, dont le consul le plus voisin du lieu (ou son procureur) disposera suivant leur usage, et l'on ne pourra exiger que le salaire des journaliers qui auront travaillé au sauvetage; de plus il ne sera perçu aucun droit de douane ou autre sur les marchandises qui auront été déposées à terre, excepté celles que l'on aura vendues.

« Art. XVI. Les vaisseaux de guerre français entrant dans les ports et rades de l'empereur de Maroc, y seront reçus et salués avec les honneurs dus à leur pavillon, vu la paix qui règne entre les deux empires, et il ne sera perçu aucun droit sur les provisions et autres choses que les commandants et officiers pourront acheter pour leur usage ou pour le service du vaisseau; et il en sera usé de même envers les vaisseaux de l'empereur de Maroc quand ils seront dans les ports de France.

« Art. XVII. A l'arrivée d'un vaisseau de l'empereur de France en quelque port ou rade de l'empire de Maroc, le consul du lieu en avisera le gouverneur de la place, pour prendre les précautions et garder les esclaves pour qu'ils ne s'évadent pas dans ledit vaisseau; et au cas que quelque esclave vînt à y prendre asile, il ne pourra être fait aucune recherche à cause de l'immunité et des égards dus au pavillon; de plus, le consul ni personne autre ne pourra être recherché à cet effet; et il en sera usé de même dans les ports de France, si quelque esclave venait à s'échapper et à passer dans quelque vaisseau de guerre de l'empereur de Maroc.

« Art. XVIII. Tous les articles qui pourraient avoir été omis seront entendus et expliqués de la manière la plus favorable pour le bien et l'avantage réciproque des sujets des deux empires et pour le maintien et la conservation de la paix et de la meilleure intelligence.

Art. XIX. S'il venait à arriver quelque contravention aux articles et conditions sous lesquels la paix a été faite, cela ne causera aucune altération à ladite paix; mais le cas sera mûrement examiné et la justice sera faite de part et d'autre. Les sujets des deux empires qui n'y auront aucune part n'en seront point inquiétés, et il ne sera fait aucun acte d'hostilité, que dans le cas d'un déni formel de justice.

« Art. XX. Si le présent traité de paix venait à être rompu, tous les Français qui se trouveront dans l'étendue de l'empire de Maroc auront la permission de se retirer dans leur pays avec leurs biens et leurs familles, et ils auront pour cela le temps et terme de six mois.

Le traité avec Sidi Mohamet fut donc signé par le comte de Breugnon au nom de l'*empereur* de France, quoique ce titre et celui de *sultan* ne fût point reconnu à Louis XV par le kalife marocain. Toutefois cette paix rétablit honorablement nos affaires dans le Maroc, puisqu'elle les remit sur le pied des nations les plus favorisées, et accorda même le pas et la préséance à notre consul sur tous les autres consuls chrétiens. Mais ce qui fait que le traité a plus d'importance encore pour notre époque qu'il n'en eut pour le xviiie siècle, c'est qu'il nous assure la liberté du commerce autant par terre que par mer; et qu'obligeant dans l'un et l'autre cas l'empereur du Maroc à protéger nos marchands contre ses propres sujets, les dispositions peuvent en être appliquées immédiatement aux intérêts de l'Algérie.

Il nous reste maintenant à faire quelques observations, trop minutieuses peut-être, mais que nous aurions scrupule de négliger.

« Les présents offerts à l'empereur en cette circonstance consistaient en une aigrette en diamants, en différentes pièces de bijouterie et d'horlogerie, en de très-belles armes, en étoffes fort riches et velours fond d'or, en un trône de velours cramoisi galonné en or, en draperies et toileries de toute qualité et autres ouvrages qui caractérisaient le goût et l'industrie des Français. »

Ce choix de présents était, en effet, très-propre à faire connaître notre industrie; mais j'ignore s'il l'était autant pour la propager; car pour la propager, il fallait d'abord en faire acheter les produits, et pour cela les rendre aussi agréables qu'utiles aux acquéreurs. Or la pensée qui se manifestait encore dans ce cas à l'égard des musulmans, témoignait, comme tous les actes du xvIII^e siècle, de cet esprit de prosélytisme inopportun qui vainement s'obstinait à façonner à notre goût une société barbare incapable de l'apprécier; au lieu de se conformer de prime abord à ses propres habitudes, et, en lui présentant les produits de notre commerce tels qu'elle-même les désirait, de les lui faire accepter sans discussion et sans retour.

C'est ainsi qu'on eût dû profiter de l'expérience déjà faite dans une circonstance analogue, sous Louis XIV, lorsque, recevant de ce monarque des étoffes, non pas à fond d'or, mais à fond vert, couleur privilégiée des grands chérifs du Maroc, Muley-Ismaël ne put contenir sa joie : il est vrai qu'en voyant des figures représentées sur d'autres étoffes, le pieux musulman accepta, mais en disant d'elles : *Il y a du péché;* car on avait oublié que le Coran défendait la représentation d'êtres animés. C'était donc une violation flagrante des convenances musulmanes, et notre industrie d'alors en dut faire pénitence. Or, ce qui prouve qu'il n'y avait pas moins d'oubli de la part de M. de Breugnon dans la distribution des présents, c'est qu'on donna au juif Zumbel, interprète de la cour de Maroc, six aunes de damas vert, et au gouverneur de la province d'Abda, qui avait reçu l'ambassadeur à Safi, huit aunes de velours vert, qu'ils avaient dû l'un et l'autre certainement solliciter, et dont ils durent tirer leur profit après le départ de notre ambassadeur. Cette observation critique est assurément bien peu importante en elle-même; mais elle l'est beaucoup par le principe auquel elle se rattache, puisqu'elle nous montre encore un des vices essentiels de notre commerce extérieur, qui néglige les goûts et les habitudes des peuples étrangers, véhicules des grandes affaires dont les Anglais sont toujours prêts à s'emparer. Nous, au contraire, uniquement préoccupés d'exporter nos modes et nos articles de Paris, occasion de petites affaires de luxe et de curiosité, incapables d'ouvrir aucune grande source de prospérité nationale, nous semblons satisfaits de régner par notre bon goût; c'est-à-dire que lorsqu'il s'agit de négoce et d'argent comptant, nous poursuivons toujours un certain beau idéal, et nous nous élançons dans le domaine de l'imagination, au risque de perdre terre et tous nos profits dans le domaine du positif. Eh bien, c'est cet élan du cœur sous lequel il faut aussi convenir que nous dissimulons parfois l'absence d'étude et de savoir, c'est ce noble et généreux prosélytisme, bon assurément et utile au plus haut degré chez nos missionnaires et nos voyageurs, mais impropre absolument à des hommes d'affaires destinés à s'enrichir et à enrichir la France avec eux, qui a fait échouer jusqu'ici tous nos commerçants, en les portant à méconnaître les goûts indigènes, et partant leur propre intérêt; au lieu de leur faire suivre naturellement, non l'abus, mais l'usage des Anglais, qui, en présence d'un gain quelconque, entrent toujours et abondent dans l'esprit des peuples étrangers.

Quoi qu'il en soit du léger oubli que put commettre le comte de Breugnon, les conditions du traité conclu avec le Maroc n'en furent pas moins très-honorables pour nous, si on les compare à celles des autres nations. Les Danois surtout étaient exposés chaque jour à mille avanies; ainsi l'empereur voulait les obliger à prendre à ferme les douanes de Safi et de Salé, pour les taxer sous le masque d'un bail.

« Cela venait, dit notre nouveau consul, de ce que les Maures, avides au delà de toute expression, lâches et sans sentiments, et accoutumés à se voir recherchés par toutes les nations, se croyaient en droit de tout prétendre et de tout exiger.

« D'où il peut se faire que trop de facilité à leur accorder soit le seul moyen de perdre tout crédit et toute considération. Ce n'est pas qu'il ne convienne de sacrifier bien des choses à la sûreté de notre commerce, et aux obstacles qu'il peut y avoir à lui faire garantir une protection bien étendue; mais il s'agit de concilier ces exigences avec la fermeté que réclament dans tout le reste l'utilité du service et la gloire de la nation. »

C'est peut-être encore à M. Chénier qu'il faut attribuer la relation anonyme de l'ambassade dont nous avons déjà parlé. Celle-ci nous semble parfaitement caractériser les Maures au point de vue moral ; mais le côté religieux, c'est-à-dire le seul bon côté des peuples demi-civilisés, n'y est jamais vu que de profil, comme dans toutes les autres relations contemporaines, et très-souvent n'y est pas même soupçonné.

« Les Maures forment un peuple avare, pauvre, fourbe, fripon et vain ; ne connaissant de frein dans ses passions que la crainte d'un châtiment prompt et sévère. Ils sont singulièrement vindicatifs et paresseux. Les vices de cette nation sont rachetés par quelques vertus. La reconnaissance, la sobriété, la patience dans le travail, une bravoure farouche sont communes chez eux. Les juifs, en grand nombre dans cet empire, y sont, comme chez tous les mahométans, méprisés, vexés, riches, fourbes et avares. »

Une dernière observation morale à laquelle donna lieu l'ambassade du comte de Breugnon, c'est qu'on trouva à une lieue de Safi la demeure d'un chérif ou descendant de Mahomet. « La vénération des Maures, dit la relation inédite, est si aveugle pour ce prince, qu'ils se trouvent très-heureux lorsque l'une de leurs filles est admise à faire une neuvaine chez lui. Ce chérif est âgé de 40 ans. » Pour un homme qui venait de la cour de Louis XV, le sens de ces paroles n'est pas douteux ; mais il n'en révèle pas moins l'ignorance de mœurs profondément austères parfois chez les musulmans. Il en existe encore des exemples dans l'intérieur de l'Afrique, qui pourraient presque rivaliser avec ceux que nous connaissons des solitaires de la Thébaïde.

Le comte de Breugnon se rembarqua le 18 juin 1767, ramenant tous les captifs, et laissant dans le Maroc M. Chénier, qui s'y établit comme consul général. Celui-ci commença aussitôt sa correspondance instructive avec notre gouvernement, touchant les affaires commerciales de cette partie de l'Afrique. Depuis le 16 mars 1767, la correspondance de cet empire, qui, après l'abolition du consulat de Salé, était passée par les mains de notre consul de Cadix, et s'était rattachée comme appendice à nos relations commerciales avec l'Espagne, s'en détacha pour reprendre sa place naturelle dans la correspondance du Levant, et dans nos rapports avec les races musulmanes.

Chénier s'était d'abord fixé à Safi; mais l'empereur voulant qu'il se rendît à Mogador pour y attirer le commerce français et accroître ainsi les établissements qu'il y avait fondés, notre consul profita aussitôt de son déplacement, et, en 1768, se transporta à Salé.

Placée au centre de l'empire, et dès lors plus à portée d'en recevoir et d'y déboucher ses productions, Salé conservait en outre une partie de son ancienne importance républicaine. Sous Muley-Ismaël et sous Muley-Abdala, elle était restée soumise à une simple redevance annuelle, et se gouvernait elle-même à la façon de nos communes.

du moyen âge. La course y était libre, et le commerce d'autant plus favorisé que les chefs formaient comme à Alger une aristocratie de corsaires et de marchands. De là l'essor donné à l'industrie des Salétins et à leurs armements. Cette prospérité avait duré jusqu'en 1754, où Salé s'étant révoltée contre Muley-Abdala, Sidi Mohamet marcha contre les habitants, s'en concilia une partie par l'intermédiaire d'un saint marabout, et rançonna le reste sans pitié. Depuis lors ces fiers républicains n'avaient pu se relever complétement d'un pareil échec; mais leur ville n'en était pas moins bien située, malgré la rivale naissante que l'empereur lui avait opposée dans l'île de Mogador. Ce motif, joint au souvenir de notre ancien consulat, avait déterminé le choix de M. Chénier, qui alla se fixer à ce poste, et y contribua bientôt au développement de toutes nos relations. Les chargements de laine et d'huile furent beaucoup plus nombreux pour la France, et la bonne intelligence de l'empereur se manifesta à notre égard par plusieurs actes de confiance. L'Espagne, notre alliée fidèle, participa aux avantages du traité; et les Danois, les Suédois, les Anglais, se trouvèrent en grande partie supplantés.

CHAPITRE DIXIÈME.

État du commerce après le traité de 1767. — Avénement de Louis XVI. — Ses relations avec Sidi-Mohamet. — Pourquoi celui-ci renonça au titre de *Muley* et refusa le titre de sultan au roi de France. — Guerre de l'indépendance américaine. — Disgrâce des Anglais dans le Maroc. — Relations de cet empire avec la Porte Ottomane. — Abolition de l'esclavage entre chrétiens et musulmans, réalisée par Louis XVI et Sidi-Mohamet. — Mort de ce dernier.

Aussitôt après la conclusion du nouveau traité avec la France, l'empereur de Maroc chercha à en tirer parti en accaparant toutes les laines des environs de Salé. Le commerce français aurait pu en souffrir; et M. Chénier, notre consul général, qui résidait alors à Safi, écrivit à ce sujet dans une lettre chiffrée du 18 janvier 1708.

« J'ai été informé que l'empereur fait ramasser et emmagasiner pour son compte (comme cela se pratique à Alger) toutes les laines des environs de Salé : l'objet est considérable en lui-même, et il l'est d'autant plus que ce sont des qualités supérieures à celles du reste du pays : son intention est de les revendre et de courir l'événement du retard. Cette opération pourrait tirer à conséquence ; mais comme l'empereur achète pour revendre, ce sera aux acheteurs à disputer le terrain. Il est seulement à craindre que ces laines, exposées à l'enchère des différentes nations, ne soient enlevées à celle qui peut les employer. Le seul remède qu'il paraisse y avoir à cet inconvénient, c'est de hâter l'imposition du droit de 20 p. o/o sur le pavillon étranger (1). Cette imposition semble devoir mettre les choses à leur place, et cet incident inattendu en montre plus que jamais la nécessité. »

Comme le prouve cette correspondance, nos consuls étaient alors des sentinelles avancées de nos armateurs ; ils se conduisaient avant tout comme agents de commerce et très-peu comme agents politiques, n'ayant de contact avec les autorités indigènes que pour négocier plus facilement d'après les besoins et les intérêts privés des populations.

Les maximes de Colbert reprenaient leur ancien empire ; et notre marine militaire, malgré les préjugés aristocratiques de certains chefs, commençait à comprendre que la protection du commerce était sa fin légitime, et en même temps son but le plus glorieux.

Cependant, en mai 1774, Louis XVI était monté sur le trône et s'était entouré des hommes les plus éclairés et les plus vertueux, Turgot, Malesherbes, Vergennes. Le premier des trois fut nommé mi-

(1) Sous Louis XIV, ce droit était de 10 p. o/o ; une fois doublé, il semblait devoir exclure tous les concurrents qui étaient moins intéressés que nous au commerce du Maroc.

nistre de la marine, et suivit avec intelligence l'impulsion donnée par M. de Choiseul. Sartine, son successeur, ne pouvait faire différemment; tandis que M. de Vergennes, ministre des affaires étrangères, après avoir été excellent ambassadeur à Constantinople, était plus capable que personne de bien mener les négociations avec les puissances musulmanes. Tous les cœurs, passionnés pour la gloire du pays, s'ouvraient alors à l'espérance, et l'activité croissante des esprits annonçait un règne fécond en événements.

Le nouveau roi fit notifier son avénement au vieux Sidi-Mohamet, et celui-ci commença une correspondance curieuse entre toutes celles des empereurs de Maroc. Il fit répondre à Louis XVI :

« Au nom du Dieu clément et miséricordieux. Il n'y a de force et de pouvoir que dans le Dieu très-haut et très-grand.

« De l'ordre du très-grand empereur, l'empereur de Maroc, Fez, Miquenez, Tafilet, Sus, Déra, et de toutes les provinces du Magreb, notre maître et notre seigneur.

(*Place du sceau, portant pour légende :* Mohammed, fils d'Abd-Allah, fils d'Ismaël ; Dieu est son protecteur et son seigneur.)

« Que Dieu lui accorde l'assistance continuelle de son secours; qu'il rehausse son empire; qu'il rende perpétuelle son exaltation et sa gloire, et qu'il fasse luire le soleil et la lune de sa puissance souveraine de l'éclat le plus parfait.

« Au chef de la nation française, qui est aujourd'hui à la tête du gouvernement, le roi Louis seizième du nom.

« Salut à quiconque marche dans la droite voie!

« Votre lettre en date du 12 mai 1774, par laquelle vous nous donnez avis de la mort de votre aïeul le roi Louis XV, a été remise à Notre Majesté très-élevée par la grâce de Dieu, par votre vice-consul Barthélemy de Potonnier. Le souvenir de votre aïeul Louis est fortement gravé dans notre esprit, parce qu'il avait beaucoup d'amitié pour nous; c'était un prince qui gouvernait son peuple avec sagesse, qui était plein de tendresse pour ses sujets, et fidèle à garder ses engagements envers ses alliés.

« Nous avons appris avec beaucoup de joie qu'il restait quelqu'un de ses descendants pour succéder à son royaume et le remplacer sur le trône. Nous souhaitons que vos sujets jouissent, sous votre gouvernement, d'un bonheur encore plus grand que celui dont ils ont joui du vivant de votre aïeul; et pour nous, nous entretiendrons avec vous la paix et la bonne intelligence sur le même pied que du temps de votre aïeul (1). »

Trois ans après, au moment où la guerre de l'indépendance américaine était près d'éclater, Sidi-Mohamet écrivit de nouveau à Louis XVI :

« De la part de l'Émir des croyants qui combat pour la cause du souverain maître de l'univers,

(1) Cette lettre fut écrite de Méquinez, le 10 de Djoumada second, 1188. Voir pour cette lettre et pour les suivantes, la *Chrestomathie arabe* de M. de Sacy, t. III de la 2ᵉ édition, p. 286 et 287 avec les notes.

du serviteur de Dieu qui met sa confiance en lui et ne s'appuie que sur lui, Mohammed, fils d'Abd-Allah, fils d'Ismaël : Dieu est son protecteur et son seigneur ;

« Au chef des Français, Louis seizième du nom. Salut à quiconque marche dans la droite voie !

« Nous vous donnons avis que quelques Français (1) ayant échoué dans le désert, vers les limites les plus éloignées de notre heureuse domination, tous les chrétiens qui ont échappé au naufrage, ont été dispersés parmi les Arabes, qui les ont retenus. Cette nouvelle nous étant parvenue, nous avons expédié un de nos officiers dans le désert pour retirer les chrétiens français qui se trouvaient entre les mains des Arabes. Notre intention était de leur donner des marques de notre bienveillance et de vous les renvoyer ensuite, en faveur de la paix et de la bonne intelligence qui règnent entre vous et nous. Mais votre consul qui réside dans nos États, ne s'est pas comporté avec honnêteté ; il nous a écrit de lui envoyer les chrétiens, offrant de rembourser les frais faits à leur occasion par notre susdit officier. Les expressions dont il s'est servi nous ont déplu. Certainement, s'il eût fait cette demande d'une manière décente, nous les lui aurions remis, dans la supposition même que nous eussions été en guerre avec vous, et à bien plus forte raison étant en paix et en bonne intelligence. En conséquence de cela, nous vous

---

(1) Il y a dans le texte arabe, dit M. de Sacy, *quelques bâtiments français*.

les avons envoyés directement de la part de Notre Majesté très-élevée par la grâce de Dieu. Ils sont au nombre de vingt, et arriveront de notre pays dans vos États.

« Nous vous avons aussi envoyé en ambassade notre serviteur l'alkaïde Taher Féniseh, qui a sous sa conduite les susdits chrétiens. Il est chargé de vous communiquer une proposition que nous jugeons convenable, et d'en conférer tant avec vous qu'avec tous les consuls des nations chrétiennes avec lesquelles nous sommes en paix, qui résident dans vos États, et avec les autres par votre médiation. Elle a pour objet d'arrêter que tout chrétien, quel qu'il soit, qui sera fait captif dans toute l'étendue de nos États, sera racheté par la mise en liberté d'un musulman, tête pour tête ; et que dans le cas où il ne se trouverait point de captifs musulmans, on donnera cent piastres pour la rançon de chaque chrétien ; de même, quand il se trouvera des musulmans captifs chez les chrétiens, on donnera pour la rançon de chaque musulman un chrétien de la nation chez laquelle le musulman sera captif, ou, s'il ne se trouve point de chrétien captif de cette nation, une somme de cent piastres. On ne fera à cet égard aucune distinction entre le riche et le pauvre, l'homme robuste et celui qui sera infirme ; la rançon sera la même pour tous. Aucun captif ne demeurera une année entière, soit dans les terres des musulmans, soit dans celles des chrétiens. Quant aux septuagénaires et aux femmes, ils ne pourront être considérés comme captifs. Toutes les fois que quelque vieillard de cet âge ou quelques femmes se trouveront sur les vaisseaux des musulmans ou des chrétiens, on les remettra sur-le-champ en liberté sans rançon. C'est là, à ce que nous croyons, un sage accommodement, utile aux deux parties. Nous désirons que cet arrangement soit conclu par votre entremise. Si la chose est acceptée sur ce pied, envoyez-nous un écrit de votre part, portant l'engagement de vous y conformer, et nous vous ferons tenir un écrit signé de notre main et muni de notre sceau, par lequel nous nous engagerons à accomplir tous les articles contenus dans la présente, en ce qui concerne le rachat respectif des esclaves aux termes ci-dessus exprimés. Si cela a lieu, cet écrit restera entre vos mains.

« Nous vous envoyons en présent six de nos meilleurs chevaux. Nous vous prions de ne pas retenir longtemps près de vous notre ambassadeur; renvoyez-le-nous promptement, aussitôt que l'affaire pour laquelle nous vous l'avons expédié sera terminée. Nous conservons toujours la paix et la bonne intelligence avec vous. Nous vous prions d'ajouter foi à tout ce que vous dira notre ambassadeur. »

Sidi Taher Fénisch, qui devait remettre cette lettre, arriva à Marseille le 1ᵉʳ novembre 1777 (1). C'était le moment où le gouvernement français

(1) L'ambassadeur, à peine arrivé à Marseille, fit annoncer la mission qu'il avait à remplir de la part de son maître auprès de Louis XVI. M. Ruffin, secrétaire interprète du roi en langues orientales, fut envoyé vers lui, pour régler à l'amiable le cérémonial et le traitement qui lui seraient accordés à Paris et

rappelait l'activité dans ses ports, reprenait de l'énergie sur toutes les mers, encourageait partout le commerce extérieur, et songeait à ressaisir les

à la cour. Quelques remarques de mœurs méritent d'être faites en cette occasion :

L'ambassadeur demanda, par exemple, à prendre avec lui, dans la route, quelques ustensiles de cuisine, pour ne pas se servir d'ustensiles suspects. Pendant le voyage, il s'arrêtait pour les repas et les prières, et ne voulait pas marcher de nuit. A son arrivée à Paris, il pria le vizir (M. de Sartine) de lui permettre d'envoyer chez lui son cuisinier.

De nos jours, le sultan Mamouth a de même envoyé un des officiers de son palais apprendre la cuisine française au château des Tuileries. Enfin, ajoutait notre interprète :

« Il est d'usage que sa Majesté Impériale (de France) donne, le jour de l'audience, une pelisse d'honneur aux ambassadeurs musulmans. La pelisse et l'habillement du Maroc ne peuvent aller ensemble; si cependant c'est d'usage que l'ambassadeur de la Porte l'ait reçue, celui de Maroc la recevra. »

Taher Fénisch séjourna en France 4 mois et 16 jours. Les frais de son voyage à Paris et de son retour à Toulon, la dépense de bouche, habillement, logement, voitures et gratifications aux personnes employées pour cette ambassade, s'étaient élevés à........................ 137,000 fr.

Les présents pour le roi de Maroc et ceux de l'ambassadeur et de sa suite, à.............. 171,000 fr.

Enfin, à propos de la traduction arabe jointe à la réponse du gouvernement français, nous trouvons que M. Ruffin, dans une note de 1794, rappelle que l'ambassade de 1777-1778 donna lieu à une formalité particulière inusitée jusqu'alors, et qu'il convient peut-être de mentionner ici, à cause de l'importance des moindres formalités diplomatiques auprès des puissances musulmanes.

« Sidi Tahar Feniche, dit-il, en recevant la réponse à sa lettre de créance, représenta que Muley Mouhamed, son maître, naturellement peu confiant, ne ferait aucun cas de la titres glorieux que Louis XIV avait obtenus dans le Maroc, mais que Louis XV y avait laissé tomber en désuétude.

Dans les deux lettres précédentes, comme nous venons de le voir, Louis XVI est qualifié simplement de *chef de la nation française*, et dans la première le mot de roi est seul joint à cette qualification, mais sans le titre plus élevé d'empereur ou de sultan, qui, dans nos relations avec les musulmans, était le vrai titre officiel. Pour obtenir ce dernier, il fallut entrer en négociation, et une convention précise arrêtée entre M. de Sartine et l'ambassadeur de l'empereur du Maroc régla les titres réciproques que les deux souverains devaient prendre et se donner à l'avenir (1).

Voici la réponse de Sidi Taher Fénisch, au sujet des titres et qualités en question :

« Comme dans la dernière lettre que l'empe-

traduction arabe annexée à cette réponse, si elle n'était, comme le texte français, signée du ministre de la marine. On sentit la nécessité d'authentiquer la traduction, quelque insolite et impraticable que fût le mode proposé. Il fallut trouver un mezzo-termine; et ce fut de faire certifier la fidélité de la traduction par le secrétaire interprète en langues orientales qui l'avait faite, de faire ensuite légaliser sa signature et sa qualité par le ministre de la marine, et d'ajouter au bas la traduction du certifié et de la légalisation.

« Cette formalité, ajoutait M. Ruffin en 1794, à propos du traité qui était alors à conclure avec le successeur de Sidi-Mohamet; cette formalité, qui a toujours été suivie avec succès, pourrait être remplie par le commissaire des relations extérieures. »

(1) Voir les notes déjà citées de M. de Sacy, dans sa *Chrestomathie arabe*, t. III, p. 332.

reur notre maître a écrite le 1ᵉʳ jour de la lune de schaban, l'an de l'hégire 1191, l'empereur de France n'a d'autre titre que celui *du plus grand des Français, Louis, seizième du nom,* et que notre maître ne s'en donne point d'autre que ceux de *chef des vrais croyants, de guerrier combattant pour la gloire du maître du monde, de serviteur de Dieu, Mohammed, fils d'Abd-Allah, fils d'Ismaël,* et que ces dénominations, contraires aux usages suivis de tout temps entre la France et les princes musulmans, ont excité les réclamations de la cour de France : nous Sidy Taber Fénisch, serviteur de la sublime cour, et ambassadeur de l'empereur de Maroc auprès de l'empereur de France, avons répondu au grand vizir, M. le comte de Sartine, que l'intention de l'empereur notre maître était de donner toujours à l'empereur de France les titres qui sont dus à l'ancienneté de son auguste maison, et à la prééminence et à la dignité de son empire. A cet effet, nous nous engageons à représenter vivement à notre maître les méprises passées, et à l'induire à donner par la suite à l'empereur de France, dans toutes les lettres qu'il lui écrira, les titres et qualités *du plus grand des chrétiens, l'empereur de France;* mais à la condition expresse que l'empereur de France donnera à notredit empereur, réciproquement et dans les mêmes occasions, les titres et qualités *du plus grand des musulmans, l'empereur de Maroc et du Magreb ;* promettons que cette explication aura la même force que si elle était insérée dans le traité. »

Eh bien, ce qui montre combien il est difficile,

chez les musulmans, de se relever d'une première atteinte portée à la considération, c'est que la convention dont il s'agit ne fut point ratifiée par l'empereur de Maroc. Cette détermination, il est vrai, lui fut particulièrement inspirée par un de ces motifs religieux contre lesquels les chrétiens doivent toujours éviter de se buter; et ce motif nous explique tout d'abord le mauvais succès des négociations; mais il nous reste à comprendre la raison même de la conduite de Sidi-Mohamet. Or ce prince nous la fait connaître lui-même par une lettre de 1782 qu'il adressa à la cour de France, et non à Louis XVI, parce qu'en 1778 ce monarque ne lui avait pas répondu personnellement.

« A la cour de France. Salut à quiconque suit la droite voie! Nous avons reçu la lettre que vous nous avez envoyée par le capitaine de notre frégate, Ali-Biris; nous l'avons lue, et nous en avons compris tout le contenu. Le capitaine nous a aussi rendu compte des bons traitements dont vous avez usé envers lui et envers ses gens et son bâtiment, comme l'exigeaient la paix et la bonne intelligence qui subsistent entre vous et nous..... Quant à la demande que vous faites pour que nous vous donnions le titre de *sultan*, il faut que vous sachiez que l'on ne pourra connaître que dans l'autre vie qui sont ceux qui méritent ce nom. Ceux qui auront été agréables à Dieu, qu'il regardera favorablement, qu'il revêtira des vêtements impériaux, et auxquels il mettra la couronne sur la tête, ceux-là seront dignes du titre de *sultan*. Nous demandons à Dieu de nous mettre au nombre de ceux qui auront le bonheur de lui plaire dans l'autre monde. Quant à ceux, au contraire, qui seront dans cette vie l'objet de la colère de Dieu, auxquels on passera une corde sur le cou, et que l'on traînera ignominieusement sur le visage jusqu'à ce qu'on les précipite dans l'enfer, séjour épouvantable! ils seront bien loin de porter le titre de *sultan*.

« Puis donc que c'est une chose dont la vérité ne peut être connue que dans la vie à venir, de quelle utilité peut-il être d'user de ce titre en ce monde-ci? Plaise à Dieu de nous garantir de sa colère! Ne nous donnez donc plus désormais, quand vous nous écrirez, le titre de *sultan*, ni aucun autre titre honorifique, et contentez-vous de nous appeler du nom que nous avons reçu de notre père, nom qui est *Mohammed, fils d'Abd-Allah*, ainsi que nous le ferons nous-même en écrivant, soit à vous, soit à d'autres. Nous supplions le Seigneur de nous accorder dans l'autre monde le titre de *sultan*; mais en celui-ci on ne sait pas qui méritera d'en être honoré. Si les Régences de la partie orientale de l'Afrique se servent envers vous de la dénomination de *sultan*, c'est uniquement pour vous complaire qu'elles en agissent ainsi.

« Quant aux lettres que vous recevez de la cour ottomane dans lesquelles on vous donne ce titre, elles sont écrites par le vizir, et ne sont pas même lues par le prince ottoman; car s'il les lisait, il vous dirait la même chose que nous. Nous nous rappelons très-bien que votre prince Louis XVI ne nous a point fait tenir de lettre en réponse de celle que nous lui avons adressée, et c'est pour cela que nous n'avons pas mis son nom en tête de celle-ci; car une réponse ne peut être telle que parce qu'elle est envoyée à celui qui a écrit précédemment. Or, nous lui avons écrit, et il ne nous a fait aucune réponse; mais il nous a été fait une réponse par la cour, et c'est pour cela que nous avons écrit à la cour...»

Cette lettre, datée du 18 de moharram 1196 (1782), nous montre la profonde humilité, et en même temps tout l'orgueil qui se mêlait à la religion de Sidi-Mohamet. En effet, ce que craint le plus l'empereur de Maroc, c'est de voir le titre de sultan profané par un prince chrétien, et s'il refuse de l'accorder au nouveau roi de France, c'est avec d'autant plus de raison que déjà Louis XV avait introduit un précédent contraire à ce titre, en se laissant donner, pour conclure le traité de 1767, une qualification synonyme de *tyran, d'usurpateur,* ou *chef d'une secte impie.* Sidi-Mohamet semble enfin regretter d'avoir d'abord donné à Louis XVI le titre de roi, quoique bien inférieur à celui de sultan ou d'empereur. Or, même en ce dernier cas, nous n'avions pas trop à nous plaindre, puisque le prince musulman se refusait à lui-même, par humilité, jusqu'au titre de *Muley* ou maître, qui distinguait les membres de sa famille impériale. Laissant cette distinction honorifique à tous les autres princes du Maroc, il ne voulut jamais prendre que le titre modeste de *Sidi,* commun à tous les musulmans, et donna ainsi à ses sujets un exemple d'égalité sans modèle ni copie chez les princes chrétiens (1).

Du reste, quoique le roi de France ne pût obtenir de son allié ce titre de *sultan*, l'ambassade de Taher Fénisch n'en avait pas moins produit d'utiles résultats; elle maintint et resserra les liens de bonne intelligence entre la France et le Maroc, et convainquit Sidi-Mohamet que nous étions les seuls alliés désintéressés des puissances musulmanes. Quant à la conclusion morale de ces dernières négociations, et à l'expérience qu'il faut retirer de cet antécédent historique, c'est de bien

---

(1) C'est probablement pour n'être pas entré dans ce point de vue, si supérieur aux yeux de Sidi-Mohamet à tout intérêt politique, que notre consul, M. Chénier, quelque temps après la dernière lettre du sultan, fut chassé de sa présence. Mais ce prince ne tarda pas à réparer sa faute, en affranchissant et comblant de bons procédés les naufragés français de 1784, dont Saugnier nous a laissé la relation. (Voir pag. 41 des *Voyages de M. Saugnier;* Paris, 1792). Quoi qu'il en soit, c'est à propos des suites de l'ambassade de Maroc en 1778, que le caractère de Sidi-Mohamet a été beaucoup trop considéré au point de vue français et européen dans un passage de la notice de M. Ruffin par M. Bianchi.

« M. Ruffin, y est-il dit, regardait lui-même cet empereur comme le despote africain *le plus bizarre et le plus absolu* de tous ceux qui avaient jusqu'alors désolé ces malheureuses contrées (Tripoli, Tunis et Maroc). Son agent s'étant tout à coup présenté à Marseille avec les instructions les plus alarmantes pour le commerce français, M. Ruffin, envoyé au-devant de lui, négocia si habilement, que les prétentions accumulées du Maroquin se réduisirent insensiblement à un renouvellement de traité plus favorable aux Français que celui qui avait existé jusqu'alors. » (P. 8 de la notice.)

comprendre la portée du mysticisme musulman et le caractère intime du prince qui réglait toute chose au point de vue religieux. Au milieu des préoccupations de cette piété, qui dirigeaient à la fois son langage et ses actions, Sidi-Mohamet ne cessa jamais d'agir avec énergie et prévoyance. Après avoir relevé l'empire du Maroc, il lui avait créé une marine et formé une vingtaine de corsaires de 18 à 50 pièces de canon, parmi lesquels on comptait onze frégates. Les Maures avaient repris leurs courses de mer, et s'aventuraient jusqu'à la latitude de Belle-Ile. « Combien ne seraient-ils pas dans le cas d'interrompre notre commerce, écrivait à cette époque un capitaine de vaisseau marchand, s'ils connaissaient la navigation! Le corsaire qui me prit était perdu sans ressources, s'il ne nous avait pas rencontrés. Je fus forcé, le pistolet sur la gorge, de les piloter jusqu'à leurs côtes. » C'est ainsi que la course donnait au Maroc quelque importance extérieure, au moment où la guerre d'Amérique était près d'éclater.

Mais déjà les colonies anglaises avaient donné le signal de la révolte; la cour de France avait accueilli leur ambassadeur Franklin; et la frégate *la Belle-Poule* venait d'inaugurer la renaissance de notre marine en lâchant toute sa bordée sur l'amiral anglais Keppel, qui voulait la faire parlementer sous le vent. Après un trop long repos, nos marins montrèrent à la bataille d'Ouessant, où commandait le comte d'Orvilliers, qu'ils valaient biens les marins d'une orgueilleuse rivale (1778). L'Angleterre regarda même cette bataille comme une défaite pour elle. Le comte de Guichen nous conserva encore l'égalité dans les trois combats qu'il livra aux Antilles contre le célèbre Rodney (1780). La défaite du comte de Grasse par cet amiral fut sans doute un désastre, mais elle fut compensée, en 1782, par la prise de Port-Mahon que nous enlevâmes aux Anglais.

N'oublions pas surtout comment, au début de la guerre d'Amérique, la négligence de la marine royale pour la marine marchande contribua en grande partie à la perte de nos convois de la Martinique et de Saint-Domingue enlevés sans avoir été secourus. Les pertes des négociants français furent alors évaluées à 45 millions. Des plaintes s'élevèrent de toutes nos villes de commerce contre l'offensant et funeste dédain de la marine royale pour la marine marchande, et l'on opposa avec raison à la première le zèle que les marins anglais mettaient à protéger leur commerce national. Bientôt la cour, éveillée par l'indignation publique, s'occupa des croisières avec plus de vigilance; et d'importants services furent rendus par le chevalier de Fabri et par le comte de Kersaint.

Mais c'est dans la mer des Indes qui nous appelle encore, et sur la route de laquelle nous retrouverons un jour nos frères de l'île de France, que notre pavillon se déploya avec toute la gloire du XVIIe siècle. Après avoir maintenu l'égalité de nos marins contre les Anglais commandés par l'amiral Hugues, Suffren finit par nous assurer la supériorité, et ses succès décidèrent peut-être la paix de 1783, où fut reconnue l'indépendance des

États-Unis, et avec elle la liberté des mers, sous la protection de la France. Les fruits de cette paix furent pour nous le droit de pêche à Terre-Neuve, avec les îles de Saint-Pierre et Miquelon pour le protéger, l'île de Tabago, et en Afrique le Sénégal, dont le commerce pouvait s'étendre jusqu'au Maroc. Quant à l'Espagne, notre alliée, elle rentra dans la possession de Port-Mahon, d'où elle pouvait se faire de nouveau redouter des pirates barbaresques.

Glorieuse alors sur mer, et respectée dans toute l'Europe, la France sut maintenir plus haut que jamais sa supériorité auprès des races musulmanes. La première à la cour de Constantinople et chez les régences d'Afrique, elle fut sans rivales auprès de Sidi-Mohamet. Par sa bonne intelligence avec nous ce prince s'éleva presqu'à la confiance de l'amitié. A notre exemple, il reconnut l'indépendance des États-Unis, et quelques années après il écrivit à son tour au président de la nouvelle république. Washington lui répondit le 1er décembre 1789 :

« .... Les États-Unis m'ayant à l'unanimité placé
« à la tête du suprême pouvoir exécutif de cette na-
« tion, la lettre de Votre Majesté du 17 août 1788
« m'a été remise ; elle était restée sans réponse par
« suite de la dissolution de l'ancien gouvernement.
« J'ai reçu également les lettres que Votre Majesté
« Impériale a eu la bonté d'écrire en faveur des
« États-Unis, aux pachas de Tunis et de Tripoli,
« et je lui présente les sincères remercîments des
« États-Unis pour cette marque importante de

« son amitié pour eux... L'encouragement que
« Votre Majesté a bien voulu donner à notre com-
« merce avec son empire, la ponctualité avec la-
« quelle a été exécuté le traité fait avec nous, les
« mesures justes et généreuses qui ont été prises
« dans l'affaire du capitaine Proctor, ont fait une
« impression profonde sur le gouvernement des
« États-Unis (1). »

Ces rapports de Sidi-Mohamet avec le héros de l'indépendance américaine, méritaient sans doute d'être signalés. Mais ce qui nous intéresse le plus, c'est de voir ce prince musulman concourir avec Louis XVI aux progrès d'une civilisation commune à toutes les races qui reconnaissent le Christ; et, ne l'oublions pas, les races musulmanes sont de ce nombre, puisque Mahomet n'a fait qu'adopter la morale et les miracles de l'Évangile. C'est à la suite de l'ambassade de 1777 que Sidi-Mohamet paraît s'être accordé avec Louis XVI, pour abolir, en fait du moins, l'esclavage entre chrétiens et musùlmans. C'est depuis lors qu'il introduisit encore dans le Maroc le plus grand nombre possible d'améliorations matérielles. Aussi les résultats de notre influence dans cet empire ne tardèrent pas à y rivaliser avec ceux que nous obtenions depuis longtemps à Constantinople. Dans les dernières années du règne de Sidi-Mohamet, la France servit même d'intermédiaire aux relations de ce prince avec la Porte Ottomane, et elle profita de cette

(1) Voir l'original anglais de cette lettre à la suite de la relation du *naufrage de la Sophie*, par M. Charles Cochelet, t. II, p. 259.

double alliance avec les deux kalifats de l'Islamisme, pour y introduire à la fois les germes de sa civilisation.

Un fait curieux signala ces progrès en 1788, à la suite des négociations qui avaient fait connaître les usages de la cour de Louis XVI. Sidi-Mohamet, ne voulant sans doute pas rester inférieur au prince chrétien, se fit rédiger la notice des dignitaires de l'empire du Maroc. Un renégat mahonnais, le caïd Driss, en fut l'auteur; et pour mieux imiter la cour de France, celui-ci composa sa notice en français, en y désignant tous les rôles des grands personnages marocains, et les affublant pour la première fois des titres inattendus de ministres secrétaires d'État, gentilshommes de la chambre, maîtres des cérémonies, etc. : titres la plupart sans objet à la cour de Sidi-Mohamet, mais qui n'en indiquaient que mieux le désir d'introduire dans le Maroc les usages de la chrétienté.

Ce qui contribua le plus, dit en cette occasion M. Graberg de Hemso (1), à polir ce gouvernement et une partie de la nation, fut la sollicitude de l'empereur à s'entourer de chrétiens, esclaves ou renégats, hommes de ressources et de talent, et d'avoir en outre des Européens libres et fidèles à leur religion, qui s'étaient offerts d'eux-mêmes ou avaient été envoyés par leur gouvernement sur la demande de l'empereur. Parmi ces derniers, la Suède et le

(1) *Specchio di Marocco*, p. 270. A la page 271, M. Graberg de Hemso commet une erreur de date, en assignant à l'an 1789 la mort de Sidi-Mohamet, qui eut lieu le 11 avril 1790.

Danemark lui fournirent spécialement les architectes, les charpentiers, les peintres, les tailleurs de pierres, les jardiniers, etc., tous recherchés et favorisés lors même qu'ils étaient peu capables et sans beaucoup d'instruction. Le Marseillais Samuel Sumbel fut un des plus favorisés, et resta longtemps premier ministre de Sidi-Mohamet. Le rôle que jouèrent auprès de ce prince 250 renégats français, commandés en 1784 par le fils d'un chapelier de Paris, nommé *Boissolin*, est encore un fait plus significatif. Ces Français avaient déserté d'Espagne pour se mettre au service du Maroc; et tandis que 800 autres renégats espagnols ou portugais étaient distribués dans les différentes places de cet empire, et y restaient soumis aux ordres particuliers de chaque gouverneur, eux, au contraire, se trouvaient tous réunis à Mogador, et y formaient la garnison de cette jolie ville, sous l'autorité directe du sultan. Les faveurs de ce prince égalèrent bientôt l'affection vraiment paternelle qu'il avait conçue pour ses convertis. Chaque année, il venait les passer en revue; il les faisait alors habiller et leur donnait une paye proportionnée à sa reconnaissance; car il faut ajouter qu'il leur devait d'avoir échappé à une insurrection où il faillit perdre la couronne et la vie. Des rebelles fanatisés par les prédications et les prétendus miracles d'un marabout qui se disait inspiré du prophète, avaient pénétré jusqu'à la ville de Maroc. Sidi-Mahomet s'y trouva bientôt abandonné de tous les siens; mais les renégats français accoururent précipitamment, et s'emparant du marabout que le sultan venait de convaincre d'imposture devant le peuple assemblé, ils l'écrasèrent sous une pierre pesant cinq milliers (1).

Cette conduite des renégats français les avait fait chérir du sultan. Mais les chrétiens fidèles à leur croyance ne furent pas moins considérés à sa cour. Ainsi un Français, nommé Cornut, un Triestin, Ciriaco Petrobelli, un Toscan, Pietro Mutti di Pietrasanta, un Genevois de l'île Tabarque, nommé François Chiappe, devinrent aussi les ministres de Sidi-Mohamet, sans changer de religion; et les deux derniers continuèrent à l'être auprès de ses deux successeurs. C'est ainsi que la cour du sultan avait pris une certaine forme européenne, dont la notice des dignitaires, composée en français par le caïd Driss, avait essayé de donner l'expression.

Le Maroc participa donc aux premiers essais de réforme encouragés dans la Turquie par Louis XVI et par son ministre des affaires étrangères, l'habile et laborieux M. de Vergennes. Ce ministre, continuant ainsi l'œuvre de M. de Choiseul, assurait le succès de l'indépendance américaine, achevait de relever la France dans ses relations avec les puissances de l'Europe; et d'autre part, il nous rendait notre ancienne suprématie auprès des puissances musulmanes, et coopérait au rapprochement des sectes, jusqu'alors ennemies, de Constantinople et de Maroc.

(1) *Voyages de Saugnier à la côte d'Afrique, à Maroc*, etc., p. 103.

Ce dernier fait, si rare dans l'histoire de l'islamisme, ne saurait être entouré ici de trop de lumières. A la vue des dangers qui menaçaient leur religion, et que les progrès de la Russie rendaient chaque jour plus redoutables, le calife Ottoman et celui du Magreb ne pouvaient hésiter à s'unir, au moins sous quelques rapports ; et il y eut alors entre eux des relations toutes nouvelles qu'il nous importe d'étudier.

Déjà en 1774 (1), Catherine II, après sa première guerre contre les Turcs, avait fait déclarer la Crimée indépendante de Constantinople. En 1783, elle fit plus, elle s'empara de cette presqu'île, tandis que d'un autre côté elle se faisait reconnaître protectrice de la Géorgie par le tzar Héraclius. Ces deux actes étaient mortels à la prépondérance de la Turquie sur la mer Noire. Mais le Bosphore, qui en était la porte d'entrée, ne pouvait appartenir à d'autre qu'au maître de cette mer. De là tous les projets de Catherine dévoilés bientôt par son entrevue avec Joseph II, empereur d'Allemagne. Les deux souverains n'avaient pu s'entendre que sur l'éventualité d'un partage de la Turquie. La Porte Ottomane prenant aussitôt l'éveil, se prépara à la guerre, chercha des alliés ; et le Maroc devait être du nombre.

C'est alors toutefois qu'un traité de paix et de commerce fut conclu le 22 mai 1784 entre Sidi-

(1) Voir le *Précis historique de la guerre des Turcs contre les Russes*, de 1769 à 1774. Un vol. in-8°, 1822. Traduit par M. Caussin de Perceval, de l'historiographe turc Vassif Effendi.

Mohamet et l'empereur Joseph II. Le texte de ce traité est connu par le renouvellement qui en fut fait le 20 février 1805, et il consistait surtout de la part du sultan à mettre chez lui l'Autriche sur un pied d'égalité parfaite avec les autres nations de l'Europe (1) : preuve que le Maroc ne songeait pas encore à seconder contre l'Allemagne les projets de défense de la Turquie. Cependant cette dernière puissance envoya en 1787 un ambassadeur chargé de riches présents, avec la mission de demander à Sidi-Mohamet un emprunt de 20 millions de piastres : démarche qui accusait une alliance consentie. L'empereur de Maroc constata de nouveau cette alliance par les mesures hostiles qu'il prit alors contre le commerce russe et autrichien, et surtout par l'armement de nouveaux corsaires.

Les dangers qui menaçaient l'islamisme du côté de la Russie, et le soulèvement que l'ambitieuse Catherine avait déjà suscité en Grèce, avaient en effet produit, jusque dans le Magreb, une profonde impression sur l'esprit des musulmans. De là l'accroissement des forces maritimes de Sidi-Mohamet. Ce prince voulut même faire don, d'abord de deux frégates, et puis de quatre, au sultan de Constantinople ; et il menaça l'Angleterre de lui déclarer la guerre si elle ne faisait pas conduire ces frégates à Constantinople par des matelots anglais. Il nous demanda en même temps, si, se trouvant

(1) Voir la traduction italienne de ce traité dans le *Specchio di Marocco*, pag. 316. A la page 320, il est question d'une expédition toscane contre le Maroc, vers l'année 1781.

en guerre avec l'Angleterre, il lui serait permis de vendre ses prises dans nos ports. Les craintes qu'il inspirait alors aux alliés de cette puissance, lui faisaient envoyer par la cour de Portugal des présents évalués à 130,000 piastres, et consistant en 6,000 pièces de toileries, dites *créas* (1789). Enfin à cette époque, il tenait 60,000 hommes sous les armes, et les quatre frégates destinées à Constantinople, devaient bientôt appareiller sous ses yeux, de la rade de Salé.

Sa politique et ses intentions venant toutefois à se modifier, peut-être en apprenant que les Turcs avaient battu la flotte russe à Sébastopol (1788), ce prince n'envoya point les 300 mille piastres qu'il avait d'abord annoncé vouloir expédier à la Porte, et il se contenta de lui en adresser 50,000, par l'intermédiaire de notre consul de Salé et du gouvernement français. Encore ce dernier don était-il destiné aux pèlerins qui se rendaient du Maroc à la Mecque en passant par l'Égypte. Une partie de cette offrande devait être distribuée en pension annuelle à six ulémas d'Alexandrie et à six ulémas du Caire, chargés de lire les livres d'oraisons et de dévotion que Sidi-Mohamet avait composés lui-même, et leur avait adressés par deux Maures de confiance. A cette même époque, un de ses fils qui, à la suite d'une révolte, s'était réfugié au Caire, rentrait en grâce avec lui et venait se fixer à Méquinez. L'intérêt et le zèle que cet empereur portait à la sûreté des pèlerinages, et le besoin qu'il avait de la Porte Ottomane pour les protéger, avaient déterminé cette dernière démarche envers le sultan de Constantinople. Celui-ci toutefois n'accepta sa pieuse offrande qu'à titre de tribut fourni par un vassal, et le reçu qui en fut donné à notre ambassadeur, devint pour M. Ruffin, l'un de nos plus savants interprètes orientalistes, une occasion de rappeler à nos hommes d'État les notions si souvent oubliées par eux, de la nature des relations musulmanes.

« Au sujet des 50,000 piastres fortes, disait M. Ruffin, l'espèce de décharge fournie par l'intendant des monnaies de Constantinople, pour le roi de Maroc, ne peut être exhibée à ce prince, sans crainte d'exciter de sa part quelques fâcheuses réclamations. 1° Il n'y est qualifié que de commandeur de Fez : ce protocole paraîtra une restriction méprisante de ses titres et de l'étendue de ses États. 2° La Porte reçoit les 50,000 piastres du roi de Maroc, à titre d'aides et de subsides. Ce libelle dénature l'objet du fondateur, qui destinait cet argent aux pauvres de la Mecque. Quant au premier point, nous ne sommes pas responsables du cérémonial que les souverains musulmans emploient entre eux ; mais comme nous avons été à la fois chargés de transmettre ses aumônes et ses intentions, nous aurons plus de peine à nous défendre du reproche qu'il nous fera de n'avoir pas assez nettement articulé la destination des 50,000 piastres. »

Plus tard toutefois Sidi-Mohamet abandonna les 50,000 piastres et se contenta du reçu, tel quel, de la Porte Ottomane. C'était le moment où la mésintelligence entre l'Angleterre et le Maroc s'envenimait de plus en plus.

Le 9 mai 1788, l'empereur de Maroc menaça les consuls européens de Tanger (M. Durocher, nouveau consul de France, résidait alors à Salé) de leur déclarer la guerre s'ils transportaient les moindres secours et provisions à Gibraltar. Rappelant ensuite le refus des deux équipages qu'il avait demandés à l'Angleterre pour conduire deux de ses frégates à Constantinople, il se répandit en plaintes contre cette nation : « Il la traita de méchante et de perverse, et finit par attribuer au juste châtiment de Dieu, l'événement qui avait soustrait les États-Unis d'Amérique au joug des Anglais. » Le gouverneur de Tanger, intéressé par ses rapports avec Gibraltar à ménager l'Angleterre, fit tous ses efforts, et celle-ci en faisait autant de son côté, auprès des ministres du roi de Maroc pour obtenir de ce prince une lettre moins outrageante; mais ce fut en vain, et une escadre anglaise, qui vint joindre la menace à la prière, n'obtint pas meilleure satisfaction. La France seule était respectée au milieu des exigences croissantes du vieux sultan pour les nations chrétiennes.

Une fois seulement les Anglais parvinrent à le radoucir un peu, en lui faisant présent de neuf canons de bronze, et dissimulant ce don sous une apparence de vente; mais bientôt après, ils retombèrent dans la même disgrâce qu'auparavant, et ils y restèrent jusqu'à la mort de Sidi-Mohamet. Pour avoir leur revanche, ces rivaux s'efforcèrent alors de nous brouiller avec l'empereur, à l'occasion des 50,000 piastres que ce dernier nous avait priés de remettre à Constantinople. N'ayant pu directement opérer la moindre mésintelligence entre nous et lui, ils firent intervenir le divan d'Alger.

« Cette régence, disait notre consul M. Durocher, le 28 septembre 1789, a écrit au sultan de Maroc pour l'engager à se joindre à elle, dans une guerre contre nous; elle se plaint d'abord de divers griefs de notre part qui lui étaient personnels : et passant à ceux qu'elle dit que le roi de Maroc doit avoir de son côté, elle assure que l'argent qu'il nous avait chargés de faire remettre au Grand Seigneur, n'est pas entré dans le trésor ottoman, mais a été livré aux différents ministres de la Porte, etc. Elle ajoute que, d'après cette assertion, le dey et le divan espèrent que Sa Majesté Marocaine saisira la circonstance où Alger allait entrer en guerre avec la France, pour se joindre à cette régence, unir leurs armements, ouvrir leurs ports respectifs pour la vente des prises, et les communications par terre de leurs royaumes pour y conduire en sûreté les esclaves; enfin, qu'en cas que Sa Majesté Marocaine se refusât d'entrer en guerre avec nous, ils la suppliaient au moins d'accorder les deux derniers points essentiels. Les Algériens faisaient valoir l'épuisement de nos finances, nos dissensions intestines, la quantité de nos vaisseaux naviguant avec sécurité, la facilité de s'en emparer, et leurs richesses (1). »

(1) Voir, à ce sujet, la lettre du sieur Durocher, successeur

« Mais le roi de Maroc répondit à cette lettre, qu'il connaissait la probité des Français, qui lui rendraient compte des 50,000 piastres, lorsqu'il le requerrait; que si ses ports étaient ouverts à toutes les nations, pour les rafraîchissements, ils l'étaient à plus juste titre pour des musulmans; mais qu'il était si loin d'entrer en guerre contre nous, qu'il déclarait formellement au dey et au divan qu'il faisait un cas particulier de l'amitié du roi de France et de sa nation; qu'il ne permettrait jamais qu'aucune prise française fût vendue dans ses ports, ni les esclaves conduits par terre à Alger, et que même, pour garder la plus exacte neutralité, il ne consentirait pas que les prises qui pourraient être faites de part et d'autre relâchassent dans ses ports. »

Telles furent les dispositions pacifiques de l'empereur, qui ne laissent aucun doute sur l'opinion qu'il avait alors de la France. Ainsi l'ancienne monarchie redevenue puissance maritime, et toujours fidèle alliée de l'islamisme à Constantinople, obtenait à ce double titre la plus honorable prépondérance dans le Maroc.

Cependant l'abolition de tout esclavage entre chrétiens et musulmans était également admise par la France et le Maroc; et ce fait si digne de notre civilisation avait été préparé par Sidi-Mohamet lui-même, dans sa lettre à Louis XVI, de 1777. C'était aussi l'époque où l'Angleterre continuait à exporter d'Afrique plus d'esclaves noirs que toutes les puissances de l'Europe réunies. En 1788, Sidi-

de M. Chénier dans le consulat général du Maroc — Mss. des Archives des affaires étrangères.

Mohamet écrivit au consul de France pour lui faire savoir que des marchands chrétiens achetaient des esclaves musulmans au port de Sainte-Croix et les amenaient dans leurs possessions des Indes occidentales. Ce prince lui signifia qu'il eût à faire désister ces marchands d'un tel commerce, sans quoi il allait envoyer des vaisseaux pour s'y opposer. En même temps il donnait ordre au consul d'Espagne de faire passer à Malte deux de ses fils et 25,000 piastres fortes pour l'achat des esclaves mahométans qui pouvaient encore s'y trouver; car déjà en 1787, en envoyant un de ses fils en pèlerinage à la Mecque, il lui avait ordonné de longer le plus près possible Tunis et Tripoli pour y débarquer les esclaves musulmans de ses sujets qu'il avait fait acheter à Malte. « Le roi de Maroc, écrivait vers cette époque notre consul, vient de faire savoir à tous les Européens qu'il payera la rançon de chaque esclave musulman que l'on conduira dans ses États, par la permission de sortie franche à *Mogador*, et non ailleurs, de 500 fanègues de blé ou setiers (10 septembre 1789). » Comme le droit de sortie de chaque fanègue était d'une piastre forte, ce qui revient à 500 piastres pour chaque esclave, quelques négociants de Marseille tentèrent cette spéculation en se procurant, pour le payement des droits, des esclaves musulmans de tout âge. D'un autre côté, comme la France éprouvait alors une cruelle disette, la communauté de Marseille avait demandé à Sidi-Mohamet l'extraction de 12,000 charges de blé.

Ce prince fit encore remettre à notre consul une

déclaration, par laquelle il lui exprimait le désir de savoir par son canal « combien il y avait d'esclaves chrétiens à Alger, leurs noms, qualités, pays, temps de leur captivité ; étant dans l'intention de les racheter tous, à raison de 500 piastres fortes d'Espagne par tête, et de les faire venir à Maroc. Lorsqu'ils seront arrivés en cette capitale, disait le caïd Driss, Sa Majesté Marocaine les échangera contre des esclaves musulmans, qui sont entre les mains des chrétiens, suivant que les circonstances l'exigeront ; et si les Algériens ne veulent pas *seconder cette pieuse intention* de Sa Majesté Marocaine, elle de son côté ne rachètera aucun des esclaves algériens qui sont en esclavage chez les chrétiens. Elle ne les recevra pas même quand on voudrait les lui présenter gratis et sans rançon, et en ce cas la faute de leur captivité retomberait sur leurs frères les Algériens. Donné à Salé, le 26 janvier 1790. » Et à propos de cette déclaration, notre consul ajoutait :

« L'œuvre de charité, dont il est question, serait si utile à l'humanité, si elle avait lieu, que je m'abstiens de toute réflexion capable d'en atténuer le mérite. »

C'était alors aussi que le vertueux Wilberforce, à l'exemple de notre Montesquieu, commençait à réclamer dans le parlement britannique pour l'abolition de la traite des noirs, et faisait écho à tous les préludes généreux de notre grande révolution. Du reste, la France devait bientôt trouver une occasion plus glorieuse d'affranchir les derniers esclaves marocains ; ce fut en 1798, lorsque le général Bonaparte, en s'emparant de l'île de Malte, rendit la liberté sans rançon à tous les esclaves musulmans.

C'est ainsi que Louis XVI, le véritable restaurateur de la liberté française, et Sidi-Mohamet, dont la piété et la charité semblaient croître avec l'âge, travaillaient de concert à mettre fin à l'esclavage des chrétiens et des musulmans. Les deux souverains, en s'entendant toujours dans l'échange des prisonniers, abolirent, du moins en fait, cet esclavage dans leurs États. Mais ce progrès de la civilisation chrétienne allait avoir des destinées bien diverses dans les deux pays. En France, il allait germer et fleurir miraculeusement au milieu des sanglants orages de notre révolution; tandis que la mort de Sidi-Mohamet, arrivée en 1790, replongea le Maroc dans les plus brutales discordes et dans son incurable barbarie. Nous verrons, en arrivant aux premières années de notre siècle, comment l'interruption momentanée de nos rapports avec cet empire le livra à la recrudescence de ses mœurs barbares. Il suffit de constater ici que l'ancienne France eut la gloire d'y introduire des améliorations morales et matérielles destinées à y porter les meilleurs fruits. Cet essai de civilisation était aussi l'avant-coureur de ce que la France nouvelle devait obtenir en Afrique par la destruction complète de la piraterie, et par des établissements qui, rendant à jamais impossible le retour de l'esclavage européen dans ces régions, nous donnent le signal des croisades modernes toutes pacifiques et toutes chrétiennes à l'égard des peuples musulmans.

Quant aux derniers actes de Sidi-Mohamet à notre égard, ils répondirent à tout ce que nous devions attendre de son amitié et de ses sentiments généreux. Un vaisseau français et un autre anglais avaient fait naufrage au sud de l'Oued-Noun, sur les rivages du Sahara, là où de nos jours les tombeaux chrétiens attestent encore que la plupart des pays de l'Europe ont fourni leur triste contingent à ce grand désert de l'Afrique (1). Les matelots anglais n'en furent retirés qu'avec de grands sacrifices de la part de l'Angleterre; quant aux nôtres, Sidi-Mohamet en fit d'abord racheter neuf, et le 22 mars 1790, quelques jours avant sa mort qui arriva le 11 avril, il envoya un de ses officiers avec les 800 piastres demandées pour le rachat du reste de l'équipage retenu encore par les nomades du désert.

Ainsi finit pour nous le règne de Sidi-Mohamet, cet heureux présage des relations nouvelles que nous devrions entretenir avec le Maroc.

Ce prince avait eu l'avantage de succéder sans opposition à son père, et il avait pu gouverner son empire avec autant de justice que de fermeté. Il vit pourtant ses dernières années troublées par les craintes que lui inspirait son fils aîné, Muley Jésid. De là, quelques excès d'autorité que sa fin prochaine, après un règne de trente-trois ans, dut rendre d'autant plus intolérables à ses su-

(1) Expressions de M. Charles Cochelet, naufragé sur cette côte d'Afrique, le 30 mai 1819. Voir *Naufrage du brick français la Sophie*, Introduction, p. IX.

jets. Quoi qu'il en soit de ce despotisme, et avant de l'apprécier, nous pouvons résumer ici la vie de Sidi-Mohamet. « Doué d'un esprit vif et pénétrant, sa politique et ses excellents règlements rétablirent bientôt un certain ordre dans un pays où il n'en existe jamais. Il conclut plusieurs traités avec les puissances d'Europe. Il fit construire la ville de Mogador, conquit Mazagran, dernier vestige de la puissance portugaise sur les côtes d'Afrique, rétablit les forteresses de Larache et de Rabath, enrichit ces villes d'édifices, embellit ses palais de Maroc et jeta les fondements de Fedalah. Né en 1710, il mourut dans sa 81° année près de Rabath, n'ayant jamais laissé échapper l'occasion de faire le bien ni d'empêcher le mal (1). » Il marchait alors contre Muley Jésid, dont le caractère féroce ne justifiait que trop le désir que son père avait de le priver du trône pour y faire asseoir son fils chéri Muley Absulem. Mais Sidi-Mohamet succomba à cette tâche, qui était digne encore de lui. Selon ses désirs, il fut enterré à Rabath; et l'on y voit aujourd'hui son tombeau dans une chapelle vénérée des musulmans.

(1) Voir les diverses pièces citées aux Archives du ministère des affaires étrangères dans la correspondance consulaire du Maroc.

CHAPITRE ONZIÈME.

Portrait de Sidi-Mohamet. — Appréciation de son règne. — Statistique sommaire du Maroc sous son autorité. — Résultats de la fondation et du commerce de Mogador.—État des importations et des exportations des diverses nations de l'Europe. — Rapports de Mogador avec notre colonie du Sénégal.

Sidi-Mohamet avait une belle taille, les yeux noirs et fiers, la barbe fourchue et grise, le teint basané, le nez aquilin, une grande bouche et les lèvres épaisses. En l'abordant, les grands officiers de son empire s'inclinaient trois fois jusqu'à terre. Quand le prince crachait, ils recevaient respectueusement ses crachats dans un mouchoir; quelques-uns même les recevaient dans leurs mains, et, autant par superstition pour le vicaire de Mahomet que par flatterie, s'en frottaient le visage comme d'une essence purifiante (1). Le bacha de Tétouan, dont les douanes lui rapportaient des revenus considérables, était un de ses favoris; Sidi-

(1) Voir *Voyage dans les États barbaresques*, ou lettre d'un des captifs rachetés par les chanoines de la Trinité (en 1785). Paris, chez Guillot. Page 46.

Mohamet l'appelait son enfant. Il accueillait de même le caïd de Salé. Un esclave français, appartenant à ce dernier, lui ayant demandé la liberté d'une dame portugaise et de sa fille, il lui accorda sa demande en considération de son maître (1). Vindicatif et reconnaissant, il fut aussi terrible pour les rebelles qu'affectueux et paternel pour ses fidèles sujets. L'offense contre l'absolu pouvoir de son kalifat le trouva toujours sans pitié. Un juif, qui à ce titre était son esclave, comme ils le sont tous dans le Maroc par suite de leur infériorité religieuse, avait écrit une méchante critique de ses actions; saisi aussitôt, il fut écartelé vif, mis en pièces et donné à dévorer aux chiens.

Ce mélange de terreur et de justice explique le peu d'insurrections qui éclatèrent sous le règne de Sidi-Mohamet. On lui a reproché son avarice; mais son avidité pour l'argent eut sa cause et son excuse dans sa charité pour les pauvres et dans son ambition de fonder d'utiles établissements, tandis que sa cour ne cessait d'offrir une extrême simplicité, conformément aux pratiques pleines d'humilité que lui suggéraient ses convictions religieuses. C'est ainsi que ce prince vécut comme un saint de l'islamisme; aussi fut-il honoré comme tel par ses sujets, qui ne pouvaient lui reprocher un despotisme conforme à la loi dont ils le reconnaissaient un unique et suprême interprète.

Quant au développement que Sidi-Mohamet

---

(1) *Idem*, page 64.

s'efforça de donner aux ressources indigènes, nous pourrions comparer les résultats qu'il obtint à ceux du despotisme moderne de Méhémet-Ali. Le génie fiscal et monopoliseur du pacha d'Égypte fut aussi le trait distinctif du sultan. Ce dernier prince n'avait d'ailleurs fait à cet égard que perfectionner les maximes de Muley-Ismaël, son aïeul, dont l'esprit dirige depuis un siècle et demi la conduite des empereurs du Maroc. Or, depuis ce fameux despote, qui déplaça à son gré toutes les populations de son empire, et considéra comme sa propriété royale le travail de ses sujets, les Maures soumis, privés de plus en plus des bénéfices du libre travail, ne s'y livrèrent plus qu'en esclaves, c'est-à-dire, sans encouragements et sans émulation. De là, les résultats si disproportionnés avec les efforts intelligents et les bonnes intentions de Sidi-Mohamet. Ce prince réunit, par exemple, et fit exercer plus de corsaires que n'en eurent jamais ses prédécesseurs; mais combien il fut loin de se faire craindre à l'égal des anciens corsaires de Tétouan et de Salé, qui, excités par l'amour du gain et par leur foi sans bornes dans la supériorité de l'islamisme, s'aventuraient librement à courir sur les chrétiens, et tiraient tant de profit de la guerre dont ils étaient seuls responsables! La confiance dans le Coran était sans doute la même chez les Maures, mais nullement le génie guerrier et commerçant des petites républiques maritimes, héritières des Maures de Grenade, ni des grandes municipalités musulmanes de Fez et de Méquinez. Après le despotisme de

Muley-Ismaël, qui n'avait pu que les intimider sans les anéantir, leurs libertés disparurent sous le despotisme prolongé de ses successeurs, et il ne resta plus dans le Maroc que l'ordre stérile inspiré par la crainte du maître; tandis que l'esprit d'indépendance, réfugié chez les nomades du Sud et chez les montagnards de l'Atlas, n'attendait qu'un règne moins bien établi pour faire explosion et donner appui à tous les révoltés.

Tels furent à beaucoup d'égards les résultats de l'autorité de Sidi-Mohamet. Pourtant, supérieur sous tous les rapports à ses sujets, qui regardaient comme un péché de laisser exporter le blé pour les besoins des chrétiens, il autorisa de nombreuses exceptions à cette loi générale. Il voulut même encourager puissamment l'agriculture par la vente de ses produits; et s'il n'avait eu le tort de faire dépendre tous les marchés de sa volonté, ou ne les avait entravés par des conditions gênantes et onéreuses, les terres du Maroc, que le moindre travail suffit pour féconder, seraient certainement devenues sous son règne une merveilleuse source de richesses; mais il n'en fut point ainsi, par suite de ses prescriptions, qui ne rétablirent un certain ordre qu'aux dépens du libre essor de la propriété et de l'industrie.

« Toutes les productions des terres, disait en 1777 M. Chénier (1), payent la dîme à l'empereur; ce qui, joint aux douanes de sortie sur les

(1) Voir au dépôt de la marine l'extrait d'un mémoire adressé par notre consul général, M. Chénier, au département des affaires étrangères, le 15 février 1777.

productions de ses États, fait un revenu très-considérable. Ce prince gagne considérablement encore sur quelques objets de commerce intérieur qu'il se réserve exclusivement et qu'il vend comme il lui plaît, entre autres la cochenille pour les manufactures de maroquin, et le soufre qui sert à la composition de la poudre, et dont l'usage est plus général encore pour blanchir les étoffes de laine dont les Maures se servent pour leurs habits. Les avanies que ce prince fait aux provinces et aux particuliers font encore une partie essentielle de ses revenus qu'il n'est pas possible d'apprécier, parce qu'elle est absolument arbitraire et que les prétextes dépendent de sa volonté.

« Il y a encore des impôts particuliers dans les villes sur quelques comestibles, entrée des portes, passage des rivières, marque sur les joyaux d'argent et sur différentes fabrications, ferme de tabac, etc.

« Indépendamment de l'impôt sur les productions des terres, il y a une capitation à raison de tant par tente pour servir à l'entretien des troupes, que chaque province fournit en raison de sa population et du besoin. Il en est qui tiennent toujours sur pied depuis 1,500 jusqu'à 3,000 hommes de cavalerie, qui peuvent doubler et tripler cette contribution, quand elle devient nécessaire, parce que tout Maure est soldat : je veux dire qu'il a les armes nécessaires pour servir quand il est commandé. Au moyen de cet ordre pour la levée des troupes, le souverain peut avoir auprès de lui dans un instant 30, 60 et plus de 100 mille soldats de ses provinces; il a en outre 36 à 40 mille Noirs qu'il soudoie, qui sont près de sa personne ou répandus dans les différentes places de ses États. Les forces militaires de ce souverain consistent en cavalerie; il n'y a aucun choix dans les hommes, qui n'ont de toutes les qualités militaires qu'une grande facilité à résister à la fatigue et à toutes les peines attachées à leur état; quant à leurs chevaux, sans être beaux, ils sont de bonne qualité, et supportent facilement le travail, la faim et la soif. »

A cette statistique sommaire de l'empire du Maroc, ajoutons quelques détails contemporains sur l'état de la ville de Salé, jadis si florissante. Cette place commerçante n'avait fait que déchoir jusqu'alors; toutefois, malgré la sévère répression de sa révolte en 1754, elle avait conservé la plupart des formes de son ancien gouvernement républicain, de son ancienne aristocratie commerçante et militaire, analogue à celle d'Alger. En 1782, les anciens avaient encore voix absolue au divan de cette cité, où ils jugeaient seuls toutes les questions en dernier ressort. Tous les ans, au mois de mai, deux gouverneurs, l'un de la citadelle, l'autre de la ville, y étaient élus; et ces deux chefs, nommés caïds, assistés de quatre ou cinq de leurs prédécesseurs, y décidaient souverainement de tout ce qui ne touchait pas aux affaires d'État. Quant à l'administration de la justice civile et criminelle, elle appartenait aux cadis, qui continuaient à l'exercer dans les formes rapportées d'Espagne par les anciens Maures fugitifs.

Grâce au maintien de ces traditions, Salé était à peu près la seule ville de Mauritanie où l'on se servît de l'écriture. Les percepteurs des revenus de la ville, sous le nom d'écrivains, étaient élus par le divan, et tenus d'y rendre leurs comptes de trois mois en trois mois. Enfin, l'industrie indigène y donnait quelques signes de vie. A défaut, par exemple, de lin et de chanvre, très-rares dans la contrée, les habitants avaient des cotonniers et se servaient du coton pour fabriquer leurs haïques (1). Le commerce extérieur avec les régences barbaresques n'était pas non plus sans quelque importance. En 1784, le caïd du château de Salé, Albatelaar, s'était acquis une si grande réputation commerciale que les habitants de Tunis le choisirent pour leur bey et en firent un exemple curieux de la considération attachée au commerce par les musulmans (2). Celui-ci accepta la nouvelle charge, à la sollicitation de ses amis qui lui firent remarquer quelque ingratitude de la part de ses concitoyens, et peut-être aussi pour aller commercer ailleurs avec plus de liberté que n'en comportait dans le Maroc la réforme de Sidi-Mohamet.

Quelques abus qui se soient enfin attachés au despotisme de ce prince, le résultat de son règne n'en a pas moins été d'introduire de nombreuses améliorations dans son empire. La plus heureuse

(1) Voir *Voyage dans les États barbaresques*... ou Lettres d'un des captifs rachetés par les chanoines de la Trinité (en 1785), pag. 29-31.

(2) *Voyage dans les États barbaresques*, etc., page 83.

d'entre elles fut l'affaiblissement du fanatisme chez les Maures à la suite des relations qu'il établit avec les nations chrétiennes; le débit des marchandises de l'Europe devint très-considérable dans son empire, et le luxe y augmenta en proportion. Après la mort de Louis XIV et de Muley-Ismaël, les échanges, surtout l'importation, avaient été très-bornés dans le Maroc ; mais lorsque Sidi-Mohamet monta sur le trône, il jugea qu'il pouvait tirer de riches revenus de ses douanes, et il dirigea vers ce but tous ses traités avec les puissances européennes. C'est alors que des négociants de diverses nations s'établirent dans les ports du Maroc, et que des rapports plus fréquents et plus réguliers se maintinrent entre chrétiens et musulmans, malgré les révolutions qui menacèrent plusieurs fois le repos général de la contrée.

En 1766, il est vrai, l'empereur, par une haine particulière contre les habitants de Sainte - Croix (*Agadir*), en expulsa les négociants européens ; mais ce fut pour attirer ces derniers à Mogador dont il voulait faire le chef-lieu du commerce marocain et le seul entrepôt des marchandises d'exportation pour l'Europe. A cet effet, Sidi-Mohamet voulut d'abord y créer la plus jolie ville de son empire : il la disputa à l'Océan et au désert de sable qui l'entoure ; il en fonda les remparts et les chargea d'artillerie sur des rochers avancés qui servent de digue à la mer. C'est là que les premières batteries sont encore baignées par les flots, et au moindre temps orageux inondées par les vagues ; tandis que, du côté de terre, les monticules sablonneux changent journellement d'aspect. Au milieu de cette incessante mobilité des sables et des eaux s'élèvent les hauts minarets de la ville, d'où les muëzins, pour annoncer les heures, chantent leurs prières sur un mode unique et plaintif.

Telle fut la ville chérie du pieux sultan, Mogador, que les Arabes du désert nomment *Souhaira* (*le tableau*). Sa position, à portée des quatre plus riches provinces ; sa proximité de la capitale, où la plupart des produits européens étaient consommés ; son port, qui, bien que petit et peu sûr en hiver, offrait aux navires la liberté d'entrée et de sortie par tous les vents ; enfin la côte voisine toute sablonneuse et d'un difficile accès, à cause des fortes brises du nord dans la belle saison : tant de motifs avaient déterminé Sidi-Mohamet à faire de Mogador le siége principal de son commerce. Il y donna un vaste et beau jardin aux négociants français, qui furent, comme à l'ordinaire, les plus favorisés de la colonie européenne. Mais d'abord il y avait attiré successivement les négociants de ses différents ports, tantôt en les y obligeant, tantôt en leur promettant des faveurs sur les douanes, et principalement l'exemption de droits sur l'exportation des huiles ; deux ans après, s'étant rétracté sur ce dernier article, il exigea la douane des huiles qui avaient été embarquées ; il le fit toutefois avec modération ; mais plus tard ce fut sans ménagement qu'il augmenta le tarif des droits, en croyant le proportionner aux progrès du commerce et de la concurrence. Les objets d'exportation de Mogador furent alors soumis à des droits de 25 à 30 pour cent, et d'autres jusqu'à 50, ce qui en fit abandonner plusieurs, et arrêta de précieux développements, dont les relations du Maroc avec l'Europe auraient été susceptibles.

Sidi-Mohamet fit toutefois une exception en faveur de l'Espagne. Vers 1784, cette puissance, relevée de son affaiblissement par les résultats de la guerre américaine, envoya une ambassade solennelle à l'empereur de Maroc ; c'est alors qu'elle obtint l'exportation des blés de Darbeyda, à 15 lieues au sud de Salé, dans la province de Temséna, avec le privilége de ne payer que huit onces par fanègue, au lieu de dix que l'on payait alors à Mogador. Cet avantage, accordé à l'Espagne à cause de l'énorme quantité de blé qu'elle tirait du Maroc, lui valut aussi des contrariétés, chaque fois que Sidi-Mohamet ne lui trouvait pas assez de condescendance, ou savait que ses mauvaises récoltes lui faisaient un besoin plus urgent de cet objet de première nécessité. Année moyenne, l'Espagne en tirait cinq cent mille fanègues qui, évaluées chacune de 7 à 8 francs rendue à bord, faisaient un total de 4,285,714 livres tournois.

Quoi qu'il en soit de ce commerce particulier, le résultat de la concentration des affaires à Mogador fut d'y augmenter beaucoup l'importation européenne. Avant l'établissement de cette ville, les Marocains vendaient leurs denrées en grande partie pour de l'argent comptant ; insensiblement ils s'accoutumèrent à les échanger pour des valeurs en nature; les marchandises européennes, et particulièrement les toileries, furent recherchées, et la consommation en devint plus considérable avec l'accroissement des richesses indigènes. Le goût des draps s'introduisit ensuite, et ces deux objets formèrent bientôt la majeure partie du commerce d'importation. Le luxe, qui faisait chaque jour des progrès en ce pays, y augmentait la consommation de nos marchandises. Malheureusement le transport dans le Maroc en était alors fait, disent nos documents consulaires, par les étrangers autant que par les nationaux; de sorte que l'exportation faisait la meilleure part des bénéfices de notre commerce.

En 1787, par exemple, nos importations en objets manufacturés ou en soufre, corail, fil d'or, étoffes de soie, ne s'élevaient qu'à la somme de 453,629 fr.; mais les exportations en France montaient à 1,166,949 fr. (1). Les huiles et les cires étaient les deux principaux articles de retour. Cette dernière marchandise passait presque toute à Marseille, et formait un total annuel de 4 à 500,000 livres, malgré un droit de 12 pour cent, qui augmentait de plus de moitié sa valeur première. Quant aux huiles embarquées pour l'Europe, plus du tiers allaient encore à Marseille, où, favorisées par la promptitude et l'avantage

(1) Voir, dans la correspondance consulaire du Maroc, aux archives du ministère des affaires étrangères, le mémoire et les tableaux statistiques de notre consul général, datés de Salé, 7 février 1789.

du débit, elles rivalisaient avec les huiles italiennes. Enfin, les gommes et les amandes, bien qu'en faible proportion, complétaient ces retours, tandis que le cuivre, les laines et les cuirs dont Marseille tirait autrefois une grande quantité, étaient abandonnés par suite des droits énormes dont Sidi-Mohamet avait grevé la sortie de ces trois objets.

L'exportation constituait donc les plus gros bénéfices des relations de Marseille avec le Maroc. Il en était de même de Lisbonne; mais cette ville se bornait à exporter les blés marocains avec le privilége de payer seulement huit onces de droit par fanègue, au lieu de douze que donnaient les autres nations (1). L'Espagne, qui jouissait du même avantage et avait été la première à l'obtenir vers 1784, importait en fer de Biscaye, surtout en cuirs de Buenos-Ayres et en piastres fortes, pour l'achat des blés, jusqu'à concurrence de 1,777,926 francs; ajoutons qu'une partie de cette dernière exportation était faite pour le compte de la France.

C'étaient, au contraire, les objets d'importation qui intéressaient le plus Londres, Amsterdam et Livourne. Amsterdam importait pour 1,411,154 francs en toiles de Silésie, fer, acier, sucre raffiné et épicerie. Les toiles, qui formaient l'objet principal de ce commerce, étaient achetées parfois de

(1) L'once vaut environ 20 sous de France. Les exportations du Maroc pour Lisbonne étaient, en 1787, de 216,588 fr.; et celles pour Cadix, de 6 millions environ, dont 4,285,714 fr. pour le blé seul.

nos propres manufacturiers, et nous avons déjà fait remarquer qu'autrefois elles se fabriquaient la plupart en France. Les noms français de *Platilles Royales*, *Créas*, *Rouen*, *Bretagne*, malgré le nom général de *Silésie* qu'on leur donnait, en constataient assez l'origine française. Les qualités qui les faisaient surtout rechercher des Maures, étaient d'être bien gommées et très-blanches. Le commerce de ces toiles faisait aussi le tiers des 7 ou 800,000 francs des importations de Livourne; car cette ville, à cause de ses nombreuses relations avec les places du nord de l'Europe, se les procurait à peu près au même prix qu'Amsterdam.

Quant à Londres, son commerce d'importation s'éleva par extraordinaire, en 1787, avec Mogador, à 1,609,898 francs, dont près d'un million pour les seules draperies. Le commerce anglais venait de faire cette année-là une de ces manœuvres audacieuses et habiles qui lui ont fait souvent supplanter ses rivaux; c'était d'inonder une place de ses produits, de les vendre à bas prix et même à perte, pour s'emparer du marché à l'aide de cette concurrence, véritable guerre sans quartier. L'Angleterre tirait de Mogador des huiles, des amandes, des plumes d'autruche et des gommes, le tout s'élevant à 850,144, francs pour l'année 1787. En nous abandonnant les huiles d'olive, qu'elles négligeaient pour favoriser chez elles le débit des huiles de baleine, l'Angleterre et la Hollande recherchaient de préférence les gommes. Aussi, cette production, peut-être la plus riche du Maroc, passait-elle presque toute à Londres et à Amsterdam. Du reste, il n'y avait encore que très-peu de temps qu'elle prenait la voie de Mogador, où l'on en distinguait de trois qualités :

« Les gommes appelées de Barbarie, qui vien-
« nent dans les provinces des environs de Maroc,
« et sont, disait M. Chénier, d'une qualité très-
« inférieure ; celles du Soudan, qui viennent
« dans les déserts de l'Oued-Nun et sont de meil-
« leure qualité, mais plus rares que celles de
« Barbarie ; celles enfin du Sénégal, supérieures
« à toutes les autres, et approchant beaucoup
« des gommes arabiques. »

Cette dernière qualité de gomme qu'il nous importe le plus de remarquer, était apportée à Mogador par des nomades des environs du Sénégal, d'où Marseille commençait à tirer cette denrée depuis la paix de 1783.

« Il est étonnant, ajoutait notre consul, qu'ayant un marché au fort Louis, ces Arabes préfèrent traverser des déserts immenses pour venir, après cinquante jours de marche, vendre leurs gommes à Mogador; on n'en pourrait trouver la raison que dans le bas prix où l'on achète cette denrée dans nos établissements du Sénégal; il faut même que la différence du prix qu'ils en trouvent à Mogador soit bien plus considérable pour que ces Arabes s'exposent à traverser des déserts immenses où ils éprouvent toutes sortes de disettes et de fatigues. Ne serait-il pas possible à la compagnie du Sénégal d'empêcher l'exportation de ces gommes jusqu'à Mogador? On peut compter qu'il en passe annuellement en cette ville *plus de six mille quintaux*, qui sont tous expédiés à Londres et à Amsterdam; on vient d'en envoyer pour essai à Marseille. Il n'y a que très peu de temps que cette denrée prend la voie de Mogador; cette importation augmente chaque année; le commerce de la compagnie peut en souffrir; il est intéressant pour elle d'y donner son attention et de tâcher de tourner ce cours. Cette gomme se vend à Mogador de 15 à 16 piastres fortes le quintal. »

Le développement que le commerce des gommes a pris de nos jours et la concurrence dont elles deviennent l'objet entre nous et l'Angleterre, signalent dès à présent à notre attention cet antécédent historique. C'est une précieuse lumière jetée sur l'existence des caravanes qui traversent le Sahara et joignent, à travers des déserts trop longtemps réputés infranchissables, nos belles possessions du Sénégal à l'entrepôt important de l'Oued-Nun et aux provinces méridionales du Maroc. Il paraît aussi qu'un itinéraire existe non loin du littoral, et pourrait offrir une autre ligne de jonction avec les comptoirs d'Arguin et de Portendick, où le commerce prend de jour en jour de nouveaux développements (1).

(1) « Il est constant, dit Lemprière, qu'on peut faire par terre le voyage de Guinée à Maroc, en ne s'écartant point du bord de la mer. On a vu venir, en 1781, deux Français à Maroc, qui étaient partis du Sénégal. On apprit par eux la prise que les Anglais avaient faite de plusieurs forts bâtis sur la rivière de ce nom. Il est probable qu'ils eussent été massacrés en

Quant au mémoire que nous venons d'analyser, M. Chénier le terminait en rappelant l'importance de nos anciens établissements dans le Maroc, et l'urgence de faire seuls le commerce de nos marchandises, dont une bonne partie était introduite par la main de nos rivaux. En effet, quelques garanties de plus données à nos relations avec Sidi-Mohamet auraient pu leur rendre toute l'importance qu'avaient eue autrefois les rapports de Louis XIV avec Muley-Ismaël. La prévoyance de M. Chénier au moment où M. Durocher était déjà venu le remplacer dans le Maroc, égalait alors la fermeté dont il avait fait preuve au début de son consulat. A son arrivée à Saffi, après le traité de 1767, il s'était présenté à cheval devant la porte de la ville; et comme les gardes s'opposaient à ce qu'il y entrât ainsi monté, sous prétexte que le cheval était la monture du prophète et n'appartenait qu'aux musulmans, il força le passage l'épée à la main en déclarant que personne n'arrêterait le représentant du roi de France. Le vice-consul Jackson, qui rapporte ce fait (1), le cite comme le premier exemple de fermeté qui ait affranchi les chrétiens de l'odieuse coutume qui les ravalait à

chemin, si, dans quelques endroits dangereux à passer, ils n'avaient pas été protégés par des sauvages doux et hospitaliers. » (Page 290, *Voyage dans le Maroc en* 1790, traduit de l'anglais. Paris, 1801.)

Voyez aussi pour cette question géographique les *Voyages de Saugnier*, pag. 21, 25, 28.

(1) « Adding that no one should stop the representative of the King of France » Jackson, pag. 7, 8.

l'égal des juifs. Un autre Anglais, Lemprière, qui voyagea dans cet empire la dernière année du règne de Sidi-Mohamet, constate indirectement la même supériorité de la France : c'est en avouant tout ce qu'on lui fit souffrir en sa qualité d'Anglais (1), bien qu'il eût été appelé comme médecin pour guérir le fils chéri du sultan, Sidi-Absulem, dont ce prince voulait faire son successeur.

Ainsi la France, en reprenant son influence dans le Maroc, y avait facilité la voie à tous les Européens, et c'est de l'aveu de nos rivaux qu'elle y représentait noblement la civilisation.

(1) Lemprière, pag. 292; voyez aussi, page 157, comment un juif de Tunis, nommé Atfaël, devenu ministre de Sidi-Mohamet et détesté des Maures, recevait d'eux par dérision le nom d'ambassadeur de la Grande-Bretagne. L'auteur, qui ne dit pas un mot de l'influence française, et n'était pas obligé d'en parler, reconnaît du moins avec loyauté les bons procédés du consul français à son égard.

CHAPITRE DOUZIÈME.

Avénement de Muley-Jesid. — Sa reconnaissance pour un bon procédé de Louis XVI. — Sa conduite à l'égard de ses sujets. — Inauguration du pavillon tricolore dans le Maroc. — Notre consul général chargé du rôle d'ambassadeur. — Guerre civile des frères de Muley-Jesid. — Muley-Soliman proclamé empereur. — Sa conduite pendant la lutte de l'Angleterre et de la République française. — Expédition d'Égypte. — Résultats de la protection accordée aux pèlerinages par le généal Bonaparte.

La mort de Sidi-Mohamet ouvrit carrière à tous les désordres de l'anarchie et aux excès du despotisme le plus brutal. Et d'abord le remède que ce prince avait voulu appliquer aux maux que sans doute il prévoyait, n'avait fait que les aggraver. Toute sa puissance avait échoué contre le droit d'asile, à l'abri duquel Muley-Jesid, après un pèlerinage à la Mecque, avait eu soin de se placer dans le sanctuaire voisin de Tétouan. Vainement le vieil empereur avait voulu se mettre au-dessus de ce droit que l'opinion des Maures proclame inviolable près du tombeau des saints. Quelques hommes de prière et de charité, forts de l'assentiment des populations, avaient résisté à toutes ses menaces; et des milliers de soldats noirs, aveugles exécuteurs de ses ordres, plutôt que de les exécuter contre un sanctuaire, avaient éprouvé pour la première fois un sentiment de révolte contre le sultan. C'est au moment où, pour prévenir leur indiscipline, Sidi-Mohamet les disséminait dans son empire, que la mort l'arrêta dans ses projets. Muley-Jésid sortit aussitôt du lieu vénéré où il avait triomphé de la justice de son père. Jaloux d'imiter le fameux Muley-Ismaël, il retrouva bientôt autour de lui les soldats noirs issus de ceux que ce farouche despote avait introduits dans le Maroc, et qui déjà sous Muley-Abdala avaient exercé tant d'influence sur les destinées de cet empire. Devenu maître des places maritimes du nord, et à peu près unanimement reconnu et proclamé empereur, il fit ordonner aux consuls résidant à Tanger de venir le trouver à Tétouan. Dès le 20 avril, il leur notifia qu'il ne voulait conserver la paix qu'avec l'Angleterre et Raguse, et donna quatre mois aux autres nations pour sortir de ses États. Le lendemain il se relâcha en faveur de la nation suédoise, à laquelle il accorda la paix aux conditions que lui avait imposées Sidi-Mohamet. Le 22, il fit appeler les autres consuls d'Espagne, de Portugal, de Danemark et de Venise, et leur déclara vouloir bien leur accorder la même faveur : ce qui veut dire que chacun d'eux avait eu le soin de lui faire des présents considérables. D'ailleurs Muley-Jesid savait que la Suède, le Danemark et Venise payaient avec exactitude une rente annuelle, et que l'Espagne et le Portugal renouvelaient fréquemment des présents d'un grand prix. Il notifia donc son avénement à ces diverses puissances; et en même temps qu'il les abreuvait d'outrages, il exigea qu'elles lui envoyassent des ambassadeurs pour ratifier la paix, c'est-à-dire, encore apporter de nouveaux présents (1).

Quant à notre consul, dont la résidence était à Salé, il se contenta d'écrire au sultan, qui accueillit parfaitement sa lettre de félicitation, et n'eut aucune idée de rien changer aux relations qui attestaient depuis longtemps notre supériorité dans le Maroc.

A l'intérieur de l'empire, le nouveau souverain signala son avénement en exterminant ou rançonnant les juifs qu'il avait en exécration. Ceux de Tétouan, de Larache et d'Alcassar furent livrés au pillage des troupes noires; enfin ce pillage, qui menaçait de devenir général, fut commué, sur les représentations des légistes musulmans, en une peine pécuniaire; et tous les juifs s'estimèrent heureux de se racheter par d'énormes amendes. Peu de temps après, Muley-Jesid fit arrêter Sidi-Mohamet-el-Arabi-Effendy, ancien premier ministre de son père, en l'accusant d'avoir eu des intelligences coupables avec les Espagnols de Ceuta et des autres présides que celui-ci avait constamment protégés. Le payement d'une amende de 100,000 piastres fortes allait complétement justifier ce ministre, lorsqu'une lettre du frère de

(1) *Correspondance de notre consul à Maroc.* Voir pour plus de détails le récit de l'Anglais *Lemprière*, page 371 de la traduction française déjà citée.

Muley-Jesid, Muley-Abderrhaman, retiré à l'Oued-Nun, vint demander vengeance de tous ceux qui, sous le règne de Sidi-Mohamet, avaient dépouillé sa maison et osé porter la main sur ses femmes pour leur enlever leurs bijoux. Le malheureux Mohamet-el-Arabi, l'un des exécuteurs de cette mesure, fut aussitôt sacrifié: Il eut les deux mains coupées, et bientôt après la tête tranchée, sur le refus qu'il fit de déclarer où étaient ses trésors.

Les préparatifs que Muley-Jesid faisait contre Ceuta, provoquèrent les représailles de l'Espagne. Cette puissance, en défendant ses présides contre les Maures, avait à se maintenir d'un autre côté dans Oran. Mohamet, bey de Mascara, attaquait cette place, et coupait les vivres à la garnison chrétienne, qui avait eu le tort de se borner à une occupation restreinte, sans colonisation ni influence dans l'intérieur du pays. C'est alors qu'un tremblement de terre vint ruiner la ville de fond en comble. L'occupation en avait été si onéreuse à la métropole, que celle-ci crut enfin trouver l'occasion de s'en débarrasser sans déshonneur, et la céda au divan d'Alger en mars 1792. Mais il n'en fut pas de même de Ceuta. Plus rapprochée de la côte d'Espagne, les vivres lui arrivaient facilement et lui permettaient, comme à l'ordinaire, de braver toutes les attaques des Maures. Aussi l'Espagne put-elle, en cette circonstance, se venger impunément des outrages faits à son consul. Elle envoya une frégate qui, feignant d'apporter des présents à l'empereur, ne déposa que des balles de chiffons, et ramenant tous ses nationaux de

Tanger, alla surprendre le lendemain deux galères de Larache, et les enleva sous les yeux mêmes du sultan.

La fureur de celui-ci ne connut alors plus de bornes, et sa vengeance retomba sur tous ceux qu'il soupçonnait s'être laissé corrompre par les Espagnols. Il tua même de ses propres mains le chef des noirs, l'alcaïde Abbas, le meilleur officier de son armée, qui avait négligé de chercher un asile dans un sanctuaire et dont les troupes demandaient la mort.

C'est au milieu de toutes ces fureurs que la bonne intelligence de Muley-Jesid avec la France ne se ralentit pas un instant. Dans ses relations avec les autres puissances, l'acte le plus significatif de son règne, heureusement fort court, fut la cession du port de Sainte-Croix aux Hollandais, en vertu d'un ancien traité que Sidi-Mohamet avait refusé de ratifier. Ce port, que les puissances commerçantes n'ont jamais perdu de vue, pouvait devenir le chef-lieu des achats de retour pour l'Europe, et exercer une grande influence sur la balance du commerce d'exportation, dont Marseille seule faisait alors le tiers.

Cependant les préludes de la révolution française n'interrompaient en rien nos relations avec Muley-Jesid. Lorsque notre consul lui notifia, en février 1791, l'inauguration du pavillon tricolore à la place de notre ancien pavillon, il ordonna à tous les corsaires et officiers de mer de le respecter partout où ils le rencontreraient, soit à la mer, soit dans les ports; et il le fit saluer lui-même à

Sa é, lorsqu'il fut arboré à la maison consulaire pour la première fois.

Voici, du reste, comment il s'exprimait à notre égard, dans une réponse écrite en cette occasion à Louis XVI, le 3 mars 1791, et traduite par M. Ruffin:

« Le commandeur des vrais croyants... Sultan, fils de Sultan... Mouhammed Mehdy-el-Jesid, au très-puissant *Sultan* de France, Louis XVI.

« Vos dépêches nous ont mis à portée de con-
« naître les sentiments les plus profonds de votre
« cœur, l'amitié et l'estime que vous nous por-
« tez, et le désir que vous avez de nous savoir dis-
« posé à observer avec vous la paix et la bonne
« harmonie qui régnaient anciennement entre vous
« et notre Père béatifié et jouissant de la gloire
« éternelle.

« Nous vous assurons que nous sommes dans
« les dispositions les plus conformes à vos désirs
« et à vos instances. Nous vous honorons et nous
« vous considérons au-dessus de toutes les autres
« nations chrétiennes, parce que la pureté de votre
« amitié pour nous, et votre sincère propension
« vers nous nous ont été démontrées jusqu'à l'é-
« vidence : témoin le procédé que nous avons
« éprouvé à une époque assez récente, lors de
« notre pèlerinage à la sainte maison de Dieu (la
« Mecque). Nous étions à Tunis : nous eûmes be-
« soin d'un navire pour notre trajet de mer; à
« peine en eûmes-nous témoigné le désir, qu'il se
« présenta à nous un Français, propriétaire d'un
« bâtiment, et nous le consigna. Nous nous empres-

« sâmes de lui en offrir le fret; il refusa constam-
« ment d'accepter le payement. Cet acte généreux
« reste gravé dans notre cœur comme une preuve
« de votre attachement à notre noble personne.

« Quant à ce que vous nous mandez de votre
« intention de nommer pour votre ambassadeur
« auprès de nous votre consul, qui réside déjà
« dans notre cour, c'est en effet un homme d'une
« grande expérience dans les affaires, et nous avons
« volontiers donné notre agrément à ce qu'il de-
« vienne l'heureux intermédiaire entre vous et nous
« pour tout ce que vous aurez à traiter avec nous.
« Lorsque vous nous l'aurez renvoyé, vous pouvez
« compter que nous lui ferons toutes sortes d'hon-
« neur, de biens et de faveurs en considération
« de Votre Majesté, au point qu'il sera distingué
« parmi les autres ambassadeurs.

« Nous avons vu le modèle que vous nous avez
« envoyé du nouveau pavillon que vous avez
« adopté, et nous avons ordonné à nos gouver-
« neurs et à tous nos officiers de saluer du ca-
« non et de fêter par des démonstrations solen-
« nelles de joie et d'allégresse, ce pavillon, dès
« qu'il sera arboré sur la maison consulaire. Nous
« avons donné les mêmes ordres à nos capitaines
« et aux commandants de nos ports de faire les
« salves d'artillerie les plus honorables à l'appari-
« tion de votre frégate, qui doit arriver avec le
« nouveau pavillon. Nous avons recommandé à
« nos Raïs de se bien comporter avec tous ceux de
« vos capitaines qu'ils rencontreront à la mer mu-
« nis de votre passe-port. »

Et en *post-scriptum*, Muley-Jesid ajoute : « In-
« formez-vous du propriétaire du navire qui s'é-
« tait présenté à nous à Tunis et nous avait con-
« signé son bâtiment. Le bey de cette régence,
« Hamouda Pacha, a dû lui payer de notre part
« un fret considérable. »

Ces derniers mots rappellent notre attention sur la conduite du gouvernement de Louis XVI, qui avait chargé secrètement un propriétaire de vaisseau français de donner passage pour la Mecque au fils rebelle du sultan; et la reconnaissance de celui-ci nous servira plus tard d'exemple à suivre, quand il s'agira du pèlerinage des villes saintes.

Mais reprenons le fil des événements politiques, qui se succédaient rapidement dans le Maroc. En 1791, notre consul, M. du Rocher, avait agi avec beaucoup de prudence. Prévoyant que l'orgueil, la cruauté et la tyrannie du farouche Muley-Jesid ne laisseraient pas longue durée à son règne déjà souillé de crimes, il conseilla d'ajourner l'ambassade et les présents d'usage que nécessitait l'avénement du nouvel empereur.

Obligé lui-même de se rendre en France pour revenir comme ambassadeur (1) dans le Maroc, il en profita pour faire traîner son retour en lon-

(1) « Les puissances de Barbarie ne connaissent en diplomatie que des ambassadeurs. Elles ont corrompu ce mot, et en ont fait celui de *Bachadour*. Le pacha de Tripoli et le bey de Tunis avaient ainsi qualifié, en 1775 et 1777, leurs ministres en France, qui ne furent reconnus par la cour que comme simples envoyés. »

Cette note de M. Ruffin est expliquée et complétée par le

gueur. Pendant ce temps-là, les révoltes éclatèrent, ainsi qu'il l'avait prévu, et tandis que Muley-Jesid continuait d'assiéger Ceuta. Celui-ci, marchant enfin contre les provinces du sud, où il livra plusieurs batailles à ses frères, parvint à cerner et à tailler en pièces, sous les murs de Maroc, une partie des rebelles; mais blessé lui-même dans ce combat, le mauvais traitement auquel on soumit sa blessure, l'aggrava tellement, qu'il en mourut peu après, en février 1793.

Deux de ses frères, Muley-Sélamé et Soliman, furent aussitôt proclamés dans les provinces du nord; le premier par les villes maritimes : Larache, Tanger et Tétouan; et le second, par Fez et Méquinez. En même temps Muley-Aïchem reprenait Maroc et occupait le pays sur quatre-vingts lieues de côte, depuis la rivière de Darbeyda jusqu'à celle de Sus, dans le désert qui s'étend jusqu'à Sainte-

passage suivant de la correspondance de M. du Rocher, notre consul :

« J'ai demandé à Muley-Jesid une audience particulière pour le complimenter sur son avénement au trône, et renouveler nos traités en ma qualité ordinaire de chargé d'affaires de S. M. auprès de lui. Mais les nations étrangères lui ayant envoyé des ambassadeurs à ce sujet, ainsi qu'il n'a cessé de le requérir de toutes, et les consuls d'Espagne et d'Angleterre qui ont été chargés de ce message avec ce titre étant sortis de Maroc pour y revenir ensuite déployer ce caractère, ce prince a désiré que je suivisse leur exemple. J'y ai consenti avec d'autant plus d'empressement, que cette mesure, que j'avais regardée comme indispensable si on voulait éviter la dépense d'une ambassade plus formelle, se conciliait avec les vues d'économie de la cour. »

Croix. Au delà de l'Atlas, le Dara et le Tafilelt, province des schérifs, reconnurent Muley-Abderrhaman. Enfin d'autres tribus arabes et berbères, toujours plus ou moins indépendantes, prirent pour chef le fils d'un saint très-vénéré, nommé Sidi-Aly Yaya, fils de Sidi-Ahmet-Omoussa. Ce dernier prince fit sa résidence à Hilet, au sud-est de Taroudant, où Muley-Absulem, bien que le plus âgé et le fils favori de Sidi-Mohamet, avait consenti à gouverner pour son frère, Muley-Aïchem. Tels furent les démembrements politiques qui résultèrent encore une fois de l'absence de loi pour régler la succession au trône; démembrements analogues d'ailleurs à ceux qui s'étaient déjà reproduits en des circonstances pareilles, et que les conditions permanentes de la géographie venaient de faire renaître.

Ainsi, quatre des frères survivants de Muley-Jesid se disputaient l'empire et justifiaient la prévision de notre consul, qui précisément arrivait alors à Gibraltar avec les présents de l'ambassade. Pour mieux échapper aux sollicitations des divers compétiteurs, sans se mettre mal avec aucun d'eux, M. du Rocher voulut provisoirement se retirer à Cadix et y attendre le succès définitif de Muley-Soliman; mais il fut violemment retenu par le gouverneur anglais qui s'opposa à son départ sans aucun égard pour son caractère public.

De son côté, Soliman ne devait pas tarder à être reconnu dans tout le Maroc. Le plus jeune des princes de la famille impériale, il était aussi le plus digne d'arriver au pouvoir; il avait d'abord vécu retiré dans la ville de Fez, occupé aux études préparatoires des fonctions de grand prêtre, auxquelles il aspirait; mais préféré à ses frères qui se disputaient la couronne, il fut retiré de sa retraite et proclamé empereur. Il marcha aussitôt sur Méquinez, où l'un d'eux, Muley-Taïbi, s'était retiré ; et il se rendit maître de sa personne. Ce dernier l'ayant reconnu comme souverain, le servit dès lors avec fidélité. Muley-Soliman, tenu quelque temps en échec par Muley-Aïchem, marcha enfin contre lui, et l'assiégea dans Maroc, dont les portes lui furent promptement ouvertes. Bientôt après, seul et unique maître de l'empire, à l'exception de la province de Tanger qui reconnaissait encore deux autres de ses frères, il força l'un à implorer la protection du dey d'Alger, et ayant fait l'autre prisonnier, il le relégua dans la province éloignée de Tafilet. Ce ne fut qu'en janvier 1797 que Muley-Soliman put être solennellement reconnu sans opposition. Ce prince mettant alors toute sa gloire à régner par la justice, renonça aux principes sanguinaires qui venaient de bouleverser tout le Maroc. Il nomma son frère Muley-Taïbi vice-roi de Fez et de tout le nord de son empire; et la France, qui n'avait attendu que l'occasion de le reconnaître empereur, s'empressa de se mettre en rapport avec lui. C'est alors que les présents destinés à ce prince donnèrent lieu à un incident honorable pour son caractère et digne d'être rappelé.

La guerre avait éclaté dès 1792 entre l'Angleterre et la République française, et le 1er mars 1793, le pouvoir exécutif avait écrit à l'empereur du Maroc pour lui demander la ratification des anciens traités, mais en ayant soin de laisser en blanc le nom de cet empereur dans ses lettres de créance remises au sieur du Rocher, afin que celui-ci écrivît lui-même le nom du compétiteur qui resterait maître du trône. Ce consul général était encore à Gibraltar sur la foi d'un sauf-conduit, lorsqu'il y fut retenu, contre le droit des gens, par le gouverneur anglais. Tout ce qu'on lui permit de faire, fut de s'occuper de l'échange de 412 prisonniers français qu'il fit bientôt embarquer pour Marseille, et avec lesquels il arriva en France, au moment où les Anglais et les Espagnols venaient de se rendre maîtres de Toulon.

Le gouverneur de Gibraltar s'était en outre emparé des présents confiés à notre consul, et cela malgré une promesse formelle de les respecter. Or, en 1797, voyant Muley-Soliman consolidé sur le trône, il s'empressa de les lui envoyer comme un don de la munificence de l'Angleterre. Mais le sultan sembla se faire gloire de mettre autant de délicatesse dans ses procédés que le gouvernement anglais y portait de bassesse et de violence. Il renvoya les présents à Tanger, à son frère Muley-Taïbi, afin qu'ils lui fussent présentés par le consul français, nouvellement établi dans cette ville, et de la main duquel seulement il voulait les recevoir. Sachant plus tard que son frère en avait retenu une partie, il fit donner un reçu de la totalité à notre chargé d'affaires, qui était alors Antoine Guillet. Celui-ci avait été officier et remplaçait convenablement l'ancien consul du Rocher, mort à Cadix en 1797, en retournant pour la seconde fois à son poste.

Malgré les événements prodigieux multipliés coup sur coup par notre révolution, malgré la guerre et les intrigues de tous nos ennemis, Antoine Guillet entretint et resserra si bien l'amitié de la France et du Maroc, qu'il fit perdre aux Anglais tout crédit auprès du sultan, et les priva même des secours qu'ils en tiraient pour Gibraltar et leur escadre stationnée devant Cadix. C'est alors que ceux-ci, accoutumés à tirer leurs provisions de Tanger, furent obligés d'aller en demander à Oran et au bey de Mascara; car tout commerce avec le Maroc semblait leur être interdit. La France, au contraire, y conservait ses relations sur le meilleur pied; et si elle eut quelques démêlés relatifs aux marchandises d'un Maure, confisquées sur une prise portugaise et trop longtemps retenues contrairement à l'art. VIIe du traité de 1767, ces difficultés ne servirent qu'à mieux prouver la modération de Muley-Soliman et l'attachement sincère qu'il nous portait.

Mais le fait le plus important de cette période, fut la translation de notre consulat général de Salé à Tanger. L'ordre en avait déjà été donné au citoyen du Rocher, le 25 novembre 1795 (4 frimaire an III), à cause des facilités que ce nouveau poste devait offrir à nos opérations politiques et commerciales. Alors, en effet, l'ancienne résidence de Salé avait perdu son importance depuis que l'établissement de Mogador était devenu, sous Sidi-

Mohamet, la principale échelle du commerce européen; et d'un autre côté, si le port de Tanger était peu commerçant, il était du moins le plus accessible à toutes les nations par sa position sur le détroit. Mais ce qui devait fixer la préférence pour ce dernier, c'était le point de liaison qu'il offrait entre nos ports de l'Océan et ceux de la Méditerranée; car, à l'exemple et en face de Gibraltar, Tanger partageait naturellement entre ces deux mers nos arsenaux, nos forces navales et notre marine marchande. Il devenait ainsi le point central de nos observations, par rapport aux Anglais et aux Espagnols, dont nous avions à surveiller les mouvements dans l'intérêt de notre commerce et de nos relations extérieures. Enfin, le redoublement de vigilance et d'attention que la guerre rendait nécessaire sur ce théâtre, soit pour faciliter et accélérer la jonction des flottes, soit, dans un cas urgent, pour assurer leur ravitaillement, leur réparation, et même, au besoin, un asile respecté, tous ces motifs devaient faire choisir une ville d'où l'œil plane sur le détroit, et dont la position rivale, en ces parages, de celle de Gibraltar, réunissait d'ailleurs tous les avantages d'un chef-lieu de résidence diplomatique.

Cependant l'expédition d'Égypte allait agrandir encore nos relations avec le Maroc, en même temps qu'elle devait assurer notre supériorité dans l'opinion des races musulmanes. L'escadre française, sortie de Toulon le 19 mai 1798, s'emparait de Malte le 19 juin; et en enlevant ce relâche important aux forces de nos ennemis, elle réparait la fausse mesure qui, en 1792, avait détruit en France l'ordre de ces chevaliers, comme si ce n'était pas à eux en grande partie que la France avait dû jusqu'alors d'être prépondérante dans le bassin oriental de la Méditerranée. Cette conquête nous permit aussi de donner à Muley-Soliman une preuve de notre amitié, en lui renvoyant libres tous les esclaves marocains qui se trouvaient dans l'île, entre autres la femme d'un schérif dont le rachat lui tenait à cœur depuis longtemps, à cause des liens sacrés qui unissent tous les descendants de Mahomet.

Les lettres de notre chargé d'affaires au Maroc ne nomment point en cette circonstance le général Bonaparte; mais elles mentionnent son frère, le citoyen Joseph Bonaparte, ci-devant ambassadeur de la République à Rome, dont les effets, chargés sur un bâtiment génois, avaient été enlevés par un corsaire barbaresque. Notre consul répondit que ce Barbaresque ne pouvait être un Marocain, puisque le Maroc était alors en parfaite intelligence avec Gênes.

La correspondance de cette époque était adressée à M. de Talleyrand, alors ministre des affaires étrangères et chargé de la direction des consulats qui, avant la révolution, étaient sous les ordres du ministère de la marine. M. de Talleyrand, qui avait concouru au projet de l'expédition d'Égypte, et par conséquent de la prise de Malte, ne négligea rien pour assurer la conservation de ce poste dominateur de la Méditerranée.

Dès le 22 juin (15 messidor an VI), il avait mandé

à notre chargé d'affaires, Guillet, d'obtenir de l'empereur de Maroc des permissions de sortie de grains, en lui recommandant de faire transporter ces approvisionnements à Malte sous pavillon maure. Malheureusement la récolte du pays n'avait point été abondante; ce n'était même que sur le produit en nature des dîmes royales que Muley-Soliman avait accordé aux Portugais, et à un prix exorbitant, le transport d'une faible partie de grains. La crainte de compromettre les besoins de ses sujets ne permettait donc pas à ce prince de satisfaire à notre demande. Peut-être était-il aussi dans l'attente des résultats de l'expédition d'Égypte, et des suites qu'elle pouvait avoir pour l'islamisme, car le bruit de nos exploits avait retenti chez les races musulmanes comme un coup de tonnerre dans un ciel serein. L'apparition soudaine de la flotte française et la prise d'Alexandrie, la marche audacieuse de nos soldats malgré les dangers inattendus et les fatigues si nouvelles du désert; enfin l'immortelle bataille des Pyramides, où les barbares dominateurs de l'Égypte semblèrent immolés en holocauste au pied de la tombe des Pharaons : tout dans cette mémorable entreprise sortait des proportions ordinaires de l'humanité, surtout aux yeux des musulmans.

Cependant le général Bonaparte, maître de la ville d'Alexandrie et du cours du Nil, s'était emparé du Caire, la seconde capitale de l'Orient. Situé entre les marchés de l'Afrique, de l'Inde, de toute l'Asie et de l'Europe, le grand Caire était encore paré de toutes les richesses du monde et embelli par plus de 400 mosquées. Dépôt central des marchandises qu'y apportaient les caravanes du Sennar, du Darfour, du Soudan et de tous les rivages septentrionaux de l'Afrique, c'était aussi le rendez-vous annuel des pèlerins de l'islamisme : de sorte que les intérêts religieux et commerciaux du Caire le tenaient également en rapport direct avec les marchands et les pieux voyageurs du Maroc. C'est sans doute à la vue de ces populations si compactes, si différentes des nôtres et en même temps chargées de fabuleuses richesses, que nos troupes purent comprendre la haute portée de la proclamation de leur général.

« Soldats, leur avait dit Bonaparte avant le débarquement, vous allez entreprendre une conquête dont les effets sur la civilisation et le commerce du monde sont incalculables. Vous porterez à l'Angleterre le coup le plus sûr et le plus sensible, en attendant que vous puissiez lui donner le coup de mort.

« Nous ferons quelques marches fatigantes; nous livrerons plusieurs combats; nous réussirons dans toutes nos entreprises, les destins sont pour nous. Les beys-mameluks qui favorisent exclusivement le commerce anglais, qui ont couvert d'avanies nos négociants et qui tyrannisent les malheureux habitants du Nil, quelques jours après notre arrivée n'existeront plus.

« Les peuples avec lesquels nous allons vivre sont mahométans; leur premier article de foi est celui-ci : « Il n'y a pas d'autre Dieu que Dieu, et « Mahomet est son prophète. » Ne les contredisez pas; agissez avec eux comme nous avons agi avec les juifs, avec les Italiens; ayez des égards pour leurs muphtis et leurs imans, comme vous en avez eu pour les rabbins et les évêques; ayez pour les cérémonies que prescrit l'Alcoran, pour les mosquées, la même tolérance que vous avez eue pour les couvents, pour les synagogues, pour la religion de Moïse et de Jésus-Christ.

« Les légions romaines protégeaient toutes les religions. Vous trouverez ici des usages différents de ceux de l'Europe : il faut vous y accoutumer!

« Les peuples chez lesquels nous allons entrer traitent les femmes différemment que nous, mais dans tous les pays, celui qui viole est un monstre.

« Le pillage n'enrichit qu'un petit nombre d'hommes, il nous déshonore, il détruit nos ressources, il nous rend ennemis des peuples qu'il est de notre intérêt d'avoir pour amis.

« La première ville que nous allons rencontrer a été bâtie par Alexandre. Nous trouverons à chaque pas de grands souvenirs dignes d'exciter l'émulation des Français. »

Comment de semblables paroles n'auraient-elles pas électrisé tous nos soldats? Et comment leur grandeur d'âme n'aurait-elle pas été à la hauteur de la mission qu'ils recevaient de la Providence!

Mais un revers inattendu vint anéantir avec notre flotte l'une des plus fortes espérances de la colonie. Nelson, honteux d'avoir manqué au passage la flotte française, et deux fois l'ayant vainement cherchée sur les côtes de l'Égypte, la rencontre enfin dans la rade d'Aboukir et l'attaque avec une résolution digne de celle que nous montrions alors sur le continent. On sait l'issue de ce désastreux combat, et tout ce que nos marins y déployèrent d'héroïsme. Tout y périt, fors l'honneur du pavillon français.

A la nouvelle de cette catastrophe, le général Bonaparte, privé de la flotte qui le mettait en communication avec la métropole, sentit croître son génie avec les difficultés de sa position. C'est alors qu'il réalisa ce qu'il avait déjà annoncé aux musulmans d'Égypte; et remarquons ici que les proclamations éloquentes qu'il leur avait adressées, appartiennent aussi à l'histoire du Maroc; car, traduites dans les dialectes de cette dernière contrée, elles y assurèrent notre suprématie commerciale et politique, et propagèrent la gloire du nom français jusque chez les tribus les plus lointaines et les plus sauvages de l'Atlas.

Émule d'Alexandre, qui avait dû la conquête de l'Égypte à un sacrifice fait au bœuf Apis, Bonaparte avait habilement flatté l'esprit national et les préjugés de l'islamisme; et pour n'avoir à combattre que les Mameluks, il s'était appliqué à les représenter comme les oppresseurs du pays. « Depuis assez longtemps, disait-il aux indigènes, ces esclaves achetés dans le Caucase et dans la Géorgie tyrannisent la plus belle partie du monde; mais Dieu, de qui tout dépend, a ordonné que leur empire finît.

« Peuples de l'Égypte, on vous dira que je viens pour détruire votre religion; ne le croyez pas! répondez que je viens vous restituer vos droits, punir les usurpateurs, et que je respecte, plus que les Mameluks, Dieu, son prophète et le Koran. » Et puis il ajoutait : « Y a-t-il une belle terre? Elle appartient aux Mameluks. Y a-t-il un beau cheval, une belle esclave, une belle maison? Cela appartient aux Mameluks. Si l'Égypte est leur ferme, qu'ils montrent le bail que Dieu leur en fait. Mais Dieu est juste et miséricordieux pour le peuple.

« Il y avait jadis parmi vous de grandes villes, de grands canaux, un grand commerce; qui a tout détruit, si ce ne sont l'avarice, les injustices et la tyrannie des Mameluks?

« Trois fois heureux ceux qui seront avec nous! Ils prospéreront dans leur fortune et leur rang. Heureux ceux qui seront neutres, ils auront le temps de nous connaître et de se ranger avec nous. Mais malheur, trois fois malheur à ceux qui s'armeront pour les Mameluks et combattront contre nous! il n'y aura pas d'espérance pour eux; ils périront. »

Avec ce style oriental qui semblait éclore naturellement de son âme de feu, Bonaparte gagna facilement la confiance des indigènes. Il put célébrer avec eux les fêtes du calendrier musulman et celles de la mère patrie. Il créa un institut d'Égypte, et fonda l'administration intérieure, réglant avec ordre et justice l'impôt territorial et les impôts indirects, et respectant toutes les propriétés, surtout les *rizaq* et les *ouákouf*, qui étaient les donations pieuses et les fondations charitables.

Alors aussi le général Desaix, poursuivant les débris nomades des Mameluks, remontait le Nil jusqu'aux cataractes et jusqu'aux frontières de la Nubie, terme des conquêtes romaines; et il y méritait le surnom de *sultan juste*; tandis que les habitants du Saïd, touchés de l'humanité de nos soldats, auraient voulu, disaient-ils, « les nourrir de sucre et non de pain. »

Puis encore l'expédition de Syrie, où nos armées renouvelèrent les victoires des croisés sur les champs bibliques de Nazareth et du mont Thabor; le siége de Saint-Jean d'Acre, où les Français rencontrèrent un autre Français et les mêmes Osmanlis que nous avions initiés, à Constantinople, aux secrets de notre tactique européenne; enfin la levée de ce siége fameux, dissimulée par un retour triomphant et réparée du même coup par la victoire d'Aboukir.

Ainsi marchait à pas de géant ce drame où les races musulmanes se sentirent frappées comme le rocher par la verge de Moïse. Mais tout à coup le dieu s'éclipsa, et le départ soudain de Bonaparte ne fut pas moins foudroyant pour les siens, que son arrivée ne l'avait été pour les Mameluks.

Déjà notre armée découragée est prête à retourner dans la patrie, lorsque, indigné des conditions que veut lui imposer l'Angleterre, Kléber redevient un héros et mène nos soldats à la victoire d'Héliopolis. Dix mille Français ont repoussé 80,000 musulmans; l'ancien chef des Mameluks, Mourad-bey, est devenu notre allié et a été nommé prince du Saïd; l'avenir de la colonie est assuré de nouveau; mais, le 14 juin 1800, Kléber tombe assassiné, et le commandement passe à Menou, qui signe en septembre 1801 le retour de l'armée française.

Telle fut cette homérique et chevaleresque expédition d'Égypte, qui donna le branle à l'immobile Orient, lui révéla la supériorité des armes européennes et lui confia le germe d'une nouvelle civilisation.

La Nubie, le Kordofan, le Darfour, le Soudan même connurent alors par leurs pèlerins la grandeur de la France qui leur avait en quelque sorte aplani la route des villes saintes. L'occupation de Suez et de Cossaïr nous ouvrit des rapports fréquents avec l'Arabie; Djidda et Iambo commercèrent avec l'Égypte. Enfin, le général Bonaparte se mit en rapport avec le chérif de la Mecque, avec les Maronites du Liban, le sultan de Darfour, le dey de Tripoli et le kalife du Maroc.

Reprenons maintenant la suite de nos relations avec ce dernier prince.

Aussitôt après la prise de Malte, les Algériens, depuis longtemps alliés de l'Angleterre, s'étaient déclarés contre la France, tandis que l'empereur Muley-Soliman, non content d'avoir de bons rapports avec nous, écrivit encore au pacha de Tripoli pour lui recommander, au nom des services qu'il lui avait autrefois rendus, d'avoir les plus grands égards pour la nation française. Tunis suivit l'exemple d'Alger, lorsque la Porte nous eut déclaré la guerre; mais Tripoli resta neutre et acquit alors une plus haute importance, par suite de l'occupation de l'Égypte, destinée tôt ou tard à étendre notre influence sur toute l'Afrique septentrionale jusqu'à l'extrémité du Maroc.

Nos relations avec cet empire allaient donc se développer; et M. de Talleyrand fit demander à Aug. Broussonet, notre vice-consul de Mogador, des renseignements sur le commerce français de cette place et du port de Saffi. Mais ce qui devait le plus contribuer à étendre notre commerce, c'étaient les relations nouvelles produites par les caravanes qui ne pouvaient se rendre à la Mecque qu'en traversant nos possessions d'Égypte. Grâce à cet intermédiaire, tous les pèlerins du Maroc, en se rendant aux villes saintes, étaient obligés de passer sous notre influence, et nous pouvions en faire autant de partisans de notre politique. Leur nombre était fort considérable, soit qu'ils arrivassent par terre ou par mer. Pour en avoir une idée dès à présent, il suffit de savoir que dans le mois de février 1798, neuf vaisseaux ragusais étaient partis du seul port de Mogador, avec un chargement de ces passagers maures, se rendant tous à Alexandrie. D'autres vaisseaux de Raguse, frétés par le reste des pèlerins qui voulaient prendre la route de mer, étaient encore à la même époque dans les ports de Manzagam, de Salé et de Tétuan, lorsque Muley-Soliman leur ordonna de mettre de suite à la voile. C'est bientôt après que l'occupation d'Égypte mit la sécurité de ces pèlerinages sous notre responsabilité, et en fit la condition la plus nécessaire au maintien de notre bonne intelligence avec le Maroc. Les intrigues de nos ennemis pour effrayer les pèlerins, les faux bruits de toute espèce qu'ils répandaient parmi les Maures, le prouvèrent alors jusqu'à l'évidence.

De son côté, le vice-consul de Mogador avait eu grand soin de prévenir le gouvernement français de tout ce qui touchait au départ de la caravane de Maroc pour la Mecque.

Cette caravane, écrivait-il le 22 décembre 1798, qui se forme chaque année pour aller en Arabie, est partie dernièrement de Méquinez. Le roi, suivant sa coutume, l'a accompagnée jusqu'à une certaine distance, et a dit aux pèlerins réunis au nombre de quelques milliers, qu'ils « ne devaient pas ignorer que l'Égypte était au pouvoir de la France, mais que leur voyage n'en serait nullement interrompu par les Français avec lesquels il était ami. »

Le Directoire, sous l'inspiration de M. de Talleyrand, si capable de s'entendre à cet égard avec le général Bonaparte, donna des ordres à ce dernier pour la protection des pèlerins, et en fit informer Muley-Soliman par notre consul général. Cet empereur, plein de confiance sur l'accueil qu'ils recevraient à Alexandrie et au Caire, les détermina au départ, et calma lui-même les craintes que la conquête de l'Égypte avait excitées parmi ses sujets. En même temps notre consul général, Guillet, secondait de tout son pouvoir ces bonnes dispositions. Pour dissiper les alarmes des Marocains et prévenir les effets des insinuations perfides de nos ennemis, il faisait traduire en langue arabe et répandre jusque chez les montagnards de l'Atlas (1), toutes les proclamations du général Bonaparte et

(1) Nous croyons que c'est à ces récits de la conquête de l'Égypte qu'il faut rapporter le passage suivant de M. Char-

les articles des journaux qui parlaient du triomphe des Français et de leur conduite généreuse envers les Égyptiens. Quelques Turcs, faits prisonniers sur nos vaisseaux au combat d'Aboukir et amenés par les Anglais à Gibraltar, vinrent confirmer par leurs récits les rapports de notre consul sur le bon traitement que les musulmans recevaient en Égypte de la part des Français. Enfin des pèlerins, qui avaient fait partie d'une caravane protégée par le général Bonaparte contre les Arabes, ajoutèrent leurs témoignages aux précédents et achevèrent de dissiper les bruits menteurs que les Anglais ne cessaient de répandre sur les actes de l'armée française et sur ses dispositions à l'égard des indigènes.

« C'est à cette intime persuasion des bons pro-

les Cochelet, à propos d'un chef arabe des déserts de l'Oued-Nun (Voir tome II, page 341) :

« Il avait partagé, dit l'auteur de la relation du naufrage de *la Sophie*, l'effroi qu'avait répandu dans les camps maures le succès de armes de l'empereur Napoléon, dont la renommée, à l'époque de l'occupation de l'Espagne, avait franchi les plus hautes montagnes de l'Atlas et était venue retentir jusque sur la lisière du grand désert. Mais le bruit de cette renommée avait produit sur ce Maure l'effet du tonnerre, que nous entendons souvent sans savoir de quel point de l'horizon il est parti. De même il ignorait quel peuple Napoléon avait si longtemps conduit à la victoire. Me l'ayant désigné sous le nom de *Parte*, qui pour lui voulait dire Bonaparte, je fus quelque temps sans pouvoir le comprendre. » — Nous verrons plus tard que la conduite de notre diplomatie, lors de la conquête de l'Espagne, dut très-peu fixer l'attention des vrais croyants, et que le récit des pèlerins avait seul pu frapper leur esprit.

cédés des Français envers les musulmans et surtout envers les Marocains, écrivait alors notre consul, que nous devons la continuation de la paix et la réponse de Muley-Soliman à l'envoyé d'Alger. » Sachant que les Français n'avaient porté aucune atteinte à la religion musulmane, et qu'au contraire, ils avaient protégé contre les Arabes les caravanes qui étaient passées en Égypte, ce prince déclara qu'il n'avait aucun prétexte d'armer contre eux. Il fit la même réponse à l'envoyé de la Porte, tandis que les régences barbaresques se déclaraient au contraire pour le Grand Seigneur et armaient contre nous.

C'est alors que les Anglais et les Portugais ayant perdu tout crédit auprès de Muley-Soliman, essayèrent de troubler le nord de son empire. Ils allèrent jusqu'à répandre le bruit absurde de sa mort et du débarquement d'une armée française à Ceuta pour soulever une partie de ses sujets; mais les séditions qu'ils provoquèrent en cette circonstance furent bientôt réprimées malgré l'or répandu partout avec profusion.

Nous pûmes jouir alors par nous-mêmes et par l'intermédiaire de l'Espagne redevenue notre alliée, de tous les avantages de l'influence européenne dans le Maroc; et c'était sans préjudice pour nous comme sans profit pour eux, que les Anglais, maîtres de la mer, étalaient dans la baie de Gibraltar les trophées de la bataille navale d'Aboukir. Tels furent les résultats obtenus par les hommes politiques qui, au milieu de notre grande révolution, avaient su maintenir, à l'égard des races musulmanes, les traditions de l'ancienne monarchie.

Combien différente a été la conduite de tant d'hommes d'État nés sous la république et l'empire! Nous les avons vus à l'œuvre lors des premières années de l'occupation de l'Algérie; et la destruction des établissements de Médine et de la Mecque nous a donné la mesure exacte de leur intelligence; car c'est ainsi qu'ils ont exalté le fanatisme des populations vaincues, qu'il nous ont créé des milliers d'ennemis, et privés, du même coup, des relations commerciales attachées de tout temps aux pèlerinages qu'encourageaient ces établissements pieux.

CHAPITRE TREIZIÈME.

Premiers symptômes de la lutte entre le blocus maritime de l'Angleterre et le blocus continental de la France. — Avénement de Napoléon notifié à la cour de Maroc. — Ruine complète de notre commerce avec cet empire après la bataille de Trafalgar. — Appréciation du système continental par rapport aux races musulmanes. — Reprise de nos relations avec le Maroc à la paix de 1815. — Complète abolition de l'esclavage chrétien chez les Maures. — Générosité de Muley-Soliman envers les naufragés sur les côtes de l'Oued-Nun et du Sahara.

Notre bonne intelligence avec le Maroc avait survécu aux causes de rupture que semblait rendre inévitables l'occupation d'Égypte. Le prétexte de la religion, qui rallie toujours les musulmans à sa défense, dès qu'elle paraît menacée ou attaquée, et les domine jusque dans les actes les plus privés de la vie, n'avait pu faire changer à notre égard un prince musulman de la race des Schérifs. Vainement Muley-Taïbi, frère de l'empereur et son calife, partisan déclaré des Anglais, avait répandu partout l'alarme sur le sort des pèlerins de la Mecque. Muley-Soliman, ainsi que son premier ministre, avait résisté à toutes les intrigues de nos ennemis; mais ceux-ci ne devaient pas se décourager. L'Espagne avait alors envoyé son ambassadeur, chargé de présents pour l'empereur. L'Angleterre se hâta d'en faire autant, avec toute l'ostentation capable de frapper l'imagination des Maures, et que lui suggérait l'orgueil national rehaussé de la vanité de ses triomphes maritimes.

C'était le moment pour le Directoire de donner à son tour une idée de la magnificence et de la grandeur de la nation française; mais depuis longtemps il laissait sans réponse certaines réclamations de Muley-Soliman, relatives aux prises de nos corsaires, dont la conduite n'avait pas toujours été amicale sur les côtes de son empire, et peut-être aussi sans complicité avec les agents secrets de l'Angleterre. Heureusement nos ennemis s'appliquaient en même temps à produire une rupture entre le Maroc et l'Espagne : ce qui les fit échouer à cause des liens intimes que le commerce établissait entre ces deux États. Mais l'Espagne, notre alliée, ne pouvait agir seule pour elle et pour nous; et c'est alors que le Directoire restait dans l'inaction, tandis que d'un autre côté les Anglais bloquaient Malte depuis qu'elle était tombée dans nos mains, et y envoyaient une nouvelle escadre de Gibraltar, pour former le siége régulier de l'île et de la place. Maîtres de la mer depuis le combat d'Aboukir, ils s'appliquaient sans relâche à y consolider leur puissance en recrutant une multitude de matelots étrangers; car c'est ainsi qu'ils préludaient au blocus maritime; tandis que le Directoire, leur faisant fermer tous les ports de l'Espagne et de l'Italie, préludait de son côté au blocus continental. Quant à ce dernier système, la pensée en avait déjà été formulée dans un rapport que Barrère fit le 21 septembre 1793 à la Convention; mais la première exécution n'en commença que plus tard, tandis que les Anglais réalisaient le système opposé sous les yeux mêmes de notre consul de Maroc, si bien placé à Tanger pour les observer à Gibraltar. « Les Anglais, écrivait alors ce dernier, ne parviennent à entretenir leurs escadres et leurs armements en course qu'avec le secours des matelots étrangers. Une infinité de Liguriens, Cisalpins, Vénitiens, Toscans, Maltais, Ragusais, Napolitains, Syracusains, Grecs, Espagnols, et même de Français, se trouvent sur leurs bâtiments. Gibraltar est un repaire où se réfugient tous ces déserteurs de leur pays, et où ils trouvent à se placer.

« Sans cette ressource, on n'aurait armé à Gibraltar aucun corsaire, et plus de cent qui infestent ces parages et la Méditerranée n'eussent jamais sorti du port. Il n'y a pas même les états-majors qui soient composés d'Anglais ; je m'en convaincs chaque jour par ceux qui relâchent dans cette baie (1). »

Quant aux causes de ce rassemblement de matelots étrangers, les uns provenaient des contrebandiers qui avaient l'habitude de séjourner à Gibraltar pour leur commerce avec l'Espagne, les autres étaient des marins espagnols qui s'y étaient

(1) Mss. des archives des affaires étrangères.

réfugiés lors de la dernière levée maritime ou qui avaient déserté l'escadre espagnole mouillée dans la baie de Cadix, parce qu'ils ne recevaient depuis longtemps aucune solde. « C'est le mécontentement et la misère, ajoutait notre consul, qui les a donnés à nos ennemis et aux leurs. Il est surprenant à cet égard de voir comment l'escadre espagnole diminue chaque jour. On la dit réduite aujourd'hui à seize vaisseaux en état de sortir : les autres ne le peuvent, faute d'équipage. On assure que toutes les fois qu'un vaisseau anglais louvoie dans la baie, c'est pour y appeler des déserteurs, et qu'il en reçoit toujours quantité que sa présence fait jeter à la nage pendant la nuit. D'autres enfin étaient des Français déserteurs de nos corsaires qui, ne trouvant pas à se placer, lors de la suspension des armements en course ordonnée il y a quelques mois par les commissaires de la marine à Toulon, et exécutée à Cadix par le consul de la république, s'enfuirent à Gibraltar. »

Ces détails nous révèlent l'état des forces maritimes des trois puissances, qui devaient se rencontrer de nouveau à la bataille de Trafalgar. Ils nous apprennent surtout comment l'Angleterre se préparait à se rendre maîtresse unique de la mer ; mais pour lors son gouvernement se contentait d'entraver le commerce des neutres, par exemple, en capturant le 25 juillet 1800 une frégate danoise avec son convoi, ou bien encore en obtenant en 1801 de l'empereur de Russie et des puissances du Nord, une convention qui, tout en déclarant la marchandise à l'abri du pavillon, faisait une exception pour la contrebande de guerre et lui assurait le droit de visite.

Cependant une terrible peste avait fait irruption dans le Maroc, où elle avait été apportée par les pèlerins revenus de la Mecque. Dans l'espace de quelques mois, de 1799 à 1800, elle y enleva un tiers ou un quart de la population (1). Les Européens s'étaient enfuis, craignant les préjugés religieux qui, après avoir interdit dans le pays toute espèce de quarantaine, empêchaient également d'y prendre aucune précaution pour prévenir les effets de la contagion. La ville de Maroc perdit alors 50,000 habitants; Fez, 65,000; Mogador, 4,500; Saffy, 5,000. Mais la perte la plus douloureuse pour nous, comme pour Muley-Soliman, fut celle de son premier ministre, Ben-Othman, politique habile, doué d'un esprit conciliateur si rare parmi les Musulmans, et notre ami, aussi bien que de l'Espagne.

Le traité de *paix, commerce, pêche et navigation*, que ce ministre fit conclure avec cette dernière puissance, mérite d'être ici rappelé. Muley-Soliman s'y montra de son côté le digne fils de Sidi-Mohamet, et sa conduite d'alors fut regardée avec raison comme un nouveau pas vers la civili-

(1) Voyez une lettre du 29 juin 1799 de notre vice-consul de Mogador, Broussonet. Voyez aussi *Jackson*, qui raconte avec détails les effets de l'épidémie et les moyens employés pour la combattre: *An account of Marocco*, 2ᵉ édit., page 171; enfin les *Annales maritimes*..... *sur les différentes pestes de Barbarie.*

sation de l'Afrique; mais ce qui était moins exact à l'époque où notre *Moniteur* en fit connaître les résultats (1), c'était d'ajouter : « Les principes sacrés du droit des gens ont passé des livres de philosophie jusqu'aux cabinets barbaresques et commencent à régler leur conduite. » La conduite du sultan à l'égard de l'Espagne n'était en effet que la continuation des relations de Sidi-Mohamet avec Louis XVI, et la conséquence des principes chrétiens qu'adopte l'islamisme, et que le sultan marocain s'efforçait de développer, sans se douter le moins du monde de nos livres de philosophie.

« La différence des préjugés religieux des peuples divers, continuait notre *Moniteur*, est déjà un obstacle moins puissant à leur rapprochement réciproque; et ces mêmes musulmans, qui n'offraient jadis aux infidèles que l'alternative du glaive ou de l'esclavage, ne parlent aujourd'hui que d'amitié, de bonne intelligence et d'harmonie envers des puissances chrétiennes. Enfin, un empereur de Maroc écrit et signe qu'il fait des vœux pour que le nom odieux d'esclavage soit effacé de la mémoire des hommes (Art. 13). »

Ce langage du journal officiel prouve que dix ans avaient suffi pour faire oublier les antécédents de l'ancienne monarchie, véritables causes des améliorations morales du Maroc; or, pareil oubli pouvait conduire facilement à de fausses démarches, dès qu'on essayerait de faire tourner au profit de notre politique les dispositions du sultan dont on ignorait ainsi le point de départ.

(1) Voir *Moniteur* de l'an VIII, page 61.

Quant à ce qui concerne l'Espagne, c'est en vertu de son traité avec Soliman, que ses colons de l'archipel Canarien eurent droit de pêcher sur les mers au nord de Sainte-Croix de Barbarie, et que la compagnie des Cinq Jurandes de Madrid put continuer de jouir du privilége exclusif d'exporter les blés de Maroc par le port de Darbeyda.

« L'article 19 est un pas vers l'abolition de la course, sorte de piraterie autorisée et encouragée par les peuples policés de l'Europe, et que nul droit de guerre ne saurait légitimer. Les matelots et effets marocains, pris sur des vaisseaux en guerre avec l'Espagne, seront rendus sans rançon par les Espagnols, et réciproquement. De même, les bâtiments et effets marocains capturés par une puissance en guerre avec Maroc, ne pourront être vendus dans les ports d'Espagne; cette condition est réciproque.

« Les esclaves chrétiens, de quelque nation qu'ils soient, qui, s'étant soustraits à leur captivité, seront venus trouver un asile à bord des bâtiments espagnols ou dans les forts et places que S. M. C. entretient sur la côte d'Afrique, ne pourront être réclamés par leurs maîtres. »

Enfin un article établissait qu'en cas de rupture des puissances contractantes, les prisonniers ne seraient point regardés comme esclaves, mais qu'ils seraient échangés comme ceux des nations européennes entre elles. C'est ainsi que l'Espagne continuait dans le Maroc l'œuvre de notre ancienne monarchie.

L'année 1801, qui suivit celle de la peste, fut

signalée par la révolte des montagnards Berbères des environs de Fez et de Méquinez. Ils avaient pris les armes, sous prétexte que Muley-Soliman ne remplissait pas ses engagements envers eux qui l'avaient les premiers proclamé et soutenu lors de son avénement au trône. Mais ces révoltés, qu'encourageait Muley-Ibrahim, fils de Muley-Jesid, après avoir perdu 600 hommes, se réfugièrent dans les montagnes, et l'empereur ne songea pas à les poursuivre, occupé qu'il fut ailleurs par l'ambition de son neveu. Celui-ci persévérant dans le projet de détrôner son oncle, il fallut en venir à une action générale; et le 19 mai 1802 Muley-Soliman y défit complétement Muley-Ibrahim, en lui tuant 8,000 hommes et faisant 2,400 prisonniers. Le prince rebelle demanda bientôt après à capituler; et l'empereur accepta sa soumission en lui faisant jurer serment de fidélité sur le Coran. Cette guerre civile était à peine terminée, que Muley-Soliman força le consul des États-Unis à quitter Tanger, et déclara la guerre à son gouvernement, à cause du blocus mis par l'escadre américaine devant Tripoli que l'empereur comptait parmi ses meilleurs alliés. Mais la cessation de ce blocus amena l'année suivante la paix avec les États-Unis, et le commerce américain n'eut plus rien à craindre de la piraterie des Maures.

Cependant Bonaparte était devenu premier consul; et le 18 brumaire, glorifié par la victoire de Marengo, avait ramené l'ordre dans l'intérieur de la France, la dignité dans ses relations extérieures. Mais l'Égypte était perdue sans retour, et

Malte s'était rendue aux Anglais. Pour échapper à leur despotisme maritime, l'Espagne, après avoir renoué avec nous le pacte de famille, s'était dévouée à notre politique. Repoussant toutes les marchandises de l'Angleterre, elle était entrée sans réserve dans le système continental, et nous offrait généreusement le concours de sa marine. C'est alors que le premier consul chargea l'amiral Gantheaume, qui l'avait ramené d'Orient, de réorganiser nos forces navales dans la Méditerranée. Que n'y appliquait-il aussi lui-même toutes les ressources de son génie? Il était beau du moins, au souvenir de tant de gloire nationale répandue sur cette mer intérieure, de vouloir en faire un lac français; tandis qu'avec les produits de l'Afrique septentrionale, on pouvait supplanter tout le commerce anglais de l'Amérique et de l'Inde. Espérances magnifiques, dignes de celui qui les faisait naître sur le sol encore agité de la patrie, mais destinées à avorter par l'erreur des moyens et l'impatience du succès. Elles semblèrent pourtant justifiées, en juillet 1801, par la victoire d'Algésiras, où trois vaisseaux français commandés par l'amiral Linois, repoussèrent six vaisseaux anglais, après en avoir réduit deux à amener pavillon. L'année suivante, une escadre commandée par l'amiral de Leissegues avait forcé le dey d'Alger à nous accorder satisfaction et à nous livrer sans rançon un grand nombre d'esclaves chrétiens. Le premier consul se fit également protecteur de la navigation chrétienne auprès du bey de Tunis. La paix d'Amiens apportait enfin le bénéfice du temps, garantie la plus nécessaire à l'exécution de ses vastes projets. Mais l'Angleterre, en signant ce traité, n'avait promis de restituer Malte que pour ajouter un nouveau mensonge à la longue série de ses déloyautés. Profitant des prétextes que lui fournissait l'ambition trop active du premier consul, elle refusa de rendre ce poste dominateur de la Méditerranée; et la guerre éclata plus générale et plus terrible qu'auparavant.

L'Angleterre reprit aussitôt sa politique, en coalisant tous les matelots de l'Europe contre la France.

Le meilleur moyen de neutraliser cette tactique, était à coup sûr d'attirer ces mêmes matelots sur le sol français pour augmenter le personnel de notre marine. Comment donc expliquer l'arrêté du 26 floréal an XII (1), qui les mit tous en état de suspicion d'espionnage, et les éloigna de nos ports, où on aurait dû les fixer par toute espèce d'encouragements?

Le bruit de nos victoires continentales, auquel se mêlait le souvenir de la victoire d'Algésiras, soutint pourtant notre supériorité dans le Maroc, et notre influence y était encore intacte en 1804, quand Bonaparte se fit proclamer l'empereur Napoléon. Notre commissaire général Guillet étant mort à Tanger l'année précédente, M. Fournet, chancelier du consulat, fut chargé de notifier cette élection à la cour de Maroc. Il s'adressa à cet effet à Muley-Absulem, le fils chéri de Sidi-Moha-

(1) *Moniteur*, an XII, page 1210.

met, qui avait toujours soutenu notre influence auprès de son frère Muley-Soliman, et il essaya d'obtenir par cet intermédiaire que le sultan prît l'initiative de la correspondance avec l'empereur des Français. Mais Muley-Absulem lui répondit en rappelant ce qu'il croyait dû à la supériorité de l'islamisme : « Le sultan des vrais croyants ne « doit pas commencer d'écrire à celui des chré- « tiens. Ne me parle plus comme cela. »

Cet avis méritait de n'être pas oublié plus tard, quand un nouveau consul de Napoléon voulut trop souvent humilier l'orgueil religieux de Soliman devant la puissance purement politique de la France.

A la même époque, un fait peut-être trop oublié rappela l'immémoriale disposition de tous les barbares du nord de l'Afrique à la piraterie et à la guerre maritime. C'était le moment où la désorganisation se mettait au centre de la civilisation musulmane. L'évacuation de l'Égypte par les Français et par les Anglais l'avait laissée en proie à l'anarchie des Arnautes; et les villes saintes étaient envahies par les sectaires Wahabites, qui, rendant les pèlerinages impossibles, menaçaient d'étouffer l'islamisme dans son berceau. Par suite de cette anarchie, le 18 juillet 1804, un religieux marocain, qui n'avait peut-être pu accomplir ses dévotions à Médine et à la Mecque, après s'être livré à d'aventureux brigandages en Égypte et dans la Barbarie, était venu s'établir entre Gigéry et Bone, parmi les montagnards indépendants du gouvernement algérien. Appuyé par ces indigènes, il déclara au divan de la Régence qu'il se regardait comme souverain du pays des Kabyles, et ajouta qu'il comptait armer des croiseurs contre toutes les puissances de l'Europe, l'Angleterre exceptée.

On rit d'abord de la jactance de ce fanatique aventurier, qui n'avait pour toutes forces navales qu'un sandal ou barque côtière, et l'on envoya d'Alger contre lui deux petits corsaires. Mais l'expédition ayant échoué, le marabout marocain, en juin 1804, s'empara, près de Gigéry, de six barques de corailleurs français, et traîna dans les montagnes les équipages, au nombre de cinquante-quatre hommes (1).

La régence d'Alger envoya de nouveaux corsaires pour soumettre ces indigènes toujours indépendants, et ce ne fut qu'avec beaucoup de peine qu'elle parvint plus tard à détruire leur piraterie naissante : curieux exemple du parti que nous-mêmes pourrions tirer de ces populations, en cas de guerre maritime, où l'Angleterre cette fois-ci ne serait pas exceptée.

Tandis que cette puissance cherchait, au mépris de la civilisation chrétienne, à encourager la piraterie barbaresque, elle ne craignit pas 'outrager encore le droit des gens en enlevant à l'Espagne, et au milieu de la paix, quatre frégates chargées de trésors. A cet odieux guet-apens, un cri d'indignation s'éleva dans la Péninsule; la guerre fut déclarée le 4 décembre 1804, et le camp de Saint-Roch,

---

(1) Voir aux archives des affaires étrangères, la correspondance consulaire du Maroc, an x - an xii.

devant Gibraltar, fut aussitôt renforcé. C'est dans ces circonstances que les convois et les vaisseaux anglais passaient et repassaient sans cesse dans le détroit. Dix mille hommes de troupes vinrent augmenter la garnison de Gibraltar, et la portèrent à dix-sept mille. Nelson s'y trouvait aussi avec son escadre; et, malgré les nouvelles provisions apportées d'Angleterre, malgré celles qu'on allait chercher à Tanger et à Tétouan, les vivres y étaient d'une extrême cherté. Chaque bœuf extrait du Maroc était payé un quintal de poudre, et plusieurs fois des corsaires français vinrent enlever des bateaux chargés de ces provisions. Au milieu de ces attaques, un bâtiment de notre commerce fut pris sous pavillon prussien par un corsaire de Maroc. Enfin, une épidémie qui régnait alors à Gibraltar, et les craintes qu'elle inspirait, jointes à celles de la famine, faisaient émigrer beaucoup d'habitants (1); tandis que dans la prévision d'une attaque combinée des armées de France et d'Espagne, les Anglais creusaient ces merveilleuses fortifications qui devaient faire une aire de vautour de l'ancienne roche de Calpé.

Toutes ces précautions annonçaient que l'alliance de Napoléon et de l'Espagne était dans sa plus grande ferveur. C'était aussi le moment où ces deux puissances réunies allaient se rencontrer de nouveau avec l'Angleterre dans la plus formidable de leurs campagnes maritimes. La bataille du cap Finistère, livrée sans résultat le 22 juillet 1805,

---

(1) Voir la correspondance consulaire du Maroc.

n'avait donné que plus d'envie aux parties belligérantes d'en venir à un nouvel engagement. Celui de Trafalgar, dans le mois d'octobre de la même année, fut sans égal par les pertes qu'y éprouvèrent les trois puissances. On sait comment cette bataille fut perdue par l'inexécution des ordres que l'amiral de Villeneuve donna à Dumanoir-le-Piley de venir renforcer le corps de bataille. Les marins de France et d'Espagne y déployèrent le dernier élan d'un enthousiasme que l'esprit continental de l'empire était incapable de leur rendre; et l'Angleterre y paya cher sa victoire par la mort de l'amiral Nelson, en attendant que la tempête du lendemain vînt engloutir ou jeter à la côte, douze de ses vaisseaux démâtés, et frappât le dernier coup de ce terrible combat.

Le désastre de Trafalgar interrompit immédiatement toutes nos relations commerciales avec le Maroc. Ainsi Marseille, qui, en 1804, figurait encore pour plusieurs exportations, entre autres, pour les gommes de Barbarie ou celles du Sénégal et de Tombouctou, apportées par les caravanes à Mogador, disparut entièrement de ce théâtre si productif pour ses industrieux habitants. Dès lors celui-ci ne nous fut plus connu que par les tableaux du commerce de l'Angleterre. Le vice-consul anglais de cette place commerciale, Jackson, nous en a laissé plusieurs relatifs aux années 1804, 1805 et 1806, qui constatent le mouvement contemporain de l'intercourse avec le Maroc, et nous indiquent les produits les plus usuels que nos rivaux, alors sans concurrents, introduisaient dans cet empire. Quant à notre influence politique auprès de la cour et des gouverneurs, elle s'y maintint comme auparavant, si ce n'est que Muley-Soliman voulut désormais garder entre les parties belligérantes la plus stricte neutralité. (*Travels through the Marocco, by John Buffa;* pag. 63, London, 1810.)

Cependant la lutte du blocus maritime et du blocus continental marchait à pas de géant, et enveloppait successivement toutes les nations.

L'Angleterre ne voulut plus se contenter d'entraver le commerce maritime des neutres, et les bâtiments prussiens, dont le pavillon avait souvent protégé nos marchandises, furent capturés par elle en mai 1806, aussitôt après l'occupation du Hanovre par la Prusse. La déclaration de guerre qui s'ensuivit, obligea cette dernière puissance, qui ne demandait pas mieux, à se retourner contre nous. C'est alors que Napoléon vint la terrasser à la bataille d'Iéna, comme il avait déjà fait de l'Autriche et de la Russie dans les campagnes d'Ulm et d'Austerlitz. Mais notre rivale maritime était à l'abri de ses coups; et c'est pour l'atteindre qu'en novembre 1806, par un décret rendu à Berlin, Napoléon « déclara toute l'Angleterre en état de blocus. » C'était la formule complète du système continental; et dès lors les marchandises anglaises furent proscrites comme autant d'ennemies. Le 7 janvier 1807, le cabinet britannique y répondit en prononçant « la confiscation de tous les bâtiments se rendant en France ou dans les pays qui nous étaient alliés, » et il appuya cette déclaration par tous les moyens qui pouvaient lui assurer l'empire exclusif de la mer. Ainsi, le 7 février, il défendit la traite des nègres, et, dans ce même mois, il fit ses deux tentatives infructueuses sur Constantinople et sur Alexandrie, pour se faire ouvrir le canal de la mer Noire, et s'assurer le passage de l'Égypte aux Indes. En septembre, il fit bombarder Copenhague, s'empara de la flotte danoise, composée de dix-huit vaisseaux de ligne et quinze frégates, et prit Heligoland à l'embouchure de l'Elbe. Enfin, le 11 novembre de la même année, il déclara « que tous les bâtiments destinés pour les ports de France devaient d'abord se rendre en Angleterre et payer une taxe. » C'était purement et simplement faire acte de propriété sur la navigation du monde entier qui pouvait commercer avec nous.

A cette usurpation inouïe, Napoléon, par un décret de Milan du 17 décembre 1807, se fit le protecteur de la liberté des mers. « Tout vaisseau, dit-il à son tour, qui paye un impôt à l'Angleterre est dénationalisé. » Et pour que cet ordre impérial pût recevoir son exécution, il voulut marcher sans retard à la conquête de tout le continent. C'est alors que ses idées gigantesques éloignèrent de lui l'homme aux idées justes et praticables, M. de Talleyrand, qui d'abord l'avait si bien secondé dans l'expédition d'Égypte, et dont nous rappellerons bientôt la politique à l'égard du Maroc.

Quant à Napoléon, emporté par un génie sans frein qui ne tenait plus compte du temps, et se croyait au-dessus de la justice, il ne pouvait plus se contenter de l'alliance de l'Espagne, telle qu'elle avait existé jusqu'alors; car cette union n'avait fait que l'embarrasser, comme toute alliance d'un État faible auquel il faut communiquer de sa propre force. Il crut donc qu'il lui serait aussi facile et aussi légitime de s'emparer de la Péninsule, que l'Angleterre avait fait de la flotte du Danemark. Il fallait d'ailleurs qu'il atteignît son ennemie dans Gibraltar, en occupant Algésiras et les ports de l'Andalousie, tandis qu'il était déjà maître du Portugal. C'était une nécessité de sa position ; mais pourquoi y joindre l'odieux guet-apens de Bayonne envers le peuple le plus susceptible sur le sentiment de l'honneur ? En 1808 et 1810, nos armées étaient descendues des Pyrénées jusqu'aux colonnes d'Hercule, ayant à combattre à chaque pas les mêmes populations qui naguère nous accueillaient en frères. Les Espagnols appelaient en outre tous leurs ennemis pour les armer contre nous; et la junte de Séville, réfugiée à Cadix, livrait même aux Anglais *Ceuta*, la seconde porte du détroit, tandis que ces derniers préparaient la ruine complète de la puissance espagnole en encourageant la révolution coloniale de l'Amérique du Sud.

C'est dans ces circonstances que le besoin de se faire de nouveaux alliés, après s'être fait tant d'ennemis, détermina Napoléon à renouer les relations qu'il avait été forcé d'interrompre avec Muley-Soliman. Ce dernier lui avait pourtant envoyé une ambassade pour le féliciter comme empereur des Français. Mais c'était sur les instances réitérées de notre consul, M. d'Ornano, qu'il s'était déterminé bien malgré lui à cette démarche dont la lettre de Muley-Absulem avait déjà montré le point délicat. Aussi cette condescendance du sultan fut-elle la dernière qu'il eut pour Napoléon. C'est le 6 septembre 1807, que ce dernier reçut au palais de Saint-Cloud les lettres de créance de l'envoyé de Muley-Soliman, Hadji-Edris-Rami, chef vénéré de la puissante famille des schérifs de ce nom, issue du fondateur de Fez (1). Cet ambassadeur lui adressa en arabe le discours suivant :

« La louange est à Dieu.

« Au Sultan des Sultans, au plus glorieux des souverains, le magnifique et auguste Empereur Napoléon.

« Nous offrons à Votre Majesté un nombre de salutations infinies et proportionnées à l'étendue

(1) « Le chef de cette famille, dit Ali-Bey, prend le titre d'*Emkaddem* ou ancien. Il avait l'administration des fonds, qui sont placés dans des coffres à côté du sépulcre de Muley-Edris, le fondateur de Fez, et l'un des plus grands saints de l'islamisme. Il recevait aussi les aumônes en grains, des bestiaux ou autres effets qu'à titre de tribut les habitants mettent à sa disposition; lui-même en fait la distribution parmi les schérifs de la tribu, qui la plupart vivent de cette charité, quoiqu'il y en ait de très-riches par les biens immeubles qu'ils possèdent, ou par le grand commerce qu'ils font, à l'exemple de l'*Emkaddem*. La grande vénération des habitants pour Muley-Edris qu'ils invoquent dans toutes les situations de la vie, et par un mouvement spontané, avant même de songer au Tout-Puissant, se reportait sur les héritiers de son nom. » Or celui d'entre eux qui fut envoyé à Paris n'y reçut aucune distinction flatteuse, propre à satisfaire l'opinion qu'il devait avoir de lui-même. Combien Louis XIV eût procédé différemment à son égard! Il suffit de se rappeler l'accueil qu'il fit à l'ambassade de Ben-Aïssa, en 1699.

de notre amitié pour elle. Notre Seigneur et Maître Suleyman, Empereur de Maroc (que Dieu fortifie et éternise la durée de son empire), nous a envoyé auprès de Votre Majesté pour la féliciter sur son heureux avénement au trône de la puissance. Il est à votre égard ce que ses prédécesseurs ont été constamment à l'égard des vôtres, fidèle aux traités. Vous êtes à ses yeux le plus grand, le plus distingué parmi tous les souverains de l'Europe, et l'amitié de Votre Majesté lui est extrêmement précieuse. Il m'a envoyé auprès d'elle avec des présents. Qu'elle daigne les accepter. Nous prions le Tout-Puissant qu'il continue à accorder à Votre Majesté un bonheur et une satisfaction inaltérables (1) ».

Le seul résultat de cette ambassade fut de préparer pour l'année suivante une voie aux projets de Napoléon. Il est pourtant un autre motif qui eût pu donner encore lieu à cette avance du musulman, c'est le besoin extrême que le Maroc avait alors des marchandises de l'Europe, et le désir de renouer des relations commerciales avec la France. Nous voyons en effet que le 6 mai 1807, Muley-Soliman, mécontent de ce que les bâtiments ne rapportaient point à Mogador des marchandises utiles ou de luxe, écrivit aux négociants de cette ville la lettre suivante :

« A tous les marchands de Mogador, maures, chrétiens et juifs.

« J'ai trouvé que cette ville ne contient aucune

---

(1) Voir *Moniteur* de l'année 1807, page 976.

des marchandises qui manquent dans le pays. La cause en provient de ce que vous n'importez dans le pays aucune de celles qui payent des droits : ce qui n'est d'aucun avantage pour moi, non plus que le lest qui nous est à charge. Je souhaite que vous importiez des marchandises utiles au pays et à la cour. Quant à ce qui me concerne, Dieu m'a fait la grâce de n'en avoir pas besoin. Je viens d'ordonner à Ben-Abdesadek, que tout marchand qui n'apportera point dans le pays ou dans les ports des choses utiles, ou qui n'apportera que du lest, soit renvoyé sur-le-champ avec son vaisseau vide. Il vous sera donné du temps suffisamment pour que vous puissiez faire parvenir cette nouvelle à vos amis. La paix soit avec vous ! » (*Moniteur* de 1807, page 1027.)

Telle était la situation commerciale des Maures, lorsque l'année suivante le capitaine de génie Burel, ancien officier de l'armée d'Égypte, fut envoyé dans le Maroc. Il partit de Madrid, où il se trouvait avec Joseph Bonaparte, alors roi de Naples, mais qui devait être bientôt celui d'Espagne.

Le but de sa mission était d'entraver les opérations mercantiles des Anglais, de les priver des facilités qu'ils trouvaient sur les côtes du Maroc pour l'approvisionnement de Gibraltar et de leurs escadres, et de nous assurer éventuellement les mêmes avantages dans les circonstances où le gouvernement jugerait à propos de les réclamer (1).

(1) Le capitaine de génie Burel fit encore la reconnaissance

Mais cette mission échoua par suite de la hauteur que notre consul général, M. d'Ornano, mit à déterminer Muley-Soliman à sortir de sa neutralité. De son côté, M. Burel, oubliant toutes les convenances de la cour de Maroc, n'avait offert aucun des présents d'usage, que notre ancienne diplomatie était si soigneuse d'envoyer en pareille circonstance. Néanmoins, avant le retour de cet envoyé, l'empereur de Maroc lui fit remettre par son ministre, pacha des provinces septentrionales, une note de quelques manuscrits arabes, qui devaient, selon ce prince, exister à Paris, et dont il désirait si vivement avoir des copies, qu'il n'était pas de prix qu'il n'en donnât. Mais ce moyen fut encore négligé pour cultiver l'amitié d'un prince dont nous avions besoin, et qui ne manqua pas de se plaindre de cette négligence.

C'est ainsi que, pendant les guerres de l'empire, nos relations avec le Maroc constatent l'oubli des traditions diplomatiques à l'égard de l'islamisme. Ce triste résultat était au reste inévitable, si l'on songe comment notre diplomatie se recrutait alors, dans la noblesse improvisée par Napoléon, et parmi tant de plébéiens imitateurs des marquis de la régence et de Louis XV. Or, tous ces beaux esprits réchauffés du XVIIIe siècle, en dédaignant le bon sens des classes moyennes, n'étaient certes pas faits pour surpasser ni même égaler leurs devan-

géographique du nord du Maroc durant les années 1808 et 1809. Cette reconnaissance a été communiquée par M. le chev. Jaubert à M. Lapie, qui s'en est servi pour la carte de cet empire.

ciers. Les exceptions qu'on citerait à cet égard, ne feraient que confirmer la règle générale, et cette règle, on n'en peut plus douter, quand on compare le rôle où le héros de l'armée d'Égypte, n'écoutant naguère que les inspirations de son génie, agrandissant sur l'Orient les vues de Leibnitz, de Louis XIV et du duc de Choiseul, avec le rôle du général fait empereur, et se bornant désormais à la politique du continent, où, par ignorance de toute politique maritime et commerciale, l'excitaient et le retenaient tour à tour ses braves anoblis. Dans le premier cas, le jeune Bonaparte, renouant le présent et l'avenir aux grands souvenirs historiques du royaume très-chrétien, dirige le torrent des idées nouvelles qu'il force à l'obéissance par l'admiration. Dans le second, au contraire, ces idées nouvelles, tout en reconnaissant pour chef Napoléon, se constituent dans une alliance incohérente avec les habitudes nobiliaires du dernier siècle, et par la force de résistance qu'elles viennent d'acquérir, forcent le génie à la fois le plus traditionnel et le plus original des temps modernes, à reprendre la fatale route de la politique exclusivement continentale, dont nous avons déjà vu une première fois, sous Louis XV, le funeste contre-coup dans le Maroc.

De là, le brusque changement qui s'opéra dans nos relations avec cet empire. Naguère les pèlerinages respectés y avaient produit un effet merveilleux. Soliman rassure lui-même les caravanes de pèlerins prêtes à partir; les bulletins et les proclamations de Bonaparte, traduits en langue arabe et berbère, portent le respect de la France jusque dans les montagnes les plus reculées de l'Atlas ; enfin les Turcs faits prisonniers sur nos vaisseaux et conduits à Gibraltar, étant passés dans le Maroc, attestent la magnanimité du général et de l'armée de la république, si respectueux pour l'islamisme ; et de tous ces faits nous voyons sortir le progrès continu de notre influence. Mais voilà que quelques années ont suffi pour faire oublier des antécédents aussi utiles qu'honorables. Les agents de Napoléon veulent tout emporter de haute lutte. Ils blessent l'orgueil religieux des musulmans, et se brisent contre cet obstacle invincible, sans avoir la force maritime pour lui faire au moins sentir nos coups. Ainsi M. d'Ornano comprenait si peu la nature de cet obstacle rencontré à chaque pas dans les moindres relations avec l'islamisme, qu'il fallut, chose incroyable ! que M. de Talleyrand lui écrivît de Varsovie pour lui en donner une idée, ajoutant que le « cérémonial musulman n'étant « pas celui des puissances européennes, il fallait « bien se garder de faire d'une question d'étiquette « une question politique. »

Ces faits indiquent la révolution profonde qui s'était accomplie dans les idées et le personnel de nos agents consulaires auprès des musulmans. Mais quels graves enseignements ne résulte-t-il pas de la manière dont nous avons vu se former, à Gibraltar, ce système de blocus et de grande armée maritime que l'Angleterre devait opposer au système continental de Napoléon ! Soulevant tous les matelots des peuples vaincus, et coalisant même les forces navales arrachées aux alliés de la France, l'Angleterre enrôlait sur ses vaisseaux, Génois, Italiens, Espagnols, Vénitiens, Hollandais, Danois, et même les déserteurs français, que des lois trop sévères ou mal appliquées tenaient éloignés du pays. Les sept ou huit mille corailleurs qui pêchaient le corail entre Bone et Tunis, ne connaissaient aussi que la protection britannique ; enfin la presse des matelots américains, ajoutée à celle de tous les matelots de l'Europe, ne laissait d'autre ressource à l'empereur que celle d'enrôler tous les soldats du continent. C'est ainsi qu'il se laissa jeter dans le système exclusif qui, ne pouvant s'établir alors que par la violence, devait inévitablement périr par ses propres excès.

Cependant la décadence de notre commerce avec les musulmans et l'intelligence de nos rapports avec eux, se prolongeaient comme l'oubli de la restauration de notre marine. C'est alors que l'application du système continental aux marchandises du Maroc coupa court immédiatement aux dernières relations que ses armateurs entretenaient encore avec nous. Faute, par exemple, de quelques formalités remplies par le vice-consul de Larache, plusieurs Maures, en arrivant à Marseille, virent leur cargaison séquestrée comme suspecte; et puis, la restitution s'en fit attendre plusieurs années, durant lesquelles leurs vaines réclamations, intimidant leurs compatriotes, les détournèrent de tout commerce avec nous. De sorte qu'après avoir perdu, avec la liberté de la navigation, notre ancienne importation dans le Maroc, nous en perdîmes aussi toute l'exportation, puisque les Maures, que l'Angleterre laissait libres à cause des approvisionnements qu'elle en recevait pour Gibraltar, ne voulurent plus entreprendre le seul transport en France qui eût encore été possible.

Des faits d'une telle gravité, dans nos relations avec les sujets de Muley-Soliman et en général avec toutes les races musulmanes, nous autorisent peut-être, malgré le brillant succès de notre diplomatie à Constantinople en 1807, malgré la cession des îles Ioniennes obtenues au traité de Tilsitt, à donner ici notre appréciation du système impérial.

Et d'abord pourquoi s'obstiner à prétendre avec des hommes d'un patriotisme plus sincère qu'intelligent, que sous la république et l'empire nous n'avons presque jamais fait de fautes, et que c'est à la fatalité qu'il faut s'en prendre de nos derniers revers ? En vérité, si l'on voulait dire que le courage ne nous a jamais fait défaut et que nous l'avons toujours emporté par l'héroïsme, rien ne serait plus évident. Mais la prudence, mais la mesure, mais l'intelligence diplomatique pouvaient-elles être le partage immédiat de plébéiens anoblis sur le champ de bataille, et d'hommes d'action livrés à toute l'exaltation des principes qu'ils avaient fait triompher ? Il suffit de voir comment les nouveaux agents consulaires croyaient alors servir et représenter la France. Ne tenant compte des coutumes indigènes ni des préjugés religieux, ils ne pouvaient faire aucune démarche, même les plus innocentes, sans nous créer des ennemis. Peu importait sans doute le nombre de ceux-ci sur le continent, puisqu'il était facile de les vaincre; mais au delà des mers comment les atteindre, lorsque tant de fautes combinées avaient compromis nos relations commerciales, ruiné notre marine marchande et porté le dernier coup à notre marine militaire, pour nous pousser dans la voie incomplète et sans issue du système continental? Si ce n'était le résultat trop longtemps dissimulé d'une maladresse désespérante, ce serait à coup sûr la plus criminelle des trahisons. L'alternative est inévitable, et il faut courageusement la poser si l'on ne veut que la faute en retombe sur la France elle-même, sur la cause nationale tout entière, et si, pour sauver la réputation d'habileté de quelques-uns de nos agents, on tient à ne pas compromettre à la fois le présent et l'avenir d'un pays dont on aurait ainsi méconnu le passé.

Comment ne pas voir aussi que la seule manière de profiter de la glorieuse et cruelle expérience de l'empire, c'est de bien comprendre ce qui devait fatalement advenir de cette France, pour la première fois enchaînée au sol européen, et condamnée à n'y plus faire que de la politique continentale, après avoir livré à l'Angleterre la politique maritime qui est aujourd'hui celle du monde entier! Évidemment de ces deux politiques, l'une intérieure et l'autre extérieure, celle-ci, enlaçant l'autre et maîtresse d'ailleurs de tous les marins de l'Europe, devait naturellement l'emporter. L'histoire et le bon sens n'ont-ils pas toujours résolu cette question, depuis que Rome primitive se fit puissance navale pour triompher de Carthage, jusqu'à Richelieu prenant la Rochelle en restant maître de la mer malgré l'Angleterre, ou jusqu'à Louis XVI réhabilitant la France des traités de 1763 par ses flottes renouvelées et par une guerre d'outre-mer? Tous les événements décisifs ont donc prouvé que la guerre maritime, dont on ne prend que ce que l'on veut et quand on veut, où l'on peut toujours se tenir en réserve pour le moment opportun et le combat définitif, doit nécessairement l'emporter sur une guerre continentale, où le vainqueur, en contact incessant avec des vaincus avides de représailles, peut être usé par ses propres victoires et n'est jamais sûr d'avoir livré son dernier combat.

Loin de nous toutefois de méconnaître un instant les bienfaits dont le blocus continental a doté l'industrie européenne, ni les tentatives persévérantes que le retour de la paix devait rendre si fécondes, et dont les fruits inattendus affranchissent maintenant les nations des tributs qu'elles auraient payés à l'Angleterre. Certes, les efforts inouïs qui, pour réparer la perte de nos colonies, devaient remplacer, par exemple, la canne à sucre par la betterave, justifient dans leurs succès tardifs le but de Napoléon et quelques-uns de ses moyens. Ainsi, grâce à son génie, les découvertes de la chimie moderne peuvent nous donner aujourd'hui bien des produits que la nature avait exclusivement gardés pour l'Amérique et les Indes. Ces découvertes, alors destinées à renouveler le commerce de l'Europe, méritaient sans doute, comme elles le furent, d'être célébrées à l'égal des victoires de nos soldats ; car elles tendaient à produire, en sens inverse, les mêmes effets que l'invention de la boussole dans les mains de Christophe Colomb (1). C'était donc là un beau côté du système continental ; et c'est aussi le seul qui lui ait survécu, le seul qui triomphe maintenant de l'Angleterre. Mais comment triomphe-t-il, sinon à l'aide des relations maritimes et commerciales ; sinon par l'union des matelots de l'Europe avec ses soldats ? C'est donc la pensée de Napoléon qui se réalise, mais par la liberté du continent, et par des moyens diamétralement opposés à ceux du système impérial. Preuve nouvelle que ce système, tel qu'il avait été appliqué, devait inévitablement succomber dans sa lutte contre le blocus établi sur mer.

Loin de nous également de prétendre que Napoléon n'a point apprécié l'importance de la marine ! Seulement la réponse qu'il fit à l'amiral Villeneuve prouve que son esprit n'avait pu se familiariser avec l'emploi qu'il fallait en faire. On sait que cet amiral, consulté par le gouvernement après la rencontre du cap Finistère, n'adopta pas le plan de combattre l'escadre anglaise en ligne de bataille, surtout avec des flottes nombreuses combinées. Il se fondait sur ce qu'alors nos vaisseaux n'étaient point aussi bien armés, ni nos marins

---

(1) Voir encore, pour le système continental, l'excellent *Essai sur le commerce de Marseille*, par Jules Juliany ; chap. VII, p. 111-127, t. I, 2ᵉ édit.

aussi exercés que ceux des Anglais, et qu'il était bien difficile de faire évoluer une escadre combinée, composée de plus de vingt vaisseaux. Eh bien, c'est à ces objections que Napoléon répondit : « qu'on ne devait jamais balancer d'attaquer l'ennemi partout où on le rencontrerait, et qu'il importait peu de perdre des vaisseaux, pourvu qu'on les perdît avec honneur. » Paroles plus dignes de l'imagination chevaleresque du moyen âge que du bon sens de notre grande révolution. Ce langage, au reste, nous explique pourquoi Napoléon s'occupa tant à creuser des ports et construire des navires, et si peu à former des matelots, qu'il croyait pouvoir improviser comme des soldats, si peu à leur trouver des chefs d'intelligence autant que de cœur, capables de remplacer les anciens capitaines de vaisseau que nous avait enlevés l'émigration. Par quel motif enfin laissa-t-il l'Angleterre coaliser contre lui tous les marins de l'Europe? Funeste et trompeuse sécurité, qui se révéla tout entière, mais trop tard, dans les instructions adressées, en 1812, à notre escadre de Toulon! « Les vaisseau ennemis, disait l'amiral Émériau, *étant en grande partie armés de marins étrangers*, et retenus par la contrainte (dites par une haute paye), résisteront mal à un abordage (1). » Mais, d'ailleurs, pour aller à cet abordage, ne fallait-il pas des marins habiles à la manœuvre? et, pour les avoir, n'aurait-il pas

---

(1) Histoire de nos combats de mer depuis 1798 jusqu'en 1813 ; page 237. Paris, 1829.

fallu, à l'exemple de l'Angleterre, les attirer de longue main, les gagner, les acheter au poids de l'or et au prix de quelques-uns de ces millions naguère jetés par centaines à nos armées du continent?

La déraison d'un pareil système était sans remède à la fin du blocus continental, qui n'avait pu se développer sans organiser en proportion le blocus maritime, et en assurer de plus en plus la supériorité. Qu'importait alors d'avoir essayé, dix ans auparavant, la restauration de notre ancienne puissance coloniale, d'avoir donné à la Martinique un administrateur comme M. de Laussat, ou confié le sort de l'île de France à un marin comme M. l'amiral Duperré? Le système général, péchant par sa base incomplète, croulait sous le poids d'une grandeur irrégulière et sans équilibre.

Que la cause de cette chute frappe l'opinion publique de son évidence, qu'elle nous parle à tous avec l'autorité des héroïques malheurs de 1815, et ce sera le seul bien que nous puissions emprunter à l'école impérialiste. Car, malgré l'ascension éblouissante de son chef, elle a fini, comme l'école des marquis de la Régence et de Louis XV, en laissant tomber la France d'autant plus bas que le génie de Napoléon l'avait portée plus haut.

Rappelons encore que si nous avons pris Alger, surtout si nous l'avons conservé, c'est toujours malgré l'esprit exclusivement continental de ces deux écoles, réunies sans s'en douter, et qui ne comprendront jamais combien, jusqu'à parfait équilibre de nos flottes et de nos armées, la Méditerranée et l'Océan nous importent plus que les bords du Rhin. Le système de l'empire nous a donc légué un héritage que nous ne devons accepter que sous bénéfice d'inventaire. Il a réveillé dans toutes les classes de la nation cet amour de la gloire, cet esprit aventureux et chevaleresque qui, vingt années durant, nous a fait promener dans toute l'Europe, au bruit du tambour et du canon; mais cette nouvelle chevalerie, qui enflamme tous nos citoyens, qui anoblit le pauvre, et retrempe le riche efféminé, ne peut plus être utile au pays qu'en oubliant le continent, voué désormais aux seules influences du commerce et de la civilisation. C'est donc en se portant au delà des mers que l'activité des esprits ardents et ambitieux pourra se déployer pour la grandeur de la France, en fondant de nouvelles colonies, soit en Afrique où s'élève déjà un nouvel empire, soit vers l'Orient où nous appelle le souvenir de nos aïeux.

Maintenant, inutile d'ajouter que la ruine de notre commerce fut sans retour dans le Maroc jusqu'aux dernières années de Napoléon. Quant à notre consul, son rôle fut alors réduit à une simple politique d'observation à l'égard des musulmans. D'un autre côté, comme M. d'Ornano s'était plus d'une fois compromis avec eux, et privé de points d'appui au milieu des populations indigènes, le succès ne pouvait répondre à ses efforts, lorsqu'il s'agissait de repousser les nouvelles mensongères et les lâches calomnies que l'Angleterre propageait dans le Maroc à chaque victoire de nos armées. A l'exception du représentant du Danemark, tous les consuls européens, et celui de Hollande en particulier, se faisaient alors les complices du consul anglais. Ainsi, plusieurs fois ces agents se réunirent en tribunal suprême pour juger de la validité des prises faites par des corsaires français réfugiés dans les ports marocains, et ils se prononcèrent toujours contre la France. Enfin, les désastres de 1812 et de 1814 arrivèrent. Contre ces événements exploités par tant d'ennemis, que pouvaient faire le dévouement et le patriotisme de M. d'Ornano? Se retirer dans une réserve digne, et attendre des temps meilleurs. Aussi, de toute la correspondance consulaire de cette époque, à peine est-il un fait digne d'attention. Le seul qui mérite d'être cité, intéresse une question qu'il nous importe aujourd'hui de résoudre : celle des pêches sur les côtes occidentales d'Afrique. Or, nous voyons qu'en 1813, dans le deuxième trimestre, quarante-quatre felouques ou moustiques se rendirent aux seules pêches de Larache, et que, durant le troisième trimestre, vingt-neuf bâtiments de pêche espagnols et portugais y chargèrent pour le Portugal, Cadix et Majorque.

Maintenant que des relations prévues peuvent s'établir d'une année à l'autre entre l'Algérie et le Sénégal, en touchant aux divers ports du Maroc, on comprend qu'un tel fait de la part des Espagnols et des Portugais, mérite de n'être point oublié par nous. Il se rattache, en effet, à des entreprises du même genre que les pêcheurs canariens font au sud de cet empire, et que nous pourrons faire à notre tour, quand nous serons familiarisés avec cette mer.

Mais l'étude de ces parages devant être l'objet d'un chapitre ultérieur, revenons à l'état de nos relations avec le Maroc.

Chose étonnante, et qui honore au plus haut degré la sagesse de Soliman! Au milieu de la guerre maritime et continentale qui, dans ses progrès, avait enveloppé graduellement toutes les nations et embrasé de proche en proche tous les points du globe civilisé, le Maroc seul conservait la neutralité entre les parties belligérantes. Au contraire, les autres États barbaresques, tous alliés aux Anglais, et particulièrement Alger, faisaient la course contre les chrétiens en ne respectant que les protégés de l'Angleterre. Ainsi, par les intrigues de cette puissance, les gouvernements de Joseph Napoléon en Espagne et de Murat dans le royaume de Naples, ne furent jamais reconnus par les Algériens qui ne respectaient des marins espagnols et italiens que ceux qui naviguaient sous le pavillon anglais. De son côté, l'Angleterre, reconnaissant tous les services qu'elle avait reçus de ces pirates, ou plutôt dans la pensée de ceux qu'elle pouvait encore en recevoir, mit, au retour de la paix, leur Régence sous sa protection, et resta sourde, dans le congrès de Vienne, à toutes les propositions faites contre Alger. C'est alors, en juin 1815, que les États-Unis (1) eurent l'honneur d'attaquer les

(1) Voir l'*Esquisse de l'état d'Alger*, par Shaler, pages 158, 161.

premiers et avec le plus rapide succès ce repaire de forbans. La nouvelle en était arrivée à Paris au moment même où les alliés, une seconde fois vainqueurs de Napoléon, prétendaient y dicter des lois conformes aux intérêts des peuples et de l'humanité; et c'est quand la destruction complète des Algériens pouvait justifier, en apparence du moins, toutes ces prétentions par la mise en liberté de tous les esclaves, que l'Angleterre refusa une seconde fois de concourir à la répression de leur piraterie. Or, tandis qu'elle s'obstinait à leur reconnaître le droit de faire des esclaves chrétiens, et à garder les deux mille Européens qu'ils détenaient alors dans leurs bagnes, elle allait partout réclamant l'abolition de la traite des noirs dans le seul intérêt, disait-elle, de la religion et de la philanthropie. Ainsi a-t-elle fait toujours pour colorer son égoïsme. Il faut ajouter pourtant que l'Angleterre changea d'avis en 1816, lorsque l'expédition anglo-hollandaise de lord Exmouth et du baron Vander-Capellen força la régence barbaresque à relâcher sans rançon tous les esclaves chrétiens et à n'en plus faire à l'avenir; mais c'est qu'alors l'Angleterre avait besoin de regagner l'assentiment de l'Europe à l'approche du congrès d'Aix-la-Chapelle; et une fois ce but atteint, elle laissa Alger reprendre le cours de ses déprédations, s'inquiétant peu si les puissances de l'Europe ne pouvaient s'y soustraire, qu'en payant tribut ou dissimulant cette honte sous la forme de présents.

Ainsi, après la chute de Napoléon, quand le

monde civilisé ne songeait qu'à établir la paix sur les bases de la justice et de l'équité, l'Angleterre s'opposa par deux fois à tout arrangement capable de supprimer la piraterie musulmane, cette honte du nom chrétien.

Quel singulier contraste offrit alors la conduite du roi de Maroc. A cette époque si tragique et si mémorable, Muley-Soliman se montra digne du mouvement civilisateur qui rapprochait les peuples trop longtemps divisés par une guerre universelle. Nos relations avec lui s'étaient renouées à la paix de la restauration, et c'est alors que ce prince charitable et pieux réalisa l'abolition de tout esclavage entre chrétiens et musulmans, dont la pensée avait rendu si remarquables les derniers rapports de Louis XVI et de Sidi-Mohamet. Il ne peut exister aucun doute sur la spontanéité de sa résolution, car c'était avant l'expédition de lord Exmouth. Le prince musulman voulut encore s'obliger à racheter tous les naufragés retenus par les nomades du Sahara et de l'Oued-Nun; et il compléta son œuvre, en 1817, en désarmant toute sa marine militaire. Il en donna deux bâtiments au dey d'Alger, et en défendant toute espèce de course contre les chrétiens, il mit fin pour jamais à la piraterie du Maroc.

En 1818, les trois régences d'Alger, de Tunis et de Tripoli, encouragées sans doute par les dons faits à la première, envoyèrent des ambassadeurs à Muley-Soliman pour traiter avec lui d'affaires importantes. Ces affaires ne pouvaient avoir rapport qu'aux destinées de l'islamisme, alors menacées par l'insurrection de la Grèce. Mais le sultan n'hésita pas à persévérer dans son ancienne politique, qui était de ne se compromettre en rien avec les puissances chrétiennes. Déjà en 1816, ayant appris que plusieurs Maures, se trouvant en Europe, s'étaient donnés pour parents ou alliés de la famille impériale et avaient commis d'autres actes indiscrets afin de s'attirer plus de considération, il avait défendu, sous peine de mort, à tous ses sujets musulmans de faire aucun voyage en Europe; et quant aux juifs, auxquels il permettait de s'y rendre librement pour commercer, il ne les y autorisait qu'à condition de constituer, avant leur départ, deux personnes domiciliées, pour lui répondre de leur bonne conduite parmi les chrétiens.

« Tout sujet du Maroc sans exception, disait-il en finissant, qui, se trouvant maintenant en Europe, se rendra coupable du moindre délit, subira la confiscation de sa fortune, qui sera remise au gouverneur du port et distribuée aux pauvres (1). »

La crainte qu'un mauvais musulman ne déshonorât l'islamisme aux yeux des chrétiens, et l'incertitude des événements dans les circonstances critiques où se trouvait alors la chrétienté, avaient dicté l'ordonnance en question. En renonçant, au profit des pauvres, à son droit de confiscation, Soliman ne laissait encore aucun doute que la pensée religieuse ne l'eût fait agir. Une pensée de même nature et son affection particulière pour la

(1) *Moniteur* de 1816, page 899.

France le déterminèrent l'année suivante à nous témoigner toute sa munificence. La disette menaçait alors nos populations; et tandis que Méhémet-Ali, pacha d'Égypte, se hâtait à cette nouvelle d'envoyer à Marseille dix mille charges de froment et quarante mille charges de légumes secs, ordonnant à ses agents dans cette ville d'y faire des distributions gratuites aux pauvres à l'arrivée de chaque cargaison (1); Muley-Soliman, de son côté, par un privilége unique et illimité accordé en notre faveur, nous ouvrait le Maroc pour en tirer toute espèce d'approvisionnement en blé, et mettait le comble à sa générosité en renonçant à ses droits de douanes sur l'exportation. Tels étaient les témoignages de l'attachement que les races musulmanes manifestaient pour la France au moment où se renouaient avec elles nos anciennes relations commerciales!

Tous les rapports du Maroc avec l'Europe se trouvèrent en même temps facilités. Le sultan, renouvelant une ordonnance de Sidi-Mohamet de 1759, permit à tous les négociants chrétiens de s'établir dans son empire, et déclara que « dans
« le cas où un Européen faisant des affaires avec
« un de ses sujets en essuierait quelque préjudice,
« la vigilance la plus sévère serait exercée pour
« maintenir le droit de l'Européen, l'aider à con-
« server sa propriété et lui assurer toute protec-
« tion (2). »

(1) *Essai sur le commerce de Marseille*, par M. J. Juliany, t. I, p. 130.
(2) *Moniteur* de 1818, p. 677.

C'est à la même époque que ce prince réalisa ses généreuses intentions à l'égard des chrétiens naufragés au sud de son empire, et paya lui-même leur rançon aux nomades de l'Oued-Nun et du Sahara. Or, comme ces rachats ont embrassé toute une série de relations particulières entre l'Europe et cette partie de l'Afrique, n'oublions pas qu'on pourra s'en faire une idée par les aventures de M. Charles Cochelet et du capitaine Riley, épisodes du règne de Muley-Soliman.

Leurs relations rappellent, en effet, tout ce qui est arrivé à une foule de naufragés sur les mêmes côtes, par exemple, à Saugnier en 1784. Il y a toutefois cette différence, que dans les récits plus modernes le caractère des peuplades du littoral du Sahara y est représenté, à trente ou quarante années de distance, sous un aspect beaucoup plus hostile à la civilisation. Saugnier nous montre, au contraire, ces sauvages, « soupçonnés bien à tort de cruautés, comme les plus doux peut-être de l'univers quand on sait se conformer à leurs habitudes; » et il tenait ce langage quand il proposait au gouvernement français, en 1792, de tenter un voyage dans l'intérieur de l'Afrique, au moment où la mort de l'Anglais Houghton venait de révéler tous les dangers de ce continent. Il y a donc là une grande question soulevée par ces points de vue si contraires; et il importe de la résoudre au plus tôt dans l'intérêt de notre civilisation.

Quant à l'expérience maritime qui ressort des mêmes relations, elle nous apprend que les naufrages sur les côtes du Sahara tiennent la plupart à l'ignorance des courants marins, dont la violence est telle en ces parages, que le bâtiment qui s'y trouve abandonné peut dévier de sa route de plus de quarante lieues en moins de trois jours. Redoutables dans tous les temps, ces courants le sont davantage encore par les calmes qui leur laissent une puissance irrésistible. C'est alors que les vaisseaux, privés de l'action des voiles par défaut d'air, ne peuvent se dérober à l'impulsion des eaux, et vont périr infailliblement sur la côte africaine, s'ils ont eu l'imprudence de s'en trop rapprocher.

C'est le seul oubli de ces dangers qui a multiplié les naufrages sur les côtes d'Afrique. La plupart ont eu lieu au sud du cap Bojador, que les anciens n'avaient jamais osé dépasser à cause de ces mêmes courants. Rejetés sur une côte inhospitalière, les naufragés, qui ne peuvent s'en éloigner dans des embarcations, n'ont alors d'autre parti à prendre que de se résigner à d'affreuses privations, en passant esclaves dans les mains des sauvages habitants de ces côtes. Heureusement ceux-ci sont intéressés à les vendre aux Maures et aux Arabes qui viennent à travers le Sahara commercer avec eux. Vendus ainsi dans les divers camps du désert, les captifs passent ordinairement de main en main jusqu'aux frontières de l'empire de Maroc, en s'arrêtant chez les tribus indépendantes de l'Oued-Nun, où leur rachat commence à se négocier, soit avec les agents européens de Mogador, soit avec les gouverneurs maures qui commandent dans la province du Sous.

Depuis longtemps ce genre de négociations a fait sentir aux juifs et aux musulmans de ces côtes l'intérêt qu'ils avaient à la conservation des esclaves, et les avantages qu'ils ont retirés de leur rachat les ont disposés à de plus intimes relations avec les Européens. En 1806, Jackson élevait à trente le nombre des naufrages de diverses nations qui avaient eu lieu dans ces parages depuis la mort de Sidi-Mohamet: sur ces trente, il y en avait dix-sept anglais, cinq français, cinq américains, et trois allemand, danois et suédois. Le vice-consul anglais fait remarquer, à cette occasion, qu'avant le règne de Soliman l'Angleterre ne pouvait racheter ses naufragés qu'en envoyant un ambassadeur avec des présents, outre le prix du rachat. Ces difficultés tenaient alors au discrédit qui pesait sur l'Angleterre, et qui avait fait taire à son égard les sentiments d'humanité de Sidi-Mohamet; mais avec Soliman le rachat des naufragés devint facile pour toutes les nations, surtout après la généreuse obligation que le sultan s'était imposée à la paix générale de 1815. C'est ainsi que l'empressement du gouverneur de la province du Sous à obéir à ce prince, hâta le rachat de M. Charles Cochelet et des naufragés de *la Sophie* en 1819, ainsi que la délivrance antérieure du capitaine américain Riley et de son équipage en 1817 (1).

(1) M. Charles Cochelet, dont la rançon coûta 2,500 fr., recommande aux naufragés qui veulent tirer le meilleur parti possible de leur infortune, d'avoir à la fois de la soumission et de la fermeté avec ceux qui les tiennent esclaves; de la soumission pour plaire au maître et l'intéresser à conserver

C'est dans ces circonstances, devenues plus favorables aux relations du Maroc avec les chrétiens, que nos entreprises commerciales avaient repris leur cours dans ce pays, au souvenir de ce qu'elles y avaient été autrefois. Marseille, plongée dans la plus profonde misère par le système continental de l'Empire, était ressuscitée comme par enchantement à la vue des mers d'Orient et d'Afrique, ouvertes de nouveau à ses armateurs; et les laines, les huiles d'olive, les cuirs, la cire et toutes les denrées du Maroc étaient redevenus l'objet de ses négociations mercantiles en échange de nos produits. Il n'entre pas dans notre plan d'exposer en détail ces nouvelles relations commerciales. Quand il s'agit du présent, l'historien ne peut rien apprendre aux hommes de pratique, et il pourrait compromettre leurs entreprises en les faisant connaître sans à-propos. Il nous suffira donc d'avoir rappelé à cet égard tous les antécédents historiques qui forment comme la théorie des questions présentes, et en quelque sorte l'atmosphère où le génie positif et l'esprit d'expérience, qui ne veu-

---

des chrétiens devenus sa propriété ; mais en même temps de l'énergie, soit en résistant si on voulait vendre séparément les captifs, soit en montrant l'audace et l'intrépidité, qui sont les qualités familières des Maures, et peuvent seules relever à leurs yeux des esclaves chrétiens. — L'appréciation morale des peuplades africaines, telle qu'elle ressort de ces recommandations, est au fond la même que celle donnée par Saugnier, bien que celle-ci les représente sous un jour beaucoup plus favorable, et les considère même *comme les meilleures gens du monde, quand on sait se conformer à leur genre de vie.* (*Voyage de Saugnier*, introduction, page v.)

lent pas tomber dans la routine et le terre à terre, peuvent toujours par l'étude reprendre leur essor vers de nouveaux développements.

CHAPITRE QUATORZIÈME.

État du commerce sous le règne de Muley-Soliman. — Peste de 1818. — Conduite de M. Sourdeau, consul général de France. — Il est frappé par un santon, et lui pardonne après une lettre d'excuse du sultan. — Guerres civiles dans le Maroc. — État politique de cet empire. — Mort de Muley-Soliman (1822). — Avénement de Muley-Abderrhaman, sultan actuel de Maroc. — Portrait et caractère de son prédécesseur. — Détails de mœurs. — Conclusion de la partie historique.

La pacification de l'Europe n'exerça pas dans le Maroc toute l'influence dont elle aurait pu être susceptible. Le commerce extérieur de cet empire était alors fort restreint, et celui de l'intérieur ne l'était pas moins; car Muley-Soliman avait adopté la plupart des mesures fiscales de Sidi-Mohamet, dont le système, longtemps appliqué de mal en pis, avait appauvri les ressources du pays. Cette situation avait encore été aggravée par la rigidité religieuse du prince, qui lui inspirait une aversion profonde pour toute apparence de luxe. Ainsi l'obligation qu'il avait imposée à ses sujets, comme l'exemple qu'il leur donnait par son humilité, de se vêtir des vêtements les plus grossiers, avait ruiné l'industrie indigène et entravé du même coup l'introduction des produits manufacturés de l'Europe. On aurait même dit à certains égards que l'interruption momentanée de nos relations avec cet empire l'avait livré à une recrudescence de mœurs barbares. Il y eut pourtant quelques faits exceptionnels, entre autres, la conduite du fils bien-aimé de Sidi-Mohamet, Muley-Absuleim. Représentant des premières idées de réforme que notre ancienne influence avait fait triompher dans le Maroc, ce prince osait seul garder une certaine magnificence extérieure, conforme à l'état d'un membre de la famille impériale. Combien aussi le trop peu de détails que nous connaissons de sa vie, fait regretter qu'il n'ait pu succéder à son père! N'oublions pas du moins qu'après avoir renoncé au pouvoir par un défaut d'ambition qui semblait l'en rendre d'autant plus digne, il défendit constamment nos intérêts auprès de Muley-Soliman. Quant à celui-ci, à peine vainqueur de ses frères, et tranquillement établi sur le trône, il y avait fait asseoir avec lui la rude simplicité de l'orthodoxie musulmane : un de ses premiers soins, par exemple, avait été de faire arracher toutes les plantations de tabac qui existaient dans l'empire, et qui fournissaient à la subsistance de quelques milliers de familles. Quoique l'usage du tabac ne fût pas expressément défendu par la loi, comme le Prophète n'en avait pas fait usage, les rigoristes l'avaient presque regardé comme une souillure (1).

(1) Ali-Bey nous apprend pourtant que le thé s'était intro-

La sévérité de ce principe, qui avait inspiré à Soliman une méfiance instinctive pour les chrétiens, nous explique la répugnance qu'il mit si longtemps à commercer avec eux; cependant le spectacle des guerres gigantesques qui bouleversaient alors la chrétienté, après avoir si soudainement étonné l'islamisme par la conquête de l'Égypte, lui faisait encore plus craindre que le contact des infidèles ne finît par corrompre et pervertir les fidèles croyants. « Cette manière de voir, disait Ali-Bey, rend si difficile toute relation commerciale avec le Maroc, que des personnes capables de charger des flottes entières de grains, y sont presque sans argent pour vivre, par l'impossibilité de les vendre au dehors. Chez une nation où l'homme n'a point de propriété, puisque le sultan est maître de tout; où l'homme n'a

duit à cette époque dans le Maroc; c'était pendant l'interruption de nos relations avec cet empire. Mais depuis lors le café a de nouveau repris faveur.

« A Maroc, dit-il, on faisait anciennement un très-grand usage de café; on en prenait à toutes les heures du jour, comme dans le Levant. Mais, les Anglais ayant fait des présents de thé aux sultans, ceux-ci en offrirent aux personnes de leur cour, et bientôt l'usage de cette boisson se répandit de proche en proche jusqu'aux dernières classes de la société; en sorte que, proportionnellement, on prend aujourd'hui plus de thé à Maroc qu'en Angleterre, et il n'y a pas de musulman, tant soit peu aisé, qui n'ait chez lui du thé à offrir à toutes les heures du jour aux personnes qui viennent le visiter. Le thé se prend très-fort, rarement avec du lait; et le sucre se met dans la théière. Ce sont les Anglais qui fournissent ces deux denrées aux Marocains, qui en importent aussi une grande quantité de Gibraltar. »

pas la liberté de vendre ou de disposer du fruit de son travail ; enfin où il ne peut en jouir ni s'en glorifier aux yeux de ses compatriotes, il est facile de trouver la cause de son inertie, de son abrutissement et de sa misère. »

Si l'on joint à ces vices intérieurs ce que nous avons eu plusieurs fois l'occasion de remarquer : savoir, que le Maroc avait besoin du commerce de l'Europe pour écouler les produits de son propre sol, et recevoir ceux de l'industrie chrétienne, on comprend quelle complication de mesures désastreuses au bien-être matériel du pays avait été amenée par ce régime restrictif. C'étaient, au surplus, les mêmes résultats que nous avons déjà eu l'occasion de signaler à propos du despotisme de Sidi-Mohamet. Mais le temps les avait aggravés sous Muley-Soliman ; et les vertus personnelles du fils, pas plus que celles du père, n'y pouvaient porter remède.

Citons encore un exemple du despotisme commercial de ce dernier prince ; il se rapporte à la fin de son règne, et nous en devons la relation à M. Charles Cochelet.

Le droit d'importation sur toutes les marchandises qui entrent dans l'empire de Maroc, est de dix pour cent; et ce droit, qui revient presque toujours payé en nature à l'empereur, lui est quelquefois envoyé à résidence. M. Court, négociant anglais et agent de la Hollande et de l'Espagne, avait reçu, en consignation, certaines toiles d'une qualité très-inférieure, mais aussi d'un prix très-modique. Soliman eut occasion d'examiner lui-même une des pièces qui lui revenaient, et qui, par hasard, se trouvait encore plus commune que les autres. C'est alors qu'entrant dans une colère épouvantable, il envoya sur-le-champ, au gouverneur de Mogador, l'ordre de faire arrêter, charger de fers et conduire à Maroc le négociant maure, juif ou chrétien, qui s'était permis d'introduire dans ses États une pareille marchandise.

Cet ordre, parvenu à Mogador, est exécuté immédiatement, sans plus d'égards pour les réclamations, l'âge et les infirmités de M. Court, que pour le caractère dont il est revêtu. Des soldats lui mettent une chaîne aux pieds, le placent sur un mulet, dans une position que son embonpoint rendait peu commode, et, sans l'écouter, le conduisent devant le despote irrité qui doit décider de son sort.

Le sultan, dont l'emportement était un peu calmé lorsque M. Court lui fut amené, se borna, après l'avoir traité avec le plus grand mépris, à lui intimer l'ordre de quitter son royaume dans le plus bref délai, et décida qu'il serait conduit par terre jusqu'à Tanger, pour être remis au consul général d'Angleterre, qu'on chargerait de le faire partir. Ce nouvel ordre fut rempli avec la célérité du premier. M. Court, obligé de payer chèrement l'escorte qu'on lui donna, traversa, au milieu des plus grands périls, un pays en partie révolté. Arrivé à Tanger, il vit le consul anglais réclamer en sa faveur; mais tout ce que celui-ci put obtenir fut un délai de six mois, pendant lequel M. Court devait se rendre de nouveau à Mogador pour mettre ordre à ses affaires, et, ce temps expiré, quitter les États de Maroc. Cette sévérité de Muley-Soliman à l'égard d'un agent chrétien qui avait fait acte de commerce et avait abusé de la bonne foi des Maures, tendait peut-être à calmer les plaintes qui s'élevaient, de tous les côtés de son empire, contre ses mesures fiscales et son système destructeur de toute industrie. Du moins, ne faut-il jamais oublier à ce sujet que l'instinct du négoce, et la passion du gain acquis par des échanges, n'étaient pas moins dans la nature des Maures et en général des races musulmanes, que le fanatisme même inspiré par le Coran; aussi les dernières années du règne de Muley-Soliman furent-elles violemment agitées par la révolte des tribus les plus commerçantes. Mais faisons d'abord connaître le fléau qui, par les calamités qu'il entraîna à sa suite, relâcha les ressorts du gouvernement, et disposa les esprits à la rébellion.

Nous avons parlé de la peste de 1799. Plusieurs réapparitions de ce fléau avaient eu lieu depuis lors; or la plus terrible fut celle de mai 1818, au moment où la frégate anglaise *le Tage* arrivait d'Alexandrie, ayant à son bord deux fils du sultan avec leur suite, un grand nombre de pèlerins de retour de la Mecque, et quelques femmes, dont trois odalisques destinées pour le harem impérial de Méquinez. Peu de jours après l'arrivée de ce bâtiment, plusieurs personnes de la ville moururent avec tous les symptômes qui caractérisent la peste.

Dans la matinée du 2 juin suivant, un autre navire anglais, venant aussi d'Alexandrie avec quatre cents pèlerins, se présenta également dans la baie de Tanger.

Les consuls, informés de l'arrivée de ce nouveau bâtiment, s'étaient réunis afin d'obtenir du sultan qu'il voulût bien établir une quarantaine. Pour dissiper leurs craintes que son fatalisme lui faisait considérer comme puériles, l'empereur promit tout par une lettre sans date, où il fixait lui-même le terme de la quarantaine ainsi que le lieu où celle-ci devait être faite par les pèlerins. Mais le bâtiment n'eut pas plutôt jeté l'ancre dans la rade, que l'administrateur de la marine présenta aux consuls une autre lettre de l'empereur autorisant le débarquement des pèlerins et de leurs marchandises; et comme cette dernière était datée, elle l'emporta sur la première, à la grande satisfaction des musulmans, pour qui la quarantaine n'était qu'un nouveau genre de tyrannie. Les consuls y voyant de leur côté un manque d'égards pour leur personne, en demandèrent l'explication; mais le sultan se contenta de leur répondre que l'administrateur de la marine l'avait induit en erreur : sorte de duplicité qui se renouvelait au reste assez souvent en pareil cas, et provenait, non d'un manque de bonne foi, mais bien plutôt de la persuasion familière aux musulmans que les précautions des chrétiens sont de pauvres enfantillages. C'est pourquoi les consuls étaient rarement refusés, même lorsqu'ils adressaient une demande contraire à certaines idées religieuses. Mais bientôt après, un contre-ordre pour une cause ou pour une autre venait annuler cette faveur.

La contagion s'accrut donc de l'aliment nouveau que venaient d'apporter les pèlerins. Dans l'espace de quelques mois, sur une population de dix à onze mille habitants, Tanger seul perdit deux mille deux cent trente-quatre individus. La famine se joignit alors à la peste, et la désolation fut portée à son comble (1). Les Européens qui n'avaient pu s'éloigner s'étaient tenus renfermés chez eux près d'une année entière. Seul parmi les agents consulaires, notre consul général, M. Sourdeau, n'avait rien changé à ses habitudes et continuait d'avoir des relations avec les Maures. Toutefois, au moment de la plus grande intensité de la contagion, il délibéra s'il n'irait pas à Tétouan, et en demanda l'autorisation à l'empereur. « Tu es parfaitement libre d'aller où tu voudras, lui répondit celui-ci ; mais fusses-tu dans la tour la plus élevée de la terre, la mort saura toujours t'y atteindre. » Il n'en fallut pas davantage pour faire rester M. Sourdeau à son poste, et le courage fit sur l'esprit du Français ce que le fatalisme avait fait sur l'esprit du musulman.

Cependant la guerre civile était venue se joindre à la famine et à la peste. A l'époque de l'apparition de ce dernier fléau, en 1818, une révolution avait éclaté, qui faillit renverser Muley-Soliman de son trône. Comme en 1801, les montagnards de l'Atlas, et particulièrement les Schelleuhs du canton de Zayane, mécontents des restrictions que ce prince apportait à leur commerce, donnèrent

(1) Voir relation du *Naufrage de la Sophie*, par Ch. Cochelet ; tome II.

le signal de la révolte en refusant de payer l'impôt et en pillant un convoi d'argent et d'autres effets précieux, qui se rendait de Fez à Tafilet. A cette nouvelle, le gouverneur de la première ville, Muley-Ibrahim, fils aîné du sultan, partit aussitôt pour soumettre les rebelles; mais, loin d'en pouvoir venir à bout, il fut obligé de se renfermer dans les remparts de Fez, après avoir été complétement défait. Les tribus circonvoisines, encouragées par ce premier succès, se joignirent aux rebelles et propagèrent l'insurrection. C'est alors que Muley-Soliman se rendit lui-même avec des troupes dans le Tedla, où sa présence aurait suffi pour rétablir l'ordre, si un acte atroce de son fils Ibrahim, commandant en second le corps d'armée, n'était venu provoquer les plus sanglantes représailles.

Après avoir parlementé et livré, en signe de soumission, une grande quantité de bœufs, les habitants, selon l'usage observé en pareille circonstance, envoyèrent en procession vers le sultan une trentaine de femmes liées les unes aux autres par les cheveux et tenant leurs couteaux entre les dents, quelques enfants portant leurs tablettes d'école sur la tête, et des vieillards ayant aussi sur la tête leur Coran. Cette procession, accueillie d'abord par Soliman, se rendit ensuite auprès de son fils Muley-Ibrahim; mais celui-ci, dans un accès de férocité que lui inspiraient le souvenir de sa défaite et le pillage de son convoi, fit fusiller tous ces malheureux. Quatre des enfants, quoique blessés, parvinrent à échapper à cette boucherie et allèrent donner le signal de la vengeance. Chaque cheik réunit aussitôt cinquante des plus braves montagnards de sa tribu, et tous montés à cheval, au nombre de cinq cents, se rendent vers l'approche de la nuit au camp de l'empereur. Celui-ci, les voyant alors descendre de cheval et marcher le fusil baissé en signe de soumission, croit qu'ils viennent implorer sa clémence; mais au milieu de cette sécurité trompeuse, les Schelleuhs déchargent leurs armes sur les soldats de l'empereur dispersés dans le camp ou livrés à leur premier sommeil. Aussitôt les autres habitants de Zayane accourent de tous côtés et mettent en déroute l'armée surprise. Muley-Ibrahim est une des premières victimes de cette vengeance provoquée, et bientôt après la tente de Soliman, dont le transport pouvait occuper deux cents mulets, se trouve livrée aux flammes. Soliman lui-même y est surpris presque nu et désespéré, par un montagnard qui lui demande son nom. Et se voyant maître de la personne sacrée de l'empereur, le Schelleuh conçoit le projet de lui sauver la vie; il l'enveloppe de son vêtement, dit qu'il emporte un frère blessé et va le déposer dans sa tente, d'où il parvient à le conduire au sanctuaire de Bu-Nasser et de là à Méquinez.

A son arrivée dans cette capitale, Soliman paya généreusement un pareil service; il combla de présents son libérateur, et le renvoya chargé des bijoux dont ses femmes s'étaient aussi dépouillées par reconnaissance. Cependant la révolte, accrue par le succès, était devenue presque générale, prêchée par divers santons, et dirigée qu'elle était par Sidi-El-M'hausce, chef de la milice des amazirghi. C'est alors que, peu de jours après l'heureuse arrivée du sultan à Méquinez, les Berbères, se joignant aux Schelleuhs, vinrent l'assiéger dans cette ville. Ils se contentèrent toutefois de l'y bloquer; car l'intention des mécontents, pénétrés qu'ils étaient encore de respect pour sa qualité de chérif, était d'attendre son abdication volontaire, pour élever sur le trône un autre Muley-Ibrahim, son neveu, et fils aîné de Muley-Jésid. Celui-ci, représenté par les insurgés comme prince plus légitime par suite de l'ancien droit d'aînesse de son père, vivait alors retiré à Fez; et s'il ne s'était point fait élire par acclamation, c'est qu'il était retenu par la parole jurée sur le Coran de ne jamais conspirer contre son oncle. Cependant les révoltés, désirant trouver une issue à la révolution qui avortait ainsi dans leurs mains, offrirent plusieurs voies de transaction à Muley-Soliman; mais cet empereur, sans souci pour lui-même, n'avait alors qu'une pensée, celle de venger la mort de son fils. Il accueillit donc les députés qui lui furent envoyés en cette occasion; mais ce fut pour emprisonner les uns et faire mourir les autres. La révolte se ralluma aussitôt, et plus de quinze mille Schelleuhs et Arabes, ayant investi Méquinez, livrèrent à ses troupes plusieurs combats sanglants sous les murs de la ville.

De son côté, la garde noire qui défendait la place, au nombre de six à sept mille hommes, malgré sa fidélité à Soliman, y commettait toutes sortes d'excès; ainsi le favori de l'empereur, Muley-Étai, nègre doué d'une rare intelligence, et qui avait coopéré à la délivrance des naufragés de *la Sophie* (1), avait été massacré sous les yeux de son maître. Tandis que ce prince attendait patiemment son sort de la volonté de Dieu et du Prophète, l'anarchie croissait dans l'empire, et le fanatisme des Maures rendait critique et même périlleuse la position des chrétiens dans Tanger. Notre consul général, M. Sourdeau, fut frappé, en se promenant sur le port, par un santon musulman, qui lui asséna un violent coup de massue. Une éclatante réparation fut aussitôt demandée, et Muley-Soliman la fit précéder d'une lettre digne de la plus curieuse attention; car il y parla non-seulement en docteur musulman, mais encore en appréciateur des doctrines chrétiennes (2), d'après lesquelles il croyait que notre consul devait politiquement se diriger.

« Au nom du Dieu clément et miséricordieux!

« Il n'y a de puissance et de force qu'avec le Dieu très-haut et très-grand. Amen.

« Au consul de la nation française, Sourdeau.

(1) Voir le récit de cette révolution dans la *Relation du naufrage de la Sophie*, par M. Charles Cochelet, t. II, p. 216; et dans le *Specchio di Marocco*, par M. Graberg de Hemsö; page 275.

(2) *Specchio di Marocco*, page 280. Cette pièce importante, donnée sans commentaire par M. Graberg de Hemsö, est à peu près le seul document, relatif à la France, que renferme son ouvrage; et il est regrettable, pour ne pas dire étrange, que nos relations avec le Maroc y soient si gratuitement supprimées.

Salut à quiconque marche dans le droit chemin ! Comme tu es notre hôte, placé sous notre protection, et consul d'une grande nation dans notre pays, nous ne pouvons que te souhaiter la plus haute considération et le plus sublime honneur. C'est pourquoi tu comprendras combien nous a paru intolérable ce qui t'est arrivé, quand même la faute en eût été au plus cher de nos fils et amis. Et, bien qu'on ne puisse s'opposer aux décrets de la divine Providence, nous ne pouvons tolérer que semblable chose se fasse même au plus vil des hommes ou bien aux bêtes. Aussi ne laisserons-nous pas certainement de t'accorder justice, s'il plaît à Dieu ! Cependant vous autres chrétiens, vous avez le cœur plein de pitié et êtes patients dans les injures, d'après l'exemple de votre prophète, que Dieu l'ait dans sa gloire, Jésus, fils de Marie, lequel, dans le livre qu'il nous apporta au nom de Dieu, vous recommande, lorsque quelqu'un vous a frappé sur une joue, de lui présenter encore l'autre; et lui-même, qu'il soit toujours béni de Dieu, ne se défendait pas lorsque les Juifs vinrent pour le tuer ; c'est pourquoi Dieu le retira auprès de lui. Dans notre livre, il nous est dit aussi, par la bouche de notre prophète, qu'il ne se trouvera aucun peuple plus rapproché par la charité des vrais croyants que ceux qui disent : Nous sommes chrétiens ! Ce qui est très-vrai, puisque parmi eux il y a des prêtres et des hommes saints, qui certainement ne sont point orgueilleux. Notre prophète nous dit encore qu'on n'imputera point à faute les actions de trois sortes de personnes, savoir : de l'insensé, jusqu'à ce qu'il ait recouvré son bon sens; du petit enfant et de l'homme qui dort. Or, l'homme qui t'a offensé est insensé et n'a pas son jugement : cependant nous avons ordonné qu'il te fût rendu justice de son outrage. Si pourtant tu lui pardonnes, tu feras l'œuvre d'un homme magnanime, et tu en seras récompensé par le Très-Miséricordieux. Mais si tu veux absolument qu'il te soit fait justice dans ce monde, cela dépendra de toi, attendu que, dans mon empire, personne ne doit craindre ni injustice ni voie de fait, avec l'aide de Dieu. »

Cette lettre, du 12 mars 1820, faisait un appel trop direct aux sentiments chrétiens de M. Sourdeau, pour qu'il ne pardonnât pas généreusement au pauvre insensé dont il avait failli être la victime. Ce pardon était au surplus un acte d'habileté, par le plaisir qu'il dut faire à Muley-Soliman; car rien n'eût été cruel pour ce prince comme l'obligation de punir une malheureuse créature, qui avait aux yeux de tous les musulmans, un privilége de sainteté et d'inspiration divine. On sait que l'antiquité regardait comme spécialement protégés par les dieux les malheureux tombés en démence ou en fureur, et que la célébrité des oracles païens reposait en grande partie sur cette croyance. Eh bien, ces idées se conservent dans toute leur ferveur chez les musulmans, où il serait moins dangereux d'insulter l'empereur qu'un de leurs santons. De là, le soin qu'ils mettent tous à nourrir, habiller et protéger gratuitement ces êtres privés de raison : comme si les croyances les plus superstitieuses devaient toujours avoir quelque bon côté! La même charité, provenant du même principe, s'étend jusqu'aux enfants pour qui l'usage de la raison n'existe pas encore. Aussi se garde-t-on bien de les châtier dans le cours de leur éducation. Ce serait même un crime de battre ces êtres faibles, qui sont censés n'avoir aucun discernement du bien et du mal! (1).

Nous disons aussi, comme proverbe, que la vérité se trouve dans la bouche des enfants et des fous; mais les musulmans font plus que le dire, car ils agissent en conséquence. Voyant en eux les instruments sacrés de la bonté divine, et des canaux par où la grâce céleste arrive aux autres hommes, ils considèrent surtout les insensés comme des saints extasiés et transportés de l'amour divin. Mais ces saints en démence n'en sont pas moins très-dangereux à approcher; et notre consul, en qualité de chrétien, aurait dû se tenir au large.

Tel était, en 1820, l'état politique du Maroc, tandis que Muley-Soliman était bloqué de nou-

(1) « La correction des enfants n'a jamais lieu dans le Sahara, dit Saugnier. La nature abandonnée à elle-même et l'exemple sont l'unique éducation du peuple..... Si le chrétien est un enfant, il est traité comme les enfants mêmes de la nation, on ne l'occupe à rien, il fait à sa volonté; et le Maure qui aurait la témérité de le battre, courrait risque de la vie. Nos mousses n'eurent point à souffrir dans leur esclavage; jamais on ne leur commandait rien, ils faisaient ce qu'ils voulaient, et quand les hordes se mettaient en route, les femmes avaient le plus grand soin de les faire monter sur les chameaux, crainte de les fatiguer. » (*Voyages de Saugnier*, page 68.)

veau dans Méquinez par les peuplades berbères et schelleuhs descendues de l'Atlas. Cependant quelques ordres émanés du sultan parvenaient encore dans les diverses parties de son empire, et y maintenaient une ombre d'autorité, lorsque Muley-Ibrahim, pressé de nouveau par les insurgés, consentit à se faire proclamer empereur, et fut successivement reconnu dans les villes d'Alcassar, Larache, Tanger et Tétouan ; mais, étant mort en février 1821, il laissa son pouvoir à son frère Muley-Zeïd. Celui-ci jura sur le Coran de ne déposer les armes qu'après avoir tué Soliman, et il commença par lui faire abandonner Fez ; mais, bientôt battu par son oncle, il fut obligé de se réfugier à Tétouan. Soliman, qui venait de rétablir un peu son autorité, et disposait alors d'une armée de seize mille hommes, l'assiégea dans cette place, et, l'ayant fait prisonnier, il se contenta de le reléguer à Tafilet, résidence habituelle des chérifs. Malgré cet acte de clémence, il n'en vit pas moins, jusqu'à la fin de son règne, l'insurrection toujours en permanence dans quelques parties du Maroc.

Or, ce qu'il importe le plus de remarquer dans ces révoltes, c'est que la cause première en était sortie du régime fiscal de Muley-Soliman et de sa méfiance pour les chrétiens ; c'est en effet pour isoler ses sujets de tout commerce avec ceux-ci, qu'il leur avait représenté comme criminels tous rapports avec les infidèles, et avait trouvé prétexte d'interdire, par l'élévation des tarifs, l'introduction de certaines marchandises, tandis qu'il empêchait, par le même moyen, l'exportation de la laine, de l'huile d'olive et du froment, sources de la richesse indigène. De là cette misère qui révolta si fort les Maures, et doit leur apprendre de nos jours combien leur bien-être est intimement lié aux relations qu'ils peuvent avoir avec nous. La même anarchie avait interrompu le commerce des caravanes, qu'il s'agit également de faire renaître pour le bien-être général des populations du nord de l'Afrique. Or, le véritable intérêt du sultan, aussi bien que des montagnards de l'Atlas ou des nomades du désert d'Angad, qui nous séparent de son empire, est de s'associer au plus tôt à cette renaissance. Il ne reste donc plus qu'à profiter, dans l'esprit de l'empereur actuel, des dispositions permanentes qui poussent certaines tribus à réclamer à main armée la liberté du commerce ou la modération des tarifs.

Après les garanties de sécurité données à leur religion, ce n'est en effet que par la protection accordée à l'échange de leurs produits, soit par des mesures générales prises à cet effet par le sultan, soit par des traités particuliers, conclus avec les tribus indépendantes, que nous pourrons introduire chez elles notre influence, et faire participer ces populations, non moins industrieuses ni moins intéressées que fanatiques, aux bienfaits de notre commerce et de notre civilisation.

C'est ainsi que Soliman nous donne encore par son règne d'utiles leçons, et les ajoute à l'expérience qui doit résulter des relations de la France avec Sidi-Mohamet. Imitateur de ce dernier, comme son frère aîné Muley-Jésid l'avait été de Muley-Ismaël, s'il n'eut pas la même énergie politique que son père, il l'égala du moins sous le rapport des vertus morales. Après avoir régné trente ans depuis sa première proclamation à Méquinez, il mourut le 28 novembre 1822, désignant, par testament solennel, et faisant reconnaître son successeur dans son neveu Muley-Abderrhaman, fils de Muley-Ischem, qui est aujourd'hui réputé descendre au 36e degré, en ligne directe et masculine, d'Ali, gendre de Mahomet.

Le premier acte diplomatique du nouveau sultan fut de mettre le Maroc en relations plus fréquentes avec les puissances européennes, auxquelles il ouvrit le port de Mazagan. Il y joignit l'assurance de protéger leur commerce, et témoigna aux divers consuls sa satisfaction d'être en rapport avec les nations qu'ils représentaient. Plus tard, le 23 mai 1825, il reçut à Fez les présents du roi de France, et il accueillit alors notre consul en lui disant « que notre roi et la nation française étaient les plus proches et les plus considérés dans son amitié. »

Quant à l'intérieur, Muley-Abderrhaman fut obligé d'entrer en composition avec six mille soldats noirs, qui refusaient de lui livrer le trésor de son prédécesseur, dont ils avaient la garde, et dont la valeur s'élevait à dix millions de piastres. C'est ainsi que la race nègre continuait à faire sentir son influence dans le Maroc, et nous indique le parti que nous pourrions en tirer à notre tour pour asseoir notre domination dans l'intérieur de l'Afrique. En effet, grâce aux troupes noires toujours armées contre les tribus rebelles, Muley-Soliman avait pu raffermir sa puissance ébranlée, et mourir dans la paisible possession de son trône. Il avait laissé, il est vrai, la paix compromise parmi ses sujets; mais c'était après avoir eu le mérite de la maintenir, durant tout son règne, avec les diverses puissances de l'Europe pendant le quart de siècle le plus mémorable, et au milieu de la guerre universelle de la chrétienté. C'est là un phénomène à coup sûr remarquable par sa rareté dans le Maroc. Témoignage irrécusable de la prudence de Muley-Soliman dans ses relations extérieures, cette longue paix lui fait d'autant plus d'honneur qu'on ne peut douter de la fermeté qu'il y montra, si l'on songe comment il résista à Napoléon, quand celui-ci essaya de le faire sortir de la stricte neutralité dont il s'était fait une loi à l'égard des princes chrétiens.

Doué de toutes les qualités de l'intelligence, mais surtout de celles du cœur, qui avaient distingué Sidi-Mohamet, il ne lui manqua donc, pour égaler la renommée de ce prince, que des relations plus fréquentes avec la France. Avec le concours non interrompu de notre civilisation, qu'il n'aurait connue que par des résultats utiles, il aurait moins craint de se mettre en contact avec l'Europe, et il aurait pu développer la réforme entreprise par son père, au lieu de se contenter d'en conserver les germes; mais ceux-ci, faute d'air extérieur, semblèrent dépérir dans l'isolement où il les laissa. C'est ainsi que la civilisation du Maroc est maintenant à reprendre là où l'avait laissée notre ancienne monarchie.

Or, si quelque motif peut nous encourager à cette œuvre, c'est l'affaiblissement graduel du fanatisme musulman des anciens schérifs ; fanatisme maintenant adouci dans les chefs de la dynastie, tandis qu'il est comprimé dans les populations depuis le règne de Sidi-Mohamet, sans qu'il se soit réveillé sous Muley-Soliman comme on aurait bien pu le craindre.

Ainsi quand ce dernier prince expliquait à notre consul comment chez les musulmans les santons, pas plus que les enfants et les vieillards, ne sont justiciables devant les hommes, et comment, chez les chrétiens, le pardon devrait être une vertu par excellence, il raisonnait avec trop de logique pour que sa conduite, à l'égard de M. Sourdeau, fût dictée par le fanatisme. Si donc il entrava les relations de ses sujets avec l'Europe, au lieu de les développer, à l'exemple de Sidi-Mohamet, ce fut surtout par suite de la réserve et de la neutralité absolue qu'il s'était imposées durant la longue lutte de la France et de l'Angleterre. Pour éviter les collisions, il avait évité le plus possible de multiplier les points de contact. Les pensées de Muley-Soliman n'étaient donc pas indignes de celles de son père ; mais l'application en fut moins intelligente, tandis que d'un autre côté les circonstances la rendaient plus difficile.

C'est ainsi que ce prince, après avoir été détourné, par le vœu des populations, des fonctions de grand prêtre auxquelles il avait été destiné, devint le plus modéré de tous les schérifs qui jusqu'à lui eussent occupé le trône. Sa figure portait l'empreinte de la bonté, et sa conduite fut toujours conforme à la loi musulmane, qu'il voulut appliquer à la lettre, après en avoir été un des docteurs les plus instruits. La possession du pouvoir suprême n'ôta rien à sa ferveur ni à son humilité religieuse. Sa sobriété était extrême, et sa table ne fut jamais distinguée de celle d'aucun de ses sujets. Sa vie intérieure fut obscure et sans éclat, et la dépense de sa cour ne fut considérable qu'à cause du grand nombre de ses femmes et de ses enfants. Mais ici se montre aux yeux du chrétien le côté révoltant de son kalifat, qui tient au vice même de l'islamisme. Les lois de la pudeur, d'où dépend la dégradation ou l'ennoblissement de la femme, c'est-à-dire, de la moitié de la société, n'existaient pas pour le sultan : à cet égard, l'opinion publique le plaçait au-dessus de la prescription commune. Ainsi, bien que d'après sa religion il ne pût avoir que quatre femmes légitimes outre ses concubines, comme il était juge en dernier ressort des causes de leur répudiation, il les répudiait fréquemment pour en prendre de nouvelles, reléguant les premières à Tafilet et leur assignant une pension pour leur subsistance. Ce n'est pas tout : plusieurs fois ses sujets, tantôt par fanatisme, tantôt par intérêt, lui présentaient leurs filles, qui en conséquence entraient au harem sous le nom de servantes pour être élevées, lorsqu'il lui plaisait, au rang de sultanes, en attendant qu'elles fussent répudiées à leur tour. Aux yeux des idolâtres sectateurs du kalifat, c'était là une conduite irréprochable. Leur vénération pour le sultan n'en était donc pas ébranlée; car elle était la conséquence de leur respect absolu pour le vicaire de Dieu, dont le pouvoir sans bornes, au temporel comme au spirituel, disposait logiquement et de l'âme et du corps de ses sujets.

Le caractère de Muley-Soliman peut encore s'apprécier par quelques-uns de ces détails de mœurs qui, dans les temps de révolution, comme étaient les dernières années de son règne, sortent des entrailles mêmes d'une société et nous la dévoilent dans sa nature primitive.

On sait par exemple que la moindre profession de foi, faite verbalement, devient souvent pour les musulmans un engagement définitif, après lequel on est impitoyablement traité comme renégat, si l'on ne s'y conforme en public. C'est d'après ce principe irrévocable, mais dont l'application a été plus ou moins sévère selon les diverses époques d'exaltation religieuse, qu'en 1820 un juif pris de vin étant entré dans une mosquée, il lui suffit de proférer la prière du musulman pour le devenir. Le lendemain, revenu de son ivresse, il court chez le gouverneur et témoigne le désir de renoncer à la religion qu'il regrette d'avoir embrassée. Le gouverneur écrit sur-le-champ au sultan et lui demande ses ordres. « Qu'à l'arrivée du courrier, répondit Soliman, la tête du juif tombe et me soit envoyée. » Demi-heure après l'arrivée de ce message, la tête du juif était coupée, salée, mise dans un sac de cuir et envoyée à l'empereur.

Ces actes de justice atroce ne sont pas rares, mais le caractère de légalité qui les accompagne doit atténuer les reproches que nous nous croirions en droit d'adresser à ceux qui les commandent. Ce qu'il faut dire à l'honneur de Muley-Soliman, c'est qu'à l'exemple de Sidi-Mohamet, et contrairement à l'usage de la plupart des princes de sa dynastie, il ne se fit jamais l'exécuteur des hautes-œuvres, quoique les Maures criminels eussent certainement préféré mourir de sa main, à laquelle ils attachent tous une vertu sainte et réparatrice pour l'autre vie. Mais ce qui nous révoltera le plus dans la justice criminelle du Maroc, c'est le caractère de vengeance qu'elle a conservé dans sa cruauté native. D'affreux châtiments et des supplices horribles de toute espèce s'y trouvent réunis. Ils y sont toutefois bien moins capricieux et moins discrétionnaires que nous ne le supposons; car ils ont généralement pour principe la peine du talion, qui donne autant de variété à la punition que la faute a pu en revêtir elle-même.

En expliquant ce qui fait reculer d'horreur nos mœurs chrétiennes, comment ne pas admirer aussi ce qui semble parfois les dépasser : l'hospitalité antique, le dévouement chevaleresque, l'idéal de la générosité ? Le trait suivant, rapporté par M. Charles Cochelet, sera le dernier du caractère de Muley-Soliman et de son peuple. On sait déjà que ce prince compromit sa couronne pour ne pas laisser impuni le meurtre de son fils Ibrahim;

or, un soldat qui connaissait le meurtrier de ce prince assassiné au combat de Zayane, poursuivait avec avidité la vengeance de sa mort. Pour se soustraire à ce dernier, le coupable cherche partout un asile. A la fin, il n'en connaît pas de plus sûr que celui qu'il va implorer chez la mère même de son ennemi. Cette femme l'accueille, et au moment où son fils furieux entre dans la maison, elle donne le sein au réfugié comme pour l'allaiter. Le soldat, saisi d'étonnement, reste immobile et sa colère s'apaise. « Venez, lui dit sa mère, que je vous présente un frère; il l'est devenu en prenant le même lait que vous, et vous ne pouvez plus persévérer dans vos desseins contre lui. »

Tels sont quelques-uns des traits distinctifs de cette société musulmane qui touche à l'Europe par l'Espagne, mais qui diffère tant de nos mœurs européennes. Aussi bien c'est le moment de finir ici la partie historique de notre travail par les réflexions, cette fois-ci, pleines de justesse, dont le spirituel pseudonyme Ali-Bey ouvrit la relation de ses voyages, en passant, au commencement de notre siècle, de Gibraltar à Tanger.

« La sensation qu'éprouve l'homme qui fait pour la première fois ce court trajet, ne peut être comparée qu'à l'effet d'un songe. Passant, dans un aussi petit intervalle de temps, dans un monde absolument nouveau, et qui n'a pas la plus petite ressemblance avec celui d'où il sort, il se trouve réellement comme s'il avait été transporté dans une autre planète. Dans toutes les contrées du monde, les habitants des pays limitrophes, plus ou moins unis par des relations réciproques, amalgament en quelque sorte et confondent leurs langues, leurs usages, leurs costumes, en sorte qu'on passe des uns aux autres par des gradations presque insensibles; mais cette loi constante de la nature n'existe pas pour les habitants des deux rives du détroit de Gibraltar, qui, malgré leur voisinage, sont aussi étrangers les uns aux autres, qu'un Français le serait à un Chinois. Dans nos contrées du Levant, si nous observons successivement l'habitant d'Arabie, de Syrie, de Turquie, de Valachie et d'Allemagne, une longue série de transitions nous marque en quelque sorte tous les degrés qui séparent l'homme barbare de l'homme civilisé; mais ici l'observateur touche, dans une même matinée, aux deux extrémités de la chaîne de la civilisation; et dans la petite distance de deux lieues et deux tiers, qui est la plus courte entre les deux côtes, il trouve la différence de vingt siècles (1). »

Il ne faut donc pas être surpris si nos idées modernes, trop longtemps retenues par une sorte de blocus continental loin de l'observation des sociétés barbares et des croyances musulmanes, avaient cessé de les comprendre, en même temps que de les voir. C'est maintenant au génie maritime et colonial de la France à nous restituer l'image et la présence des sociétés les plus dispa-

(1) *Voyages d'Ali-Bey-el-Abbassi en Afrique et en Asie pendant les années* 1803, 1804, 1805, 1806 *et* 1807, tome Ier, page 3.

rates de la nôtre, à reprendre lui-même au dehors son ancien empire, et à fonder en tous lieux notre civilisation, bien moins sur le calcul des distances que sur l'intelligence des mœurs.

FIN.

TABLE DES MATIÈRES.

Pages.

INTRODUCTION. 1

I. Des caravanes en général. — Du droit des gens qui les régit. — Application de ce droit à nos relations avec le Maroc. 1

II. De la grande caravane de Fez à la Mecque. — De son ancien commerce et de sa décadence par suite des progrès de la navigation. 30

III. Des tribus nomades et des caravanes qui se partagent le commerce du versant méridional de l'Atlas. — Itinéraire de Tlemcen au Tafilelt. — Rapports géographiques de l'Algérie et du Maroc. 64

PRÉFACE. 83

CHAPITRE PREMIER.

Origine des relations modernes de la France avec le Maroc.— Expédition de Jean de Béthencourt aux Canaries, en 1402.— Les fruits, qui en sont perdus pour la France, sont recueillis par les rois de Castille et par ceux de Portugal. — Ces derniers préludent à des croisades maritimes le long des côtes occidentales de l'Afrique. — Henri le Navigateur.— Anciennes possessions des Portugais ou des Espagnols sur les côtes du Maroc. 95

CHAPITRE II.

Reprise des relations de la France avec le Maroc. —Henri III y établit un consul et un facteur du commerce français.

— Droits du consulat. — Développements de nos relations sous Richelieu. — Expédition du chevalier de Rasilly. — Traité de 1635 entre le Maroc et la France. 114

CHAPITRE III.

Occupation de Tanger par les Anglais. — Cette occupation restreinte est suivie de l'abandon de la place. — Muley-Ismaël. — Résultats de la politique de Louis XIV. — Suite des relations de la France avec le Maroc. 126

CHAPITRE IV.

Ambassade de Pidou de Saint-Olon. — Examen de ses pièces diplomatiques. — Fautes qu'il commet dans la négociation du traité. — Il échoue dans sa mission. 139

CHAPITRE V.

Vicissitudes que subit notre influence dans le Maroc après l'ambassade de Saint-Olon. — Arrivée de l'ambassadeur Ben-Aïssa, et son séjour à Paris. — Muley-Ismaël fait demander en mariage la princesse de Conti, fille naturelle de Louis XIV. — Lettre de Cassini aux astronomes de Fez et de Maroc. 155

CHAPITRE VI.

Résultats obtenus par la politique de Louis XIV. — État du commerce de la France avec le Maroc à la fin du dix-septième siècle. — Succession d'Espagne, et funeste préférence donnée à notre politique continentale sur notre politique maritime. — Dernières relations de Louis XIV avec Muley-Ismaël. 182

CHAPITRE VII.

Avantages que les Anglais retirent de la position de Gibraltar. — Rapports de cette place avec Tanger et Tétouan. — Conditions du rachat des esclaves. — Décadence de notre commerce dans le Maroc pendant la première moitié du dix-huitième siècle. 208

CHAPITRE VIII.

Pages.

Situation précaire de nos relations commerciales avec le Maroc jusqu'en 1763. — État général du commerce de cet empire. — Tentatives pour reprendre nos anciennes relations. — Traité de paix entre le Maroc et l'Angleterre. — Lettre du prince Sidi-Mohamet à l'ambassadeur anglais. — Importance commerciale des provinces méridionales du Maroc, tandis que les provinces du nord sont exploitées par Gibraltar. 220

CHAPITRE IX.

Rénovation de notre politique maritime. — Préliminaires d'un traité de paix et de commerce avec le Maroc. — Remarques du chevalier de Suffren sur le traité à conclure avec cet empire. — Relation de l'ambassade du comte de Breugnon, en 1767. — Articles et résultats du traité. — Rétablissement de notre influence dans le Maroc. 242

CHAPITRE X.

État du commerce après le traité de 1767. — Avénement de Louis XVI. — Ses relations avec Sidi-Mohamet. — Pourquoi celui-ci renonça au titre de *Muley* et refusa le titre de sultan au roi de France. — Guerre de l'indépendance américaine. — Disgrâce des Anglais dans le Maroc. — Relations de cet empire avec la Porte Ottomane. — Abolition de l'esclavage entre chrétiens et musulmans, réalisée par Louis XVI et Sidi-Mohamet. — Mort de ce dernier. 284

CHAPITRE XI.

Portrait de Sidi-Mohamet. — Appréciation de son règne. — Statistique sommaire du Maroc sous son autorité. — Résultats de la fondation et du commerce de Mogador. — État des importations et des exportations des diverses nations de l'Europe. — Rapports de Mogador avec notre colonie du Sénégal. 317

CHAPITRE XII.

Avénement de Muley-Jesid. — Sa reconnaissance pour un bon procédé de Louis XVI. — Sa conduite à l'égard de ses sujets. — Inauguration du pavillon tricolore dans le Maroc. — Notre consul général chargé du rôle d'ambassadeur. — Guerre civile des frères de Muley-Jesid. — Muley-Soliman proclamé empereur. — Sa conduite pendant la lutte de l'Angleterre et de la République française. — Expédition d'Égypte. — Résultats de la protection accordée aux pèlerinages par le général Bonaparte. 334

CHAPITRE XIII.

Premiers symptômes de la lutte entre le blocus maritime de l'Angleterre et le blocus continental de la France. — Avénement de Napoléon notifié à la cour de Maroc. — Ruine complète de notre commerce avec cet empire après la bataille de Trafalgar. — Appréciation du système continental par rapport aux races musulmanes. — Reprise de nos relations avec le Maroc à la paix de 1815. — Complète abolition de l'esclavage chrétien chez les Maures. — Générosité de Muley-Soliman envers les naufragés sur les côtes de l'Oued-Nun et du Sahara. 361

CHAPITRE XIV.

État du commerce sous le règne de Muley-Soliman. — Peste de 1818. — Conduite de M. Sourdeau, consul général de France. — Il est frappé par un santon, et lui pardonne après une lettre d'excuse du sultan. — Guerres civiles dans le Maroc. — État politique de cet empire. — Mort de Muley-Soliman (1822). — Avénement de Muley-Abderrhaman, sultan actuel de Maroc. — Portrait et caractère de son prédécesseur. — Détails de mœurs. — Conclusion de la partie historique. 403

FIN DE LA TABLE.

www.ingramcontent.com/pod-product-compliance
Lightning Source LLC
Chambersburg PA
CBHW050908230426
43666CB00010B/2080